旅行社业务与管理

主　编　朱　美
副主编　张安民　俞利芳

图书在版编目（CIP）数据

旅行社业务与管理 / 朱美主编. —杭州：浙江大学出版社，2013.12（2022.8 重印）
ISBN 978-7-308-12467-6

Ⅰ.①旅… Ⅱ.①朱… Ⅲ.①旅行社—企业管理—高等学校—教材 Ⅳ.①F590.63

中国版本图书馆 CIP 数据核字（2013）第 260572 号

旅行社业务与管理

朱　美　主编

责任编辑　周卫群
封面设计　联合视务
出版发行　浙江大学出版社
（杭州天目山路 148 号　邮政编码 310007）
（网址：http://www.zjupress.com）
排　　版　杭州青翊图文设计有限公司
印　　刷　浙江新华数码印务有限公司
开　　本　787mm×1092mm　1/16
印　　张　16.75
字　　数　413 千
版 印 次　2013 年 12 月第 1 版　2022 年 8 月第 5 次印刷
书　　号　ISBN 978-7-308-12467-6
定　　价　32.00 元

前　　言

教育部《关于全面提高高等职业教育教学质量的若干意见》指出,“课程建设与改革是提高教学质量的核心,也是教学改革的重点和难点。高等职业院校要积极与行业企业合作开发课程,根据技术领域和职业岗位(群)的任职要求,参照相关的职业资格标准,改革课程体系和教学内容。”由此,与行业企业合作进行基于工作过程、能力本位的课程改革,是培养面向服务和管理第一线的高素质技能型人才的主要任务之一。

《旅行社业务与管理》是高职院校旅游管理专业的核心课程,旅行社也是将来学生要去工作的主要企业之一,所以,学好这门课,掌握旅行社的工作内容和工作技能对高职旅游管理专业的学生来说是非常必要的。目前,该课程的教学中存在的主要问题之一就是教学内容与企业工作脱节。所以本教材按照旅行社的主要业务和工作流程对教学内容重新进行梳理和排序,针对旅行社的重点业务设计了操作性强的实训项目,既有企业管理理论又有旅行社操作实务,并且结合各项主要业务安排了丰富的案例和行业热点新闻,将会增强学生的学习兴趣,使学生具备过硬的实践技能并掌握基本的企业管理知识。

本教材力求突出以下三个特点:

1. 以旅行社的组团和地接两大业务为主线,依序串连各教学项目;

2. 能力训练项目可操作性强;

3. 紧密结合行业企业最新发展动态。

本教材主要分为五个模块:模块一,认识旅行社,主要介绍旅行社的发展历史、旅行社的组织机构和旅行社的设立,让学生对旅行社有一个基本的认识;模块二,旅行社的接团业务与管理;模块三,旅行社的发团业务与管理,根据旅行社地接和组团业务的工作流程顺序设置教学内容(需要说明的是,涉及旅行社导游工作的内容,由于有《导游业务》课程专门学习,故本教材省略此部分内容);模块四,旅行社电子商务;模块五,旅行社企业文化,这是目前旅行社发展的重点和方向。本教材适合高职高专旅游类专业作为教材使用,同时适合旅游行业从业人员作为参考用书。

本教材编写分工如下:

朱　美(湖州职业技术学院),制定全书框架及各教学项目的安排,撰写前言、项目六、项目十二、项目十三、模块四,并对全书进行统稿、修改和审定;

张安民(湖州职业技术学院),撰写项目一、项目二、项目三;

俞利芳(湖州职业技术学院),撰写项目九、项目十、项目十一;

傅　昭(湖州职业技术学院),撰写项目四、项目五;

罗建基(杭州市旅游职业学校),撰写项目七、项目八;

李海平（湖州职业技术学院），撰写模块五；

章海耘（湖州新国际旅行社），旅行社业务顾问，能力训练项目设计。

在本教材的编写过程中，我们参考了许多前辈和同行的研究成果，杭州友达旅游有限公司、湖州新青年旅游公司也提供了很多宝贵的资料和意见，在此表示诚挚的感谢。书中不当之处，恳请专家、同行批评指正。

编　者

2013 年 9 月

目　　录

模块一 认识旅行社

旅行社是旅游业的龙头，是促进旅游产业发展的重要生产力，也是连接旅游生产服务各个环节的纽带和沟通旅游生产消费的桥梁。作为旅游业的重要销售渠道，旅行社通过向旅游者销售各种旅游服务产品，帮助其他旅游服务供应部门或企业解决产品销售方面的困难，帮助旅游者实现旅游消费愿望，促进旅游目的地经济的发展。

本模块主要让同学们对旅行社有一个整体的认识：一、旅行社的发展历史，包括世界和中国旅行社的发展变革；二、旅行社的组织机构，包括旅行社的部门和结构；三、旅行社的设立，包括旅行社设立的条件和程序等。

项目一 旅行社的发展历史

学习目标

- 了解旅行社产生的背景和发展的现状
- 了解中国旅行社的发展历程

导入案例

美国运通旅行社是美国最大的旅行社，也是世界上最大的旅行社。该旅行社于1850年在美国的纽约州包法罗市建立，起初经营货物、贵重物品和现金的快递业务。1882年，美国运通公司推出自己的汇票，并且立即获得成功。

1891年，美国运通公司推出第一张旅行支票。美国运通公司以其良好的信誉为其所发行的旅行支票作担保，并且保证接受这种支票的人不会蒙受任何损失。假如支票被盗或是支票上的签名被人仿冒，美国运通公司保证承担损失。公司不靠发行旅行支票的手续费营利，而是靠每年数十亿美元的浮存进行投资。同年，美国运通公司建立欧洲部，并于1895年在巴黎建立了第一家分公司，随后又先后在伦敦、利物浦、南开普敦、汉堡、不来梅等城市建立了分公司。很快，美国运通公司的办事处和分公司遍布整个欧洲。

在旅游市场巨大发展潜力的诱惑下，美国运通公司于1915年设立了旅行部。1916年，旅行部组织了很多旅游团，其中包括分别前往远东地区和阿拉斯加的旅游客轮及前往尼亚加拉大瀑布和加拿大的包价旅游团。1922年，美国运通公司开始经营通过巴拿马运河的环球客轮旅游。在整个20世纪30年代，美国运通公司开始实施大规模的国内旅游业务计划，公司创办著名的乘火车前往美国西部地区旅游的“旗帜旅行团”，项目包括交通、住宿、游览观光和餐饮等内容。

第二次世界大战结束以来，美国运通公司获得了巨大发展，现已成为世界上最大的旅行和金融集团。除了旅行部和旅行支票部之外，美国运通公司还设有银行部、投资部和保险部。另外，美国运通公司发行的信用卡还是国际上使用的主要信用卡之一。

讨论：通过案例说明旅行社业发展的历程是怎样的？

基本知识

一、世界旅行社的发展历程

出行在人类社会中扮演着一个重要的角色，早期人类的出行是个体的、分散的、无组织的。产业革命后，火车和轮船等交通工具的出现，改变了人们出行的方式，旅游活动也发生了深刻的变化。旅游活动的兴盛和旅游产业的发展是旅行社业态萌芽和生长的基础。从供需角度看，旅行社的产生是经济、科技和社会分工发展的综合结果。

第一，经济基础。工业革命前，只有地主和贵族才有金钱从事非经济目的的消遣性旅游活动。工业革命使得生产力迅速发展，社会财富急剧增加，财富大量流向新兴的工业资产阶级，有产阶级规模日益扩大，他们具备了旅游的经济条件，扩大了有财力外出旅游的人数。

第二，科技条件。1769年瓦特发明的蒸汽机技术很快被应用于新的交通工具的制造，到18世纪末蒸汽机轮船就已问世。1825年，英国享有“铁路之父”之称的乔治·史蒂文森建造了斯托克顿到达林顿的铁路并投入运行。此后，各地的铁路建设蓬勃发展，并向更远的地区延伸。交通运输技术的发展对近代旅游业的诞生产生了重要的影响。

第三，社会分工的发展。工业革命加速了城市化的进程，并且使人们工作和生活的重心从农村转移到城市。随着大量人口涌入城市，原先那种随农时变化而忙闲有致的多样性农业劳动，开始为枯燥、重复的单一性大机器工业劳动所取代，这一变化最终导致了人们适时逃避城市生活的紧张节奏、拥挤嘈杂的环境压力的需要和对回归自由、宁静的大自然的追求。

这种经济的繁荣、交通的便利与廉价、生活方式的改变，极大刺激了人们外出旅游的需求。但是大多数人缺少旅行经验，不了解外面的世界，不知道如何办理旅行手续，加上语言不通、货币兑换等问题的困扰，人们的实际出行在较大程度上受到了限制。面对这种情况，富有经营头脑的英国人托马斯·库克意识到当时正是大规模团体旅行的开始，而社会上却没有一家专门为旅游者提供旅游活动的服务机构，经营这样的服务机构必将有着良好的发展前景。于是1845年，托马斯·库克在莱斯特正式成立了世界上第一家旅行社——托马斯·库克旅行社，成为旅行代理业务的开端，世界上第一位专职的旅游代理商由此产生。

信息链接

托马斯·库克

托马斯·库克是近代旅游业之父，又被称为“监护旅游之父”，为旅游业的发展做出重大贡献，是旅游界的伟人。

1808 年 11 月 22 日，托马斯·库克出生于英格兰德比郡墨尔本镇。自幼家境贫寒，4 岁丧父，母亲改嫁。迫于生计，托马斯·库克 10 岁时不得不辍学从业。先在一家蔬菜花木店当帮工，每周的工钱仅为 6 个便士。后又当木工学徒。17 岁时进入拉特兰浸礼教会做颂经人。

1828 年库克成为一名传教士，云游四方，散发浸礼教会的小册子，宣传教义。这使得托马斯·库克游历了英格兰的许多地方，对旅游产生兴趣。另外，出于宗教信仰的原因，他后来成为一位积极的禁酒工作者。

1841 年 7 月 5 日，托马斯·库克包租了一列火车，将多达 570 人的游行者从英国中部地区的莱斯特送往拉夫巴勒参加禁酒大会。往返行程 22 英里，团体收费每人一先令，免费提供带火腿肉的午餐及小吃，还有一个唱赞美诗的乐队跟随。这次活动在旅游发展史上占有重要的地位，它是人类第一次利用火车组织的团体旅游，它是近代旅游活动的开端。

1845 年托马斯·库克放弃了木工的工作，开始尝试从事具有商业性的旅游组团业务代理，成为世界上第一位专职的旅行代理商。同年夏，首次出于商业营利目的，他组织了一次真正意义上的团体消遣旅游。这次团体旅游是从莱斯特出发途中经过若干地点停留访问，最终目的地是英格兰西部的海港城市利物浦。全程历时一周，共 350 人参加，并编发了导游手册——《利物浦之行手册》分发给旅游者，这是世界上第一本旅游指南。由于当时人们对外出旅游的需求已趋成熟，加之托马斯·库克此前组织旅游活动的成功为其带来的名声，所以有关组织这次团体旅游的海报告示一经张贴，报名者极其踊跃。为了确保这次组团旅行的成功，托马斯·库克不得不决定将组团规模控制在 350 人以内。很多人前来报名时，都因名额已满而不能如愿。在已办好预订手续的人中，甚至有些人乘机高价转手倒卖名额。这次旅游的组织方式更具现代包价旅游的特点，体现了现代旅行社的基本特征，开创了旅行社业务的基本模式。

1846 年，托马斯·库克亲自带领一个旅行团乘火车和轮船到苏格兰旅行。他为每个成员发了一份活动日程表，还为旅行团配置了向导。编写了《苏格兰之行手册》之后，他每年都要组织 5000 多人在英伦三岛之间旅行。每次他本人都亲自陪同，编印旅游指南。他成功地把铁路、水路和地上交通设施紧紧联系在一起。旅行业务得到较大发展。

1851 年 5 月，为了展示英国工业革命成果，在伦敦建造了"伦敦水晶宫"并准备举办一次大展览，此为第一届世界博览会。托马斯·库克决心抓住这个机会扩大旅行业务。在展览开幕前，他遍访英格兰中部和北部主要城市，组织各地旅客赴伦敦参观展览。为此，他还创办名为《观光者》的月刊杂志，专门介绍各地风光和旅游者的见闻。这一年，他组织了 165000 多人到伦敦参观展览。此后，他又成功地组织了旅客参观 1853 年的都柏林展览和 1857 年的曼彻斯特展。

1855 年，库克组织了从英国莱斯特前往法国巴黎参观第二届世界博览会的团体旅游，这次旅游活动在巴黎停留游览 4 天，全程采用一次性包价，其中包括在巴黎的住宿和往返旅费，总计 36 先令。当时(1855 年 8 月 6 日)的《曼彻斯特卫报》称此举是"铁路旅游史上的创举"。事实上，这也是世界上组织出国包价旅游的开端。到 1864 年，经托马斯·库克组织的旅游人数已累计 100 多万。

1865 年，托马斯·库克开办了一家旅游用品商店。同年，为了进一步扩展旅行社业务，托马斯·库克与儿子约翰·梅森·库克(John Mason Cook)成立托马斯父子公司(即通济隆旅游公司),迁址于伦敦,并在美洲、亚洲、非洲设立分公司。此后,托马斯·库克又组织了到法国等地的旅游活动。

1872 年,他本人亲自带领一个 9 人旅游团访问纽约、华盛顿、南北战争战场、尼亚加拉大瀑布、多伦多等地,把旅游业务扩展到了北美洲。这次环球旅行声名远播,产生了极大的影响,使人们"想到旅游,就想到库克"。

1878 年,托马斯·库克退休,业务由其子约翰·梅森·库克主持。1939 年,通济隆旅游公司在世界各地设立了 350 余处分社。到了 20 世纪初,英国托马斯库克旅游公司、美国运通公司、比利时铁路卧车公司,被称为世界旅行代理业的三大公司。

1892 年,他创办了最早的旅行支票,可在世界各大城市通行,凡持有旅行支票的国际旅游者可在旅游目的地兑换等价的当地货币,更加方便了旅游者进行跨国和洲际旅游。通济隆旅行社还编印了世界最早的旅行杂志,曾被译成 7 国文字,再版达 17 次之多。同年 7 月,年满 84 岁的托马斯·库克离开人世,长眠于英格兰萨里郡泰晤士河畔的瓦尔顿城。

(一)近代旅行社业的发展

19 世纪末到第二次世界大战前是旅行社业萌芽和初步发展时期。随着托马斯·库克父子公司的发展壮大,越来越多的人意识到了旅游业蕴藏的巨大市场潜力。世界各国尤其是发达国家,旅行社不断出现。

1850 年,英国的托马斯·尔内特成立了"旅游者组织",为旅客提供旅行日程安排、车辆、食品及相关用品。同年,美国运通公司开始兼营旅行代理业务,随后又于 1891 年发行了与现代使用方法相同的旅行支票,于 1895、1896 年分别在巴黎和伦敦开设了旅游办事处,专为来访的美国人代办各类旅行事宜。1857 年,英国成立了帐篷旅游俱乐部。1890 年,法国、德国成立了观光俱乐部。1927 年,意大利成立了首家旅行社;1929 年,苏联也成立了首家旅行社。

在亚洲,1893 年,日本设立了专门接待外国游客的"喜宾会",开始专门从事招徕和接待外国游客及代办旅行的各项服务。1926 年,"喜宾会"正式定名为"日本交通公社"。

到 20 世纪 20 年代末,全世界已有 50 多个国家开展了旅行社业务。这一时期美国的运通公司、英国的托马斯·库克父子公司和以比利时为主的铁路卧车公司成为世界旅行社业的三巨头。

这一时期旅行社发展的特点为:数量有了较大的增加,规模也得以扩大。推出的旅游产品有了更新,除了观光旅游之外,还经营探险旅游等新的品种。出行的范围同时扩大,不再仅仅局限于国内旅行和短途国外旅行。出游工具除了轮船、火车外,还可以乘坐大型汽车。

(二)现代旅行社业的发展

从第二次世界大战结束到 20 世纪 80 年代是旅行社业的迅猛发展阶段。其原因主要有三个:第一,第二次世界大战以后世界经济的恢复和发展,人们收入水平普遍提高,开始追求更高的生活质量;第二,随着社会生产力的发展,20 世纪 60 年代带薪休假制度的普遍实行,将人们从繁重的工作中解放出来,人们空闲时间增多;第三,现代交通运输业的发展,尤其是民用航空业的发展,极大地缩短了人们旅途中用于交通方面的时间,增加了观光游览的时间，使人们可以快捷、高效地实现远距离的旅行。这些因素有力地推进了旅游业和旅行社业的高速发展。

上述条件决定了旅游需求表现为对标准化产品的大规模、无差异需求。由于旅游者缺乏足够的旅游经验，对旅游产品也缺乏严格的要求和预期，因此他们在很大程度上都需要由旅游经营者进行引导。旅行社业的运作模式也因此发生了深刻的变化，以有组织的团体包价旅游为代表的规范化、标准化旅游运作模式日益普及。旅游产业从此进入了现代化和大众化现代时期，也为现代旅行社业的发展提供了极为有利的条件，旅行社的行业规模和企业规模与前一时期相比都有了质的飞跃。随着旅行社数量的急剧增加和行业规模的不断扩大，在世界范围内形成了由10万余家旅行社组成的国际旅游服务销售网络，并产生了许多国际性和地区性的旅行社组织，如世界旅行社协会、世界旅行社协会联合会。

知识链接

世界旅行社协会和世界旅行社协会联合会

世界旅行社协会是一个国际性的旅游组织，创建于1949年。该协会由237家旅行社组成，其中半数以上为私营企业，分布在86个国家的208个城市中。世界旅行社协会设有一个执行委员会，有9名委员。总部在瑞士的日内瓦，并设常务秘书处，管理协会的行政事务。协会每两年举行一次大会。协会把世界分成15个区，各区每年举行一次会员社会议，研究本区旅游业务中的问题。世界旅行社协会旨在推动旅游业的发展，收集和传播信息，参与有关发展旅游业的商业和财务工作。该协会每三年对各会员社的营业情况进行一次调查。在1983年的调查中，该协会所属旅行社的总营业额在20亿美元以上。该协会出版《世界旅行社协会万能钥匙》，每年一期，免费提供给各旅行社。该刊是一份提供最新信息的综合性刊物，主要刊登会员社提供的各种服务项目的价目表，还刊登各国旅行社提供的国家概况和饭店介绍等。协会的活动经费来源，一是会员社每年的捐款，二是出版发行《世界旅行社协会万能钥匙》年刊的利润。会址：瑞士日内瓦（37 Quai Wilson，CH－1211 Geneve，Suisse）。

世界旅行社协会联合会是最大的民间性国际旅游组织。其前身是1919年在巴黎成立的欧洲旅行社和1964年在纽约成立的美洲旅行社，1966年10月由这两个组织合并组成，并于1966年11月22日在罗马正式成立。英文名称：United Federation of Travel Agents' Associations，简称UFTAA。

（三）当代的世界旅行社业

20世纪90年代以来，世界旅行社业进入一个新的发展时期。这一时期主要呈现出如下特征：

第一，旅行社产品向个性化发展。随着社会经济条件和人们文化素质的提高，以及旅游者旅游经历的丰富，游客对千篇一律的标准化旅游产品需求不断弱化，开始追求凸显差异化、个性化的旅游产品。使得旅行社在传统的包价旅游产品之外，不断根据游客的需求，设计推出个性化的旅游产品。

信息链接

旅游走向个性化"定制线路"渐成主流

时间:2012-10-23 10:40:45 星期二　来源:今日早报　编辑:盛　岚

有媒体报道,到2015年,旅游消费将占居民消费总量的比例达到10%,国内游人数将达33亿人次,旅游行业总收入达2.5万亿元。过去,在旅行过程中,总有不少消费者表示,自己感兴趣的景点游览时间太短,不感兴趣的景点转起来没完;好不容易出门旅游,却在购物点浪费了不少时间。伴随着我国旅游业的迅猛发展,这样的情况正在逐渐好转,旅行社也在不断转变经营模式以适应消费者的需求。今年以来,各大旅行社相继推出"定制线路"、"深度旅游"、"高端旅游"等旅游项目,大众化旅游正在逐渐走向个性化、私人化。

记者采访了多家旅行社以及相关业内人士,共同探讨近几年旅游行业的转变。

从固定线路产品到为游客量身定制

如今游客出游需求和出游方式已多样化,从传统的观光旅游向休闲旅游、度假旅游、体验旅游、乡村旅游等新型、多业态、多形式旅游转变已是大势所趋。随着散客自助游、网上预订不断增多,人们在具体消费行为上表现为旅游消费动机和出游方式多样化、出游时间分散化,对旅行社服务的要求越来越高。旅行社推出的固定线路已经难以满足消费者多样化的需求,为此,不少旅行社推出"定制旅游"业务,游客可以提出自己想去的景点、想住的酒店,再由旅行社帮助设计线路。

2011年时,杭州国际旅行社董事长张玲中就关注到了"定制旅游"问题。据张玲中介绍,2011年前,旅行社推出的90%的产品都是设计产品,也就是由旅行社制定固定线路,推向消费者,消费者根据自己的喜好选择其中的线路组团旅行,只有10%是根据消费者的特殊需求而量身定做。"2011年以前,消费者对旅行的要求并不是很具体,旅行社推出的旅游线路一般能满足多数游客的需求。"

从2011年开始,消费者对旅行的要求不再局限在景点上,而是对具体的酒店、餐厅、特定景点都有一定要求。张玲中告诉记者,2011年时,杭州国际旅行社"定制旅游"的比重就达到了60%左右。现在一般都是一群朋友或者几个家庭六七人组队一起出去旅游,他们提出自己想去的景点、想住的酒店、想吃的餐厅,再由旅行社帮助设计出合理的路线。"比如,游客去欧洲,重点想品尝法国各酒庄的红酒,或者坐在法国米其林三星餐厅享受美食,这些特殊要求都将由旅行社帮助设计到行程中。"

当然,与一般线路相比,定制旅游的价格要略高,但具体差价是多少不能一概而论。张玲中说,同是三亚双飞五日四晚游,大众线路的价格一般在3000元左右,但如果是定制旅游的话,就要根据入住的酒店以及餐厅等具体情况定价。

在众多旅行社为扩大游客范围推出平价旅游路线时,携程网反其道而行,成立中国首个顶级旅游品牌"鸿鹄逸游",主攻中国富豪旅游市场,主要瞄准身价千万资产的富裕阶层。除此之外,携程网发布了2013年"环游世界80天"旅游产品,报价101万元,堪称史上最顶级旅游行程,价格不菲。这是携程连续第三年推出顶级环球游产品,此前两年的环球游名额在售卖时分别以9分钟和30秒的时间被一抢而空,让人惊叹。

鸿鹄逸游营销总监华莉介绍,鸿鹄逸游自今年3月份成立以来,每月订单量成倍数增长。"看好中国奢华旅游市场的,不仅是携程旗下的鸿鹄逸游,包括新加坡航空公司、法国航空公司、阿联酋航空公司等都积极在中国布局，力图进入高端旅游市场。”同时，各地旅游局也在关注奢华旅游市场的机会，把奢华旅游作为推广的目标，包括新加坡旅游局、新西兰旅游局、澳大利亚旅游局、瑞士旅游局、法国旅游局，甚至海峡对岸的“台湾观光局”也摩拳擦掌争相进入奢华旅游市场。

一些游客熟悉的热门目的地经过再设计与包装升级，呈现出崭新华丽的面貌。如柬埔寨，通常被旅行社设计成一条常规的历史宗教文化线路，但鸿鹄逸游的“柬埔寨情人岛 Song saa private island 自游行 7 天”却是一条浪漫的高端休闲线路，这里有东南亚唯一一个将游泳池建在海上的度假村，也是今年情人节刚刚对外开放的私人度假村，让高端客人见识不一样的柬埔寨。

业内人士认为，高端定制游在目的地选择、时间安排、设计独特性、资源稀缺性、服务专业性等方面具有独特优势，有利于满足高端旅游人群的出行需求，引导高端人群的旅游消费习惯，提升重复购买率，可以说从某种意义上开启了对旅游市场的一次重新定义和划分。

“跟团旅游最无趣了，尤其是去那些所谓的著名景点。除了少数几个景点还有点兴趣，绝大多数都提不起劲。”经常听到身边的朋友这样抱怨。业内人士认为，旅游市场经过 20 多年的发展已进入“后观光游时代”。“上车睡觉，下车拍照”这种观光模式消费者已经不买账了。

新世界国旅总经理徐敏向记者介绍，以往旅行社推出的线路是多点形式，将相近的几个点串在一起形成一个长途线路，比如新马泰十日游、欧洲四国十日游等，希望能在短时间内到达多个地方。“游客也喜欢这种多目的地的方式，这样一趟旅行下来，游客能到多个国家，体验不同的风情。”

从各大旅行社推出的线路不难看出，这种“串连式”的旅行方式正在逐渐被取代。“吴哥深度 5 日游”、“泰国 6 日游”、“济州岛 4 日游”，从这些名称都可以看出，单一式的目的地正在取代“串连式”的旅行线路。徐敏告诉记者，现在这种长途的单一深入式线路更受游客喜爱，“往返于多个目的地经常是一种走马观花式的观赏，而单一目的地更利于游客深入感受。”

从走马观花到深度旅游　奢华旅游分割旅游市场

什么是深度旅游呢？时间长的是不是就是深度旅游呢？面对这种疑问，徐敏解释道，深度旅游不只是时间长短的问题，而是一种旅游的形态。游览者通过旅游去触碰文化、感悟历史、探寻神秘、增长阅历。通过与当地社会和民众进行接触和交流，旅游者可以细细品味旅游地的历史及风情，有更多的时间和机会涉猎当地的风土人情与日常生活，体验到当地的人文特色、生活习俗。

也有人将深度旅游理解成“慢调生活”。引用某一家旅行社在伦敦深度游介绍词中一席话，可以很好地概括深度旅游的意义。“成熟、老到、醇厚的伦敦，是值得用脚步来一点一点丈量的。其间可能发生的最浪漫的事，是迷路。穿着轻便鞋，在一种永远都不知道下一刻会看见什么的状态下，伦敦便成了惊喜和伟大的化身。”

实实在在地踩在地面上，与匆匆而行的城中人擦肩而过，你才有可能真正地懂得这个城市。

旅行团利用“低价团”、“零负团费”的手段吸引消费者，以低于成本的价格招徕顾客，然后途中变本加厉地“诈取”游客钱财，让参团者“骑虎难下”。“强制购物”让一些旅行团最后都变成“购物团”，也让众多消费者叫苦不迭。

《中华人民共和国旅游法(草案)》中规定，旅行社不得以低于成本的价格招徕、组织、接待旅游者；旅行社组织、接待团队旅游不得指定购物场所，不得强迫或者变相强迫购物，不得安排任何形式的另行付费旅游项目。

杭州国际旅行社董事长张玲中提醒消费者，任何旅行社都不可能推出一条亏损的线路，面对“负团费”、“零团费”或者是低于成本价的旅游线路时，要多一个心眼，不要一味追求低价。“一条线路推出后，价格和质量一般都是成正比的，遇到同一条线路不同报价时，要仔细对比行程，防止掉入陷阱。”(实习生 胡晓 记者 陈晓)

第二，旅行社规模呈现两极分化态势。20 世纪 90 年代以来，欧美发达国家旅行社两极分化趋势明显。大旅行社和小旅行社相差悬殊，共同存在。大旅行社走向规模化、国际化，纷纷建立联号集团或跨国旅游企业集团。小旅行社实行旅行代理和专门化，经营灵活。

知识链接

世界著名旅行社

美国罗森布鲁斯旅行社(1892 年成立)
美国运通旅行社
美国汤姆逊旅行社
美国和荷兰的卡尔逊—韦根利特旅行社(跨国集团，属雅高集团)
法国新边界旅行社
法国德格利夫旅行社
德国阿特拉斯—莱森旅行社(属于路易集团)
德国 ITS 莱森旅行社(属于路易集团)
德国 DER 旅行社(属于巴恩公司)
德国奈克曼旅行社(属于卡尔施达特公司)
德国 C+N 旅行社(德国汉莎公司)
德国莱斯—奎尔旅行社(属于奎尔—施克丹公司)
英国托马斯·库克旅行社(跨国集团西德意志土地银行)
英国航空旅行社
荷兰饭店计划旅行社(属于米格罗斯公司)
比利时 VTB—VAB 莱森旅行社(跨国集团普鲁塞格公司)
意大利饭店计划旅行社(跨国集团米格罗斯公司)
澳大利亚喷气座旅行社
日本交通公社

第三，网络化经营普及，科技含量增大。互联网改变了旅行社的经营模式。在传统的旅游服务管理模式中，旅行社只提供标准化的团体旅游线路，没有针对旅游者的个体需要进行产品设计。互联网技术的应用，大大地提高了信息沟通效率，拓宽了信息沟通渠道。旅行社可通过互联网及时地与旅游者进行沟通，充分了解旅游者的需求，有针对性地提供个性化的服务，变被动营销为主动营销，这样就推动了旅游业从以产品质量为中心的经营模式，向以游客满意度

为中心的模式转变。互联网改变了旅行社的营销方式。互联网的发展也为旅行社带来了全新的营销方式。虽然网络预订发展迅速，但绝大多数旅游预订网站提供的预定产品是酒店和机票，而对于旅行社的支柱产品——旅游线路的预订却很少，旅行社仍是旅游线路最主要的供应商和经销商。互联网的传播力度和广度为旅行社的产品营销带来了广阔的空间。旅行社可设立自己的主页，介绍各种旅游产品，并在网上提供预订功能，进行网络营销。此外，旅行社还可以建立英文网页，对国外旅游者进行有针对性的介绍，吸引外国旅游者的关注。网络营销具有成本小、传播广的特点，将会成为未来旅行社的主要营销方式之一。

二、我国旅行社的产生和发展

（一）1949年以前我国旅行社的产生和发展

中国第一家由华人经营的旅游服务企业要追溯到1923年陈光甫在上海商业储蓄银行下设的旅行部。该旅行部的经营宗旨是“导客以应办之事，助人以必需之便”。1924年春，旅行部组织了第一批国内旅游团从上海赴杭州游览。1927年春，组织了第一批赴日本旅游的“观樱团”。1923—1926年间，旅行部先后在北平、天津、汉口等铁路沿线城市或港口城市设立了11个分部，并于1927年春出版了中国第一本旅游类杂志《旅行杂志》。随着旅行部业务的日益发展，1927年春，上海商业储蓄银行董事会将旅行部独立出来，改名为“中国旅行社”，其设在各地的分部也同时改成“中国旅行社××分社”。经当时的国民政府交通部核准，1928年1月，该旅行社被授予第元号旅行业执照。后来“旅行社”的名称被开办旅行代理的企业所沿用，成为了中国旅行代理机构的名称。“中国旅行社”即是后来“港中旅国际旅行社”的前身。

知识链接

陈光甫

陈光甫（1881—1976年），中国银行家、中国近代旅游业创始人。原名辉祖，后易名辉德，字光甫，以字行世。江苏镇江人。他读私塾数年后，去一家报关行当学徒，刻苦学习英文，后考入汉口邮政局。22岁随中国代表团参加美国国际博览会。会后留学美国，入美国宾夕法尼亚大学商学院，1909年毕业后即回国。办南洋劝业会初露才华，被江苏巡抚程德全任为江苏银行总经理。由于自己的改革主张不能实现，毅然辞职。1911年辛亥革命后，任江苏省银行监督。1914年转任中国银行顾问。翌年6月创办上海商业储蓄银行，资本从最初的10万元发展到后来的500万元，分支机构遍布全国。由此登上上海银行公会会长宝座，成为上海金融界的领袖。1923年8月，陈光甫的上海商业储蓄银行设立“旅行部”，1927年该“旅行部”独立挂牌注册，并易名为“中国旅行社”。这是中国近代旅游企业化的标志。1927年他又任国民政府财政委员会主任委员，负责为蒋介石筹募军饷。1928年出任江苏省政府委员、中央银行理事、中国银行常务董事和交通银行董事等职。1931年与英商太古洋行合资开设宝丰保险公司。1936年3月，任国民党政府财政部高等顾问。1937年，任大本营贸易委员会中将衔主任委员。抗日战争时期，历任国民参政会参政员，国立复兴贸易公司董事长，中、美、英平准基金委员会主席。期间，受蒋介石指派赴美国谈判借款事宜。当时的中国驻美国大使胡适先生曾赠诗与之共勉：“偶有几根白发，心情微近中年。做了过河卒子，只能拼命向前。”最终他们促成了数额为2500万美元的中美“桐油借款”。1939年和1940年又促成了两笔总额为4500万美元的贷款，为抗战作出了重要贡献。1947年任国民政府委员，并主管中央银行外汇平衡基金委员会。1948年当选立法委员。1950年陈光甫将上海商业储蓄银行香港分行易名为上海商业银行，在香港注册。1954年定居台湾。1965年上海商业储蓄银行在台北复业，任董事长。1976年卒于台北。

(二)1949年以来我国旅行社业的发展

1949年11月，中华人民共和国在厦门成立华侨服务社，1957年由各地华侨服务社组建成立华侨旅行社总社及其分支机构，并于1974年改名为"中国旅行社"(简称"中旅")，即现在"中国旅行社总社"的前身，主要为华侨回国探亲、访友、参观、旅游提供服务。1954年成立了中国国际旅行社总社(简称"国旅")以及上海、杭州、南京、汉口、广州、沈阳、哈尔滨、安东、大连、满洲里、天津、凭祥、南昌等分社，开始接待苏联和东欧各国的自费旅游者。国旅和中旅两大旅行社在1978年之前独占鳌头。其中"国旅系统"负责接待外国来华旅游者，"中旅系统"服务接待海外华侨、外籍华人和港澳台同胞。我国的旅行社只有国旅总社、中旅总社及其主要省会城市的分支结构。二者在业务上都是由总社负责从境外招徕客源，分社负责当地接待业务；在体制上都是直属政府的行政事业单位，其对外接待工作以政治目的为主，不具备企业性质。

知识链接

中国旅行社总社和中国国际旅行社总社历史发展沿革

中国旅行社总社是新中国第一家旅行社，同共和国一起诞生，与共和国一道成长。1949年11月，厦门华侨服务社成立。其后，重点侨乡广东省、福建省和许多中心城市相继成立华侨服务社，并于1957年统一更名为华侨旅行服务社。1957年4月，华侨旅行服务社总社在北京成立，统筹全国各地华侨旅行服务社的工作，初步形成全国性网络。1974年周恩来总理提议，保留华侨旅行服务社总社，同时加用中国旅行社总社名称。1990年7月，中国中旅(集团)公司和中国中旅集团在北京成立，与中国旅行社总社合署办公。1994年5月，中国中旅(集团)公司与中国旅行社总社分署办公。同年10月，"CTS中旅"商标经国家工商行政管理总局商标局核准注册。同年12月，中国中旅的标志性建筑——中旅大厦在北京落成，中国中旅集团举行隆重的落成典礼并召开了中国旅行社成立45周年庆祝大会。1999年1月，中共中央办公厅、国务院办公厅颁布《中央党政机关非金融企业脱钩的总体处理意见和具体实施方案》，将中国中旅(集团)公司列为首批交由中央管理的企业。2000年6月，中国旅行社总社第一家控股单位广东拱北口岸中国旅行社有限公司成立，至今在全国已控股数十家中旅社。2003年12月，中国旅行社总社与全球三大旅游企业集团之一的德国TUI集团合资成立我国第一家外资控股旅行社—中旅途易旅游有限公司，德国总理施罗德出席了剪彩仪式。2007年，港中旅集团与中国中旅集团完成了"航母型"合并重组，双方旗下的核心产业——中国旅行社总社(CTS)、港中旅国际(CTI)、招商国旅(CMIT)、香港中旅社和海外分社，经过整合重组，组成了中国旅行社总社有限公司，成为港中旅集团旗下负责旅行社业务的全资子公司。整合后的中旅总社坚持以业务流程的再造、商业模式的创新、组织架构的重建、实体布局的推进和天地联网的实施来推动企业的发展，提升企业品牌影响力。2008年，中国旅行社总社被国家旅游局评定为国际旅行社第一名。

中国国际旅行社总社成立于1954年，于2008年3月更名为中国国际旅行社总社有限公司（简称中国国旅）。1954年4月15日在周恩来总理的亲自关怀下，中国国际旅行社总社在北京正式成立。同年，在上海、天津、广州等12个城市成立了分支社。成立之初，国旅总社是隶属国务院的外事接待单位。当时，全国还没有专门管理旅游业的行政机构，国旅总社实际上代行了政府管理职能。1957年底，国旅在全国各主要大中城市设立19个分支社，国旅的接待业务网络初步形成。在这一时期主要以政治接待为主。1958年1月，周恩来总理会见日本客人，根据当时我国调整中央和地方的关系，决定国旅各地分支社一律划归当地省（市）人民政府直接领导，国旅总社对分支社由原来垂直领导关系，变为业务指导关系。国旅系统在对外宾开放城市增设了分支机构，增加了旅游线路，扩大旅游者的游览、参观范围，到1958年底发展到35个分支社。1958年6月，国务院下发中国国际旅行社总社关于筹设国际旅行社分、支社机构的报告的批示。1964年7月，中国旅行游览事业管理局（国家旅游局的前身）成立，中国旅游业的管理体制进入了一个新的时期。这个时期实行的是政企合一的体制，国家旅游局和国旅总社是“两块牌子，一套人马”。对外招徕用国旅总社的牌子，对内行业管理行使国家旅游局的职能。至1966年，国旅系统发展到46个分支社。1982年，国旅总社与国家旅游局开始按“政企分开”的原则，分署办公和经营。1984年，国家旅游局批准国旅总社为企业单位。从此，国旅总社从原来归口外事工作转为独立经营、自负盈亏的大型旅游企业。1989年，国家旅游局批准中国国际旅行社集团成立。1992年，国家经贸委批复同意成立中国国旅集团，国旅总社为集团核心企业。1994年，国旅总社被国务院列为“百户现代企业制度试点企业”。1998年，国旅总社被列入520家国家重点企业。1998年，底国旅总社与国家旅游局脱钩，进入中央直接管理的企业。2000年，国旅总社成功地通过ISO9001国际质量体系认证，并加入世界旅游组织（WTO），国家工商总局向国旅总社颁发了中国国旅集团证书。2001年，国旅总社被国家统计局列入“中国企业500强”第219名，旅游业第1名，并分别进入营业收入增长率、利润增长率、人均营收、人均利润前100名。2002年，国旅总社被国家统计局列入“中国企业500强”第243名，旅游业第1名。2003年，国旅总社成为国有资产监督管理委员会管理的中央企业。2003年底，国旅总社与中免总公司企业重组。2004年，世界品牌实验室（WBL）和世界经济论坛（WEF）举办的《2004年世界品牌大会》暨《中国500最具价值品牌》，“国旅”品牌名列第53名，旅游服务类第1名，品牌价值达88.81亿元。2005年，向印度洋地震海啸灾区人民捐款20万元。2006年，在美国纽约举行的、由美国《蒙代尔》杂志社举办的“全球企业领袖年会”和“蒙代尔全球旅游业500强颁奖典礼”活动评选中，国旅总社进入“2006年蒙代尔全球旅游业500强”入选企业之列。2007年，国旅总社荣获北京市首批5A级国际旅行社。2008年，国旅总社改制更名为中国国际旅行社总社有限公司。2010，全国百强旅行社排名第二。

改革开放后，我国旅行社业在产业意义上才开始真正发展。国旅和中旅的主要任务由政治接待转变为接待自费来华的旅游者。1980年，中国青年旅行社总社（简称“中青旅”）在北京成立，从此开始了中国旅行社行业的寡头垄断局面，形成了国旅、中旅、中青旅“三足鼎立”的格局。根据当时国家旅游局的规定，国旅主要接待外国来华的旅游者，中旅主要接待港澳同胞和来华旅游的海外华人，中青旅主要接待来华旅游的青年旅游者。随着来华旅游人数的增多，国家旅游局为了适应新形势，于1984年下放了旅游外联权，允许更多的企业经营国际旅游业务，并授予它们业务经营所必需的签证通知权。这一举措极大地促进了旅行社业在全国范围内的迅速发展。到1988年底，我国的旅行社猛增至1573家，并由此彻底打破了中国旅行社业寡头垄断的格局。

随着旅游业的发展和旅行社数量的迅速增加，为了加强对旅行社行业的规范和管理，国务院于1985年颁布了《旅行社管理暂行条例》。这是我国旅行社行业第一部行政法规，标志着我国旅行社行业管理制度的产生。该条例首次将我国旅行社确定为企业性质，并按照业务范围将旅行社分为三类：①一类旅行社：经营对外招徕并接待外国人、华侨、港澳台同胞来中国、归国或内地旅游业务的旅行社；②二类旅行社：不对外招徕，只经营接待一类旅行社或其他涉外部门组织的外国人、华侨、港澳台同胞来中国、归国或内地旅游业务的旅行社；③三类旅行社：经营中国公民国内旅游业务的旅行社。根据这一划分标准，1989年全国共有一类旅行社61家、二类旅行社834家、三类旅行社722家。

20世纪90年代以来，随着出国旅游和国内旅游的发展，旅行社业在快速发展的同时也出现了一些问题，尤其是旅游市场秩序混乱、违规经营、欺诈游客等现象时有发生。为了对这种状况进行调整，国务院于1996年10月颁布了《旅行社管理条例》。按照经营的业务范围将旅行社分为国际旅行社和国内旅行社。国际旅行社经营入境旅游业务、出境旅游业务和国内旅游业务；国内旅行社经营国内旅游业务。按照这一分类，1997年我国共有旅行社4986家，其中国际旅行社991家，国内旅行社3995家。在《旅行社管理条例》实施了13年之后，为了加强对旅行社的管理，保障旅游者和旅行社的合法权益，维护旅游市场秩序，促进旅游业的健康发展，国务院于2009年2月颁布了《旅行社条例》。该条例取消了对"国际旅行社"和"国内旅行社"的划分。根据该条例，市场上形成两大旅行社：一类旅行社只可经营国内旅游业务和入境旅游业务；另一类旅行社可以经营国内旅游业务、入境旅游业务和出境旅游业务。2013年4月25日，《中华人民共和国旅游法》由中华人民共和国第十二届全国人民代表大会常务委员会第2次会议通过，并自2013年10月1日起施行，从法律的角度对旅行社的经营管理作出了规范。

知识链接

2012年度全国百强旅行社前十名

位次	许可证编号	旅行社名称
1	L-SH-CJ00009	上海春秋国际旅行社有限公司
2	L-BJ-CJ00003	中青旅控股股份有限公司
3	L-GD-CJ00002	广东省中国旅行社股份有限公司
4	L-BJ-CJ00071	北京众信国际旅行社股份有限公司
5	L-GD-CJ00004	广州广之旅国际旅行社股份有限公司
6	L-BJ-CJ00001	中国国际旅行社总社有限公司
7	L-ZJ-CJ00008	浙旅控股股份有限公司
8	L-HUN-CJ00002	湖南省亲和力旅游国际旅行社有限公司
9	L-HUB-CJ00019	湖北新航线国际旅行社有限责任公司
10	L-CQ-CJ00001	重庆海外旅业(旅行社)集团有限公司

2012 年度全国旅行社集团十强

位次	许可证编号	旅行社名称
1	L-BJ-CJ00003	中青旅控股股份有限公司
2	L-SH-CJ00009	上海春秋国际旅行社有限公司
3	L-BJ-CJ00002	中国旅行社总社有限公司
4	L-BJ-CJ00001	中国国际旅行社总社有限公司
5	L-GD-CJ00002	广东省中国旅行社股份有限公司
6	L-BJ-CJ00011	中国康辉旅行社集团有限责任公司
7	L-SH-CJ00002	上海锦江国际旅游股份有限公司
8	L-GD-CJ00004	广州广之旅国际旅行社股份有限公司
9	L-HUN-CJ00002	湖南省亲和力旅游国际旅行社有限公司
10	L-SH-CJ00011	上海航空国际旅游(集团)有限公司

2012 年度全国旅行社税收十强

位次	许可证编号	旅行社名称
1	L-GD-CJ00002	广东省中国旅行社股份有限公司
2	L-GD-CJ00004	广州广之旅国际旅行社股份有限公司
3	L-BJ-CJ00071	北京众信国际旅行社股份有限公司
4	L-SH-CJ00025	上海携程国际旅行社有限公司
5	L-BJ-CJ00099	北京携程国际旅行社有限公司
6	l-SH-CJ00009	上海春秋国际旅行社有限公司
7	L-HUN-CJ00002	湖南省亲和力旅游国际旅行社有限公司
8	L-GD-CJ00019	广东南湖国际旅行社有限责任公司
9	L-HUN-CJ00001	湖南华天国际旅行社有限公司
10	L-ZJ-CJ00008	浙旅控股股份有限公司

思考题

一、请简述一下世界旅行社业的发展历程。

二、请简述一下旅行社业产生和发展的基础。

项目二 旅行社的组织机构

学习目标

- 掌握旅行社常见的组织架构
- 掌握旅行社各业务部门的工作职责
- 了解旅行社的组织业务流程再造
- 能够分析旅行社组织结构状况并设计合理的组织结构

导入案例

图 1-2-1 是寰宇国际旅行社的组织架构。学完本项目后，请思考并回答下面问题：

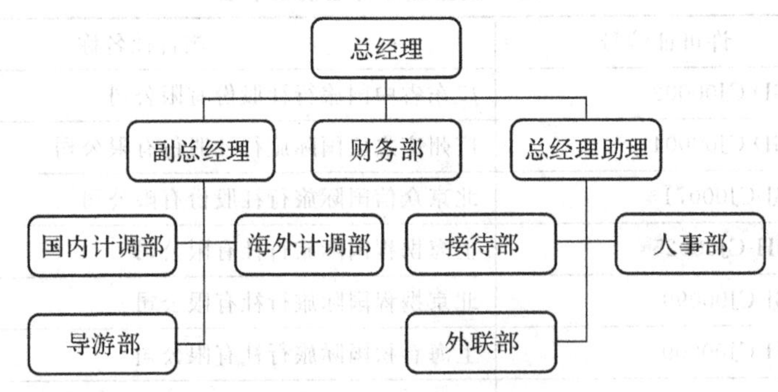

图 1-2-1 寰宇国际旅行社的组织结构

问题：1. 寰宇国际旅行社的组织结构的类型是什么？

2. 寰宇国际旅行社各部门的职责分工是什么？

基本知识

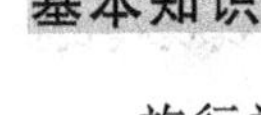

旅行社与其他企业一样，为了使员工能为实现旅行社目标而有效地工作，必须根据工作的要求和人员的特点，设计岗位，通过授权和分工，将适当的人员放在适当的岗位上，用制度规定各个成员的职责和各个岗位之间的关系，形成一个有机的组织结构，使整个旅行社组织协调地运转。

一、旅行社的概念

我国《旅行社条例》将旅行社定义为，从事招徕、组织、接待旅游者等活动，为旅游者提供相关旅游服务，开展国内旅游业务、入境旅游业务或者出境旅游业务的企业法人。由此可以看出旅行社具有以下性质：

第一，旅行社是以营利为目的的企业法人。旅行社首先是一个企业法人，营利性是企业法人的根本性质，旅行社也不例外。作为一个独立核算、自负盈亏的经营性组织，其最终目的是追求利润最大化。

第二，旅行社以为旅游者提供旅游服务进行营利。服务性是所有旅游企业兼具的。旅行社同样是通过向旅游者提供与旅行有关的服务，满足其旅游需求，获得良好的社会和经济效益。具体的服务是：

①为旅游者代办出境、入境和签证手续。

②招徕、接待旅游者旅游，包括组织和准备旅游产品，宣传推介旅游产品，招徕组织旅游者，组织旅游者进行旅游。

③为旅游者安排食宿行等服务活动，提供运输服务和住宿设备。

第三，旅行社是中介服务机构。旅行社本身的运作是依托各类旅游吸引物和旅游供给设施来组织产品和创新产品，满足旅游消费者的需要。通过运作，实现从资源到效益的转化。所以旅行社是旅游客源地与目的地之间的中介，成为连接旅游消费者与旅游供应商的纽带。这是一种新的信息传递方式和资源组合方式。这种中介性具体体现在两个方面：一是对各种旅游资源、旅游交通设施、食宿设施等旅游组成部分进行组合加工，形成完整的旅游产品，销售给旅游者，使旅游服务各个要素得到整合有序，发挥最大的综合效益。二是旅行社通过宣传促销，组织和吸引大量旅游者购买旅游产品；通过委托代办，为旅游者办理食住行游购娱的各种手续；组织旅游者到旅游接待地完成旅游计划；妥善解决同旅游服务部门的各种交换关系，使旅游者顺利完成旅游消费。

二、旅行社的基本业务

按照旅行社的操作流程，其基本业务主要有五项。

(一)旅行社产品设计与开发业务

旅行社产品的设计与开发业务是指旅行社在调查研究的基础上，依据市场预测与分析，结合旅行社自身的特点与条件，设计出能吸引旅游者的产品。在此之后，旅行社还要将设计出的产品进行试销；当试销成功后，再将其产品批量投放市场以获取收益；最后，旅行社定期对产品进行检查、改进和更新。

(二)旅游服务采购业务

旅游服务采购业务，是指旅行社为生产旅游产品而向有关旅游服务供应部门或企业购买各种旅游服务要素的一种业务活动。旅行社的采购业务主要涉及交通、住宿、餐饮、景点游览、娱乐和保险等部门。另外，组团旅行社还需要向旅游线路沿途各地接旅行社采购接待业务。

(三)旅行社产品销售业务

旅行社通过各种形式推销自己的旅游产品，激发潜在游客对旅游产品的兴趣。旅行社要采取各种不同的销售策略和销售手段，推广旅游产品以招徕众多的游客，使旅游消费者认识到旅游产品所能带给他们的利益，从而达到激发起购买旅游产品的目的。

(四)旅行社接待服务业务

旅行社通过向旅游者提供接待服务，全权负责旅游者在旅途中和旅游点逗留期间的所有活动，提供导游讲解服务，最终实现旅游产品的实际价值。

(五)中介服务

为了保证旅游过程的顺利和安全，旅行社还提供一些中介服务。主要有帮助办理护照、签证等旅行证件；代客购买或预订车、船和机票等；为旅游者办理旅游期间的各种保险等。

三、旅行社的主要职能

旅行社最主要的职能是设法满足旅游者在旅行和游览方面的各种需要，同时协助交通、饭店、餐馆、景区景点、旅游商店等旅游服务供应部门和企业将其旅游服务产品销售给旅游者。具体地讲，旅行社的主要职能可分为六种：

（一）旅游产品生产职能

旅行社是旅游产品的生产者，这种生产职能是指旅行社根据客源市场的需求，以低于市场的价格向饭店、旅游交通和其他相关部门批量购买旅游者所需的各种服务项目，然后进行开发设计、整合，并融入旅行社自身的服务内容，进而形成有自己特色的旅游产品。从旅行社产品的本质上看，旅行社的产品与制造业企业生产的实物产品是一样的。一方面，旅行社从相关企业或部门采购的各种旅游服务，只是构成某个旅行社产品的“零散部件”，是旅行社产品的“生产原料”，而非产品本身。这种采购与制造业企业采购原材料的活动是一样的。另一方面，尽管从产品形态上看，旅行社所生产的产品属于服务范畴的无形产品，但这种产品和制造业企业生产的实物产品一样，都具有满足购买者的某种需要的使用功能。因此，旅行社是具有生产职能的。

（二）销售职能

旅行社是销售者。一方面，旅行社招徕旅游者，促进了单项旅游产品生产企业的销售；另一方面，作为旅游产品的销售渠道，旅行社又代客预订各种单项旅游产品，便于旅游者进行统一的一次性购买，大大简化了旅游过程中的交换关系。与其他旅游企业不同，旅行社的销售职能具有多功能性的特点，即旅行社不仅销售其自身生产的产品（包价旅游产品、组合旅游产品等），而且还代售其他旅游企业及相关的其他企业的产品（代订客房、餐饮、交通票等）。许多旅游产品正是通过旅行社这个销售渠道进入旅游市场，销售给旅游者及需要旅游产品的其他企业、单位。由此可见，旅行社的销售职能在满足旅游者需求，拓宽各种旅游产品销售渠道和增加旅行社及其他旅游企业、单位的产品销售量方面发挥着重要的作用。

（三）组织协调职能

旅游活动是一项综合性的活动，涉及食、住、行、游、购、娱等众多方面。旅行社要保障旅游活动的顺利进行，就离不开旅游业各部门和其他相关行业的合作与支持。旅行社作为其中的一个组成部分，并不具备对其他部门的管辖指挥权。旅行社为确保旅游活动的顺利进行，就必须进行大量的组织与协调工作。在确保各方利益的前提下，衔接和落实整个旅游活动过程中的各个环节的事项。

（四）分配职能

旅行社的分配职能主要是一种对旅游客源和旅游收入的分配。在对客源的分配上，由于当前许多地方的旅游服务企业或部门及相关的企业和部门所提供的旅游设施设备水平和服务的质量及价格差别较小，尤其是同档次的旅游设施之间的差别更是微乎其微，从而给旅游经验较少的游客造成一定的选择困难。于是他们往往求助于旅行社的专业服务，这就使得旅行社具有向饭店、餐馆、地方接待社、旅游交通工具、景区景点分配游客的权力。

在对旅游收入的分配上，旅行社对旅游服务设施及相关服务设施的选择，将会引导旅游者的消费支出流向。综合来看，旅行社对旅游客源和旅游收入的分配职能是一种兼顾旅游者、旅行社、相关旅游企业或部门及其他企业和部门各方面利益的基本职能。

（五）提供信息的职能

旅行社提供信息的职能主要在两个方面：一是旅行社作为旅游产品重要的销售渠道，始终处于旅游市场的最前沿，熟知旅游者的需求变化和市场动态，将这些信息及时提供给各相关部门，会对他们的经营管理具有指导意义，而相关部门经营的改善和服务质量的提高无疑也有利于旅行社自身的发展。另一方面，旅行社应及时、准确、全面地将旅游目的地各相关部门最新的发展和变化传递到旅游市场去，不断更新信息，包括自然环境、人文环境和社会环境的最新变化。只有实事求是地及时发布信息，才能使旅游者进行正确的选择。

（六）服务职能

旅游产品实际上是游客享受的一次服务经历。旅游者在实际消费之前，既看不到也摸不着这种产品，因而难以用直接感官评价，鉴定它的质量；而且产品是购买先于消费，所以产品销售并不意味着交换过程的终结，还要组织众多的人力、物力及财力，按照合同向旅游者提供各种旅游服务。可以说，接待服务质量的高低，就是旅行社产品质量的优劣。因此，旅行社必须进行服务机制的不断细化和专业化。

四、旅行社组织结构

组织是人们为达到共同目的而使全体参加者通力协作的一种有效形式。它规定各组成人员的职务及其相互关系，以职务与职务之间的分工与联系为主要内容。

（一）旅行社组织结构设计的原则

1. 目标导向原则

组织结构的设计是为了更好地实现组织的目标。组织中的每一部分都应该与既定的组织目标有关，否则就失去了存在的意义。所以旅行社组织结构的设置、调整都应以有利于企业总目标的实现为宗旨。具体对旅行社组织设计来说，就是要以事为中心，因事立机构、设职务、配人员。不同旅行社因为业务范围的不同和客源结构的差异，具体部门设计可能不尽相同，但只要是能够很好地实现旅行社的经营目标，组织结构就是合理的。

2. 权责利统一原则

该原则要求职权、责任和利益三者相匹配，即在进行组织结构设计时，既要明确规定每一管理层次和各个部门的职责范围，又要赋予其完成职责所必需的管理权限，并确保其获得合理的利益。三者的协调一致是组织有效性得以充分发挥的前提。

3. 专业分工与协作原则

分工是按照提高管理专业化程度和工作效率的要求，把组织的目标分解到各级、各部门，甚至个人的目标和任务，并使之了解各自的职责和职权。协作包括部门之间和部门内部的协作。尤其是在旅游旺季，只有旅行社各部门有效协作，才能完成繁重的接待任务。

4. 精干高效原则

组织结构设计中最忌机构臃肿，人浮于事。这不仅会增加旅行社的负担，同时也会引起劳动生产率的降低。因此，要严格控制旅行社员工的整体规模，尽量减少职能部门闲散人员。实行满负荷工作法，制定科学、合理、详细的岗位职责，培养一支勤奋高效的员工队伍。

(二)旅行社的组织结构类型

1. 直线职能制组织结构

直线职能制组织结构是我国旅行社传统的组织结构设置模式，在旅行社总经理之下平行设立“一室六部”，直属总经理管辖，彼此之间职责分明，相互配合，共同完成旅行社经营管理的目标。“一室”为总经理办公室，“六部”包括人事部(或人力资源部)、财务部、市场营销部(外联部)、计调部、接待部、综合业务部。其中“六部”中的后四者又为旅行社基本业务经营部门。这种组织结构的特征是权力高度集中，上下级之间实行直线式管理，各部门按事务集中方式划分(见图 1-2-2)

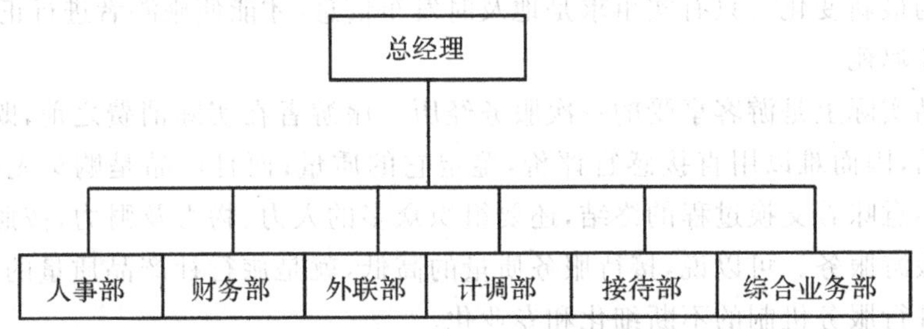

图 1-2-2 我国旅行社的直线职能制组织结构

在直线职能制组织结构模式下，各业务部门的职责划分大致为：

市场营销部，又称外联部，主要负责对外组织和招徕客源，主要工作为旅游客源市场调研与预测、旅游产品开发与设计、旅游产品营销等。

计调部，全称为计划调度部，是旅行社接待业务的调度中心，主要负责按照本社外联部招徕的旅游团或其他组团社发来的旅游团的接待要求，制定和落实旅游团在当地的旅游接待计划，即地接计划。主要工作包括旅游团接待计划的编制及调度变更工作，与当地各旅游企业联络并落实客房、餐饮、交通等要素的采购工作。此外，还要与各组团社保持密切联系，沟通信息，开展横向招徕客源的工作，又称旅行社地联业务。近年来，该部门的业务发生了较大变化，旅游团接待计划的编制和调度变更工作，在业务量不大的旅行社多转入接待部。地联业务则多并入市场营销部，或与外联部并列，另设地联部。又由于集中的大量采购已成为旅行社利润与竞争优势的重要来源，所以采购业务已上升为计调部业务的核心，一些旅行社干脆不再设置计调部，而代之以采购部。采购一般由旅行社总经理亲自参与。

接待部由不同语种的导游人员为主体组成，主要负责团体旅游者的接待工作。

综合业务部主要负责散客接待业务和整个旅行社的票务、行李包裹及其他业务。其业务范围最广，服务项目最细。

直线职能制组织结构的主要优点有：

第一，强调专业分工，信息传递速度快，工作效率高。由于每一个部门都有明确的业务分工，每一位员工对自己承担的任务都有明确了解，所以减少了部门内部和部门之间相互推诿扯皮的现象。

第二，权力高度集中统一。上下级之间实行单线领导的管理方式，旅行社的经营决策权和管理决策权集中于旅行社的最高管理层，便于决策执行与监督落实。而每一个部门均由旅行社最高领导直接管理，是一种高度集权的组织结构。这一模式适应单一产品生产经营的要求，具有反应灵活、控制有效、管理成本低的优点。

直线职能制组织结构的不足之处有：

第一，各个职能部门之间协调困难，往往只重视本部门利益，而忽视整体利益，旅行社实现整体目标的能力容易被削弱。

第二，组织结构缺乏弹性，不够灵活，缺乏横向联系，难以适应现代市场竞争的要求。

2.事业部制组织结构

事业部制组织结构即设立一系列业务单位为某一个细分市场的旅游者提供某种旅行社产品，每一个事业部都是多种职能或多个部门的一种组合，这些职能或部门共同运作，生产产品。事业部制是一种适合经营规模较大或跨地区经营的旅行社组织结构形式。从法律地位上看，事业部制可以是子公司以外的非法人机构，但它们对外发生的债务关系，旅行社总社要承担责任。事业部制是一种适当分权制，各事业部有自己独立的产品与市场，独立经营，独立核算，对外有经营权，但没有法人权。每个事业部都是旅行社独立的利润中心，在旅行社的统一指导下分散经营。

设立事业部制组织结构的目的是在组织内部创立一个更小、更好管理的单位。在理论上，事业部结构有三种形式：产品结构、地域结构和市场结构。产品结构是按照旅行社产品的类型进行组织的事业部。地域结构是按照经营运作的市场区域进行组织的事业部。市场结构是按照顾客类型组织的事业部。图 1-2-3 是旅行社采取事业部结构中的地域结构，按照客源地的不同来进行组织机构设置，由各部门分别针对各自的目标市场，执行原有的外联、计调、接待等职能，减少了部门间的冲突，提高了工作效率。

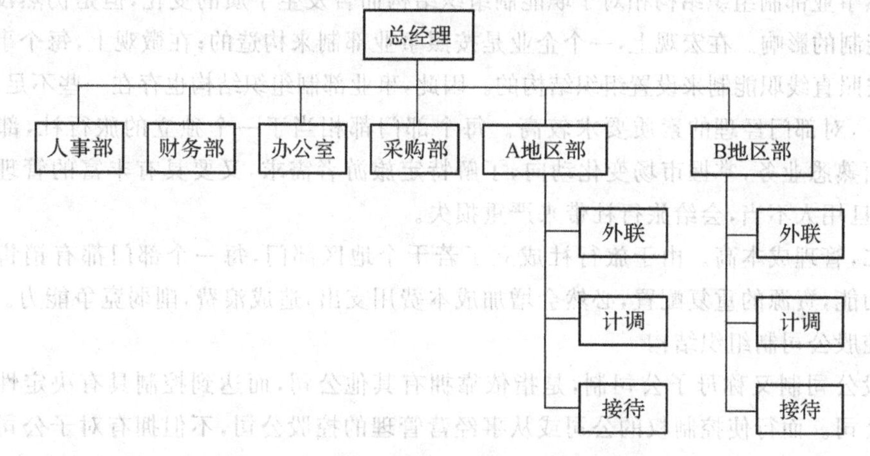

图 1-2-3　旅行社的事业部结构（地域结构）

图 1-2-4 是旅行社采取的事业部结构中的市场结构。该结构可以使管理者对旅游者的需求迅速做出反应，并根据旅游需求的变化适时决策。在时间因素比较重要的组织中，市场结构比地域结构更有效率。

事业部制组织结构的特点是政策制定与行政管理分开，实行政策管制集权化和业务运营分权化。其优点有：

第一，旅行社最高管理层是最高决策管理机构，它既能把握事业发展决策、资金分配、

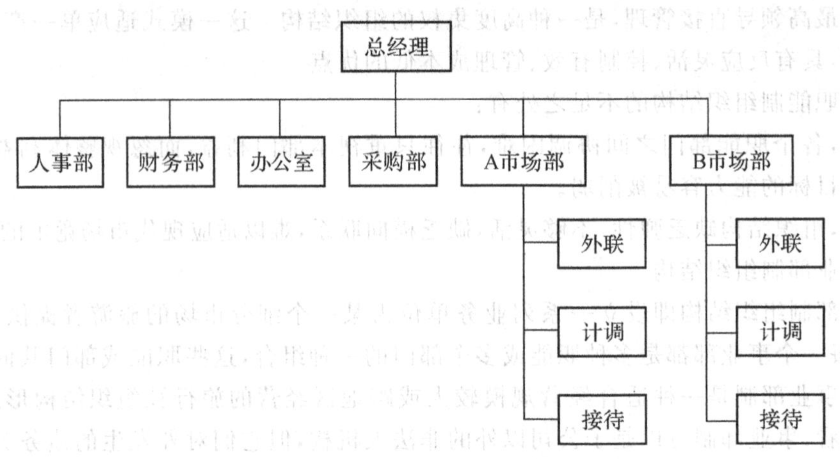

图 1-2-4 旅行社的事业部结构(市场结构)

人事安排这三方面的决策权,以防止各行其是;又能够摆脱日常繁杂事务,把主要精力放在研究制定企业发展总目标、总任务、总计划以及各项重大决策上。

第二,旅行社的各个部门则具有外联、计调和接待功能,在旅行社总目标、总方针、总计划的指导下,自行处理各项业务经营活动,成为日常经营活动的中心,有利于发挥各部门工作的能动性,培养人才。

第三,按照产品类型、市场细分划分部门,对内有利于减少内部摩擦与冲突,将内部竞争转化为外部竞争,增强企业凝聚力;对外则有利于扩大影响,拓展客源市场。

虽然事业部制组织结构相对于职能制组织结构而言发生了质的变化,但是仍然没有摆脱直线职能制的影响。在宏观上,一个企业是按照事业部制来构造的;在微观上,每个事业部内部却是按照直线职能制来设置组织结构的。因此,事业部制组织结构也存在一些不足:

第一,对部门经理的素质要求较高。每个部门都相当于一个独立的旅行社,部门经理既要全面熟悉业务,掌握市场变化动向,了解特定旅游者需求,又要具有丰富的管理知识与经验,一旦用人不当,会给旅行社带来严重损失。

第二,管理成本高。由于旅行社成立了若干个地区部门,每一个部门都有销售、计调、接待等功能,资源的重复配置,必然会增加成本费用支出,造成浪费,削弱竞争能力。

3.控股公司制组织结构

控股公司制又称母子公司制,是指依靠拥有其他公司,而达到控制具有决定性表决权股份的公司。而行使控制权的公司或从事经营管理的控股公司,不但拥有对子公司在财务上的控制权,而且拥有经营上的控制权,并对重要人员的任命和大政方针的确定有决策权,甚至直接派人去经营管理。与事业部制相比,控股公司是更深层次的分权。其主要特点是,大量节约集团化所必需的资金。假设拥有其他公司超过半数的股份即能达到支配目的,则与收买或合并(建立事业部)相比,只需要一半的资金;子公司都是市场竞争中的独立法人实体,都是利润管理的彻底分权化单位,具有独立的经营管理机构,并独自负有利润责任,拥有独立的筹资能力。母公司无须承担子公司的债务责任。目前,我国的国旅总社、中旅总社、青旅控股等大型旅行社企业,都采用了控股公司制。它们的组织结构包括核心旅行社企业、控股成员企业、参股成员企业和协作成员企业。相比较而言,控股公司更适于旅行社集团化、多元化的发展。

4.矩阵型和多维型组织结构

矩阵型组织结构普遍存在于旅行社业。不管管理人员是否意识到这一点，他在为客人的旅游行程提供各项服务时，从各部门选调专业人员组成一个服务小组来完成任务，就是借助了矩阵型组织形式。这种组织结构是由事业部型组织结构和职能型组织结构混合而成，它创造了双重指挥，每一项目由某一经理人员领导，他将为其负责的项目从各职能部门选调有关人员，工作人员同时听命于职能部门经理和产品或项目小组经理。优点在于决策集中，对专业人员的使用富有弹性，项目组织和企业均能获得较佳的平衡，并能促进一系列复杂而独立的项目取得协调与成功；同时又保留了将职能专家组合在一起所具有的经济性。缺点在于它造成了企业内部的混乱，隐藏着权力斗争的倾向，并放弃了统一指挥的原则，在相当程度上增加了组织的复杂性，存在谁向谁汇报工作和工作人员的业绩评价问题。同时需要有善于调解人事关系的管理人员。这种结构适合于职能分工条件下的业务合作，如旅行社为旅客提供全程服务或旅游线路的开发。

旅游企业经营的多元化和国际化加大了最高管理层的协调和管理难度，多维结构就被借用到旅游企业以理顺其复杂的关系。它的出现是矩阵结构和事业部结构结合的结果，也是系统理论在组织管理上的具体应用。这种组织结构一般包含3—4个管理维度，如按产品划分的事业部是产品利润中心；按市场研究、技术研究等职能划分的专业参谋机构，是专业成本中心；按地区划分的管理机构是地区利润中心。在这种组织结构中，产品事业部、专业参谋部和地区部门代表机构共同组成产品事业委员会，共同负责一个企业的运作。这样便于协调三方的矛盾并使它们很好地结合起来，有助于及时互通信息、集思广益、共同决策，这种结构适用于跨国公司或规模巨大的跨地区的旅游公司。

案 例

西宁中国青年旅行社直辖外联部、计调部、散客部、接待部、导游与翻译部、办公室和财务部七个部门，下设美宁宾馆，共有职工50人。

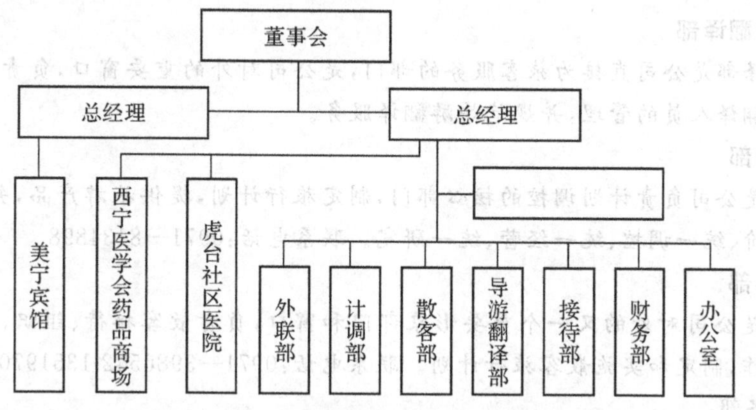

图1-2-5 西宁中国青年旅行社组织结构

西宁中国青年旅行社设董事会，是旅行社乃至于集团的最高权力机构和决策机构。实行总经理分管负责制，两位总经理分别负责旅行社和美宁宾馆的日常工作，财务相对独立，分开核算。

西宁中国青年旅行社各部门分工协作，协调一致。职工队伍具有很高的专业素质，青春气息浓郁，朝气蓬勃，思想敏锐活跃，观念新，感情丰富，热情大方，诚实可信，是一个团结向上，积极进取，具有开拓精神的集体。旅行社追求星级服务，向同行业先进水平看齐，创造优质特色，敢于向自我挑战，能给予旅行者以导游、翻译和后勤等全方位保障，让旅客满意、舒心、放心、省心。

为了提高管理水平，西宁中国青年旅行社实行微机管理，建立健全客户和旅行团队档案，长期保存。为了进一步提高人员素质，方便旅客和各方面人士监督，旅行社专设意见反馈系统(含旅客意见反馈表和网友网上意见反馈留言)，分配专人处理客人反馈意见，有问必答，有问题必处理。目前调查数据显示，旅客与客户满意率95.6%。

一、总经理

总经理作为投资经营者和企业法定代表人，对公司的经营管理工作实行统一领导，全面负责。有决策权、最终决定权和行政指挥权，有对人员的调动、任免、聘用、奖罚权和对资金、物资的调度处置权，有对公司运行情况的监督协调权。有法律法规规定的其他权利。

二、副总经理

副总经理是总经理的工作助手，在总经理的授权下，协助总经理主持、处理公司的日常工作。受总经理领导，对总经理负责。具体负责市场研究、经营管理、成本预算、效益核算，参与公司发展规划和工作计划的制定，协调各部门和有关方面的工作。

三、外联部

外联部是公司对外联络、搜集信息的部门，担负着建立对外协作的重任。与宾馆、交通、餐饮、商店、娱乐、兄弟旅行社、旅游景点及保险部门保持良好的合作关系，为畅通旅游渠道，销售旅游产品作好前期准备和善后工作。

四、接待部

接待部是公司的窗口之一，负责公司业务受理、团体旅客接待、具体执行线路、实施旅游计划、听取旅客意见并处理突发事件，系统培训与接待工作有关的员工，考察和监督公司的接待工作，会同导游翻译部等部门，全面树立保持公司良好的企业形象。

五、导游翻译部

导游翻译部是公司直接为旅客服务的部门，是公司对外的重要窗口，负责导游、翻译业务和对导游翻译人员的管理，并规范导游翻译服务。

六、计调部

计调部是公司负责计划调控的核心部门，制定旅行计划，提供旅游产品，并对旅游产品实行统一定价、统一调控、统一经营、统一研究。联系电话：0971—8134898

七、散客部

散客部是公司对外的又一个重要形象部门和窗口，负责散客接待、组织、线路推荐、旅行安排等工作，制定和实施散客旅行计划。联系电话：0971—3986542 13519701828

八、财务部

财务部负责公司财务的全面工作，健全会计制度，管理公司器材设备和资产，执行国家经济法规，编制公司资金计划和年度预决算，进行经济分析，受总经理领导并向总经理负责。

九、办公室

办公室负责公司日常行政、人事、档案、法律、后勤、秘书业务和福利、劳动保险等工作，协调和监督各部门职能的履行，开展公司工作总结，与政府主管机构和有关部门建立和保持良好的工作关系，接受有关部门的检查监督。

五、旅行社组织管理模式

在旅行社组织结构确定以后，其组织功能的发挥就取决于管理。组织管理又称旅行社企业内部管理，其根本问题在于如何充分调动员工的积极性、主动性和创造性，并把这种宝贵的人力资源与企业目标有机结合起来，使企业实现最佳的经济效益与社会效益，而其关键则是如何正确处理组织内部员工的责、权、利相统一的问题。近年来，我国旅行社较为流行的组织管理模式主要有岗位责任制、目标责任制和承包责任制三种。

（一）岗位责任制

这是针对我国旅行社传统的经验管理与低效率的平均分配制度而提出的，一种以事务集中方式为主划分部门、各部门作为企业责任中心而存在的组织管理模式。其基本内容可以概括为：旅行社将上级主管部门下达的任务分解落实到每一个业务部门和岗位，并对每个岗位的工作质量、操作规程等做出规定，然后根据每个员工完成岗位工作任务的数量和质量，给予不同的工资和奖金。

岗位责任制的突出优点是，有助于旅行社运用科学的方法确定各个部门和员工的工作数量和质量。但是岗位责任制自身也存在明显的缺点：

第一，管理只是管理者的管理，从而人为地增加了少数管理者与多数被管理者之间的隔阂，使管理者陷入孤立和矛盾的漩涡。

第二，岗位责任制下的旅行社各部门只是企业的责任中心，责任与分配制度的相对脱节使其难以真正调动员工的积极性、主动性和创造性。

岗位责任制实施的效果，主要取决于任务量化的科学程度。然而由于旅游需求的脆弱性和旅游产品的不可储存性，使旅行社难以准确确定业务量和员工的工作负荷，而旅游服务的个性化又使得质量标准也难以确定，所以，我国旅行社推行岗位责任制的总体效果并不理想。

（二）目标责任制

这是一种以市场集中方式为主划分部门，各部门主要作为旅行社企业利润中心而存在的组织管理模式。其基本内容主要有：

（1）部门划分以市场集中为主，这为各部门成为企业的利润中心创造了条件；

（2）旅行社的经济指标尤其是利润指标被相应地分解落实到每个部门；

（3）旅行社管理重心下放，主要掌握企业重大经营活动的决策权，各业务部门则拥有包括市场开发、产品设计、产品促销、产品销售、服务采购等方面的较大的独立经营管理权，并实行二级核算制度；

（4）依照各部门对企业的贡献和利润指标的完成情况实施分配，使奖勤罚懒有了客观依据。

较之岗位责任制，目标责任制体现出明显的优点，责、权、利相统一的问题得到了较大程度的改进，各部门内部因分配不均带来的心理失衡现象也显著减少了。实践表明，实行目标责任制后，企业活力普遍增强，员工积极性提高，企业经济效益也不同程度地增长了。但是，目标责任制也造成一些新的问题：

(1)部门间的利益关系日趋突出和复杂，特别是职能部门和业务部门间的利益不平衡，不仅没有改观，反而有所加强，职能部门员工的积极性遭到打击；

(2)由于各部门所面临的市场等外部环境和所拥有的内部经营条件不尽相同，经济指标难以准确反映各部门的工作努力程度，同样的劳动难以获得相同的报酬，部门间表面上的平等掩盖了事实上的不平等；

(3)目标责任制下，旅行社难以对下放给部门的权力进行有效的约束和控制，放权与控制成为企业突出的矛盾。一些旅行社采取收回部门对外报价权、服务采购权以及部门经理工资分配由旅行社总经理决定等办法加强对部门的控制，收到了一定的效果。

(三)承包责任制

承包责任制是在目标责任制基础上发展起来的一种旅行社组织管理模式。它主要包括以下内容：

(1)旅行社将其业务特许经营权、旅行社或部门名称全部或部分租赁给一个或多个人，旅行社依据承包合同获得一定数额的经营利润，实现经营风险的转嫁或分摊；

(2)承包者拥有极大的经营管理权，包括独立的财务管理权，作为发包人的旅行社一旦与承包人签订承包合同，除非承包人违反合同规定，旅行社一般不再拥有干涉承包经营活动的权力；

(3)同一旅行社中的不同承包者之间往往存在相互竞争关系；

(4)承包期限一般较短。

在承包期内，承包者自主经营、自负盈亏。从一定意义上说，这是现有条件下最大限度的风险与利益、责任与权力的统一，有利于最大限度地调动承包者的积极性与创造性，有利于经营活动中多种成本的节约和经营管理水平的改善与提高。但是这种组织管理模式也给旅行社带来了极大的危害。表现在：

第一，承包者的短期行为严重。旅行社的企业形象、商誉信誉、名称品牌等是构成企业无形资产的重要组成部分，但承包者为了获取最大利润，在法制不健全、旅行社对其行为缺乏有效监督与控制的情况下，往往不择手段，如降低服务质量与标准、克扣游客费用、取消部分承诺的旅游活动等，牟取不义之财。这种行为不仅严重侵害了旅游者的权益，也使旅行社乃至我国旅游业的声誉蒙受了巨大损失。同时一些承包者还不遗余力地加速固定资产耗损，从而导致旅行社有形资产的流失与贬值。此外，几乎所有承包者都很少考虑旅行社的长远发展问题，如新产品开发、市场拓展、营销宣传、人员培训等。

第二，普遍存在严重的财务问题。由于承包者的财务相对独立，不少承包者另设或不设账户、账册，实行财务体系外循环，为偷税漏税、各种潜在的拖欠款提供了现实可行性，给承包期满后旅行社的发展设置了暗礁，埋下了风险。

第三，助长了行业不正之风。承包者依法经营而获利是光荣的，但现实是不少承包者收入的很大部分来自倒买倒卖外汇及免税指标、违规索要小费佣金，克扣游客费用、拖欠上游企业的周转资金等途径。而且由于这部分非法所得占承包者全部收入的份额较大，使其有能力以较低的报价与规范运作的旅行社进行竞争，扰乱了旅行社业的市场秩序和经营环境。

实践证明，在目前状况下，承包责任制是一种不可取的旅行社内部管理模式。国家旅游局已经做出决定，禁止将全民所有制旅行社交给私人承包。

六、旅行社组织结构效能的评价

一个有效的组织结构是旅行社有效运作的前提。而对旅行社组织效能的评价，则有利于旅行社组织结构趋于高效能。一般可以从以下方面对旅行社组织结构效能进行评价。

(一)组织结构效能特征

(1)能以最小的成本费用投入产生最大价值的产品和服务的效率；

(2)职权明确，管理者能将主要精力投入到市场开拓和创新工作中去，而不是拘泥于日常工作；

(3)业务运作流畅、效率高，组织结构能促进旅行社经营管理；

(4)有良好的工作氛围，每个员工都能胜任工作，并有高度的工作满足感，能留得住有经验的业务骨干；

(5)具有与市场环境保持动态平衡的能力，能够随着市场环境的变化迅速做出反应，并且很快适应新的市场环境。

(二)组织结构的调整

当旅行社组织发生下述现象时，就可能预示着旅行社需要进行组织结构的调整和创新了。

(1)旅行社经济效益和社会效益明显下降，在同行业中的地位与声誉不如以前；

(2)管理层决策缓慢，甚至出现决策失误和错失市场机遇的现象；

(3)部门之间沟通困难，推诿扯皮，人浮于事，效率低下；

(4)企业成员纪律涣散，贪图安逸，缺乏积极性、创造性；

(5)员工保留率低下，特别是管理及业务骨干外流严重。

思考题

一、名词解释

旅行社、组织、旅行社业务流程再造

二、简答题

1. 旅行社的基本业务有哪些？

2. 旅行社的主要职能有哪些？

3. 旅行社的组织结构有哪些类型？

4. 我国旅行社组织管理模式有哪些类型？

项目三　旅行社的设立

学习目标

- 掌握我国旅行社设立的条件和程序

- 了解外商投资旅行社设立的要求
- 能够填写旅行社设立申请书

导入案例

南天市玉龙旅行社有限公司的设立

作者:伍建海　时间:08-11-04 11:13

一、拟成立公司的基本情况

公司名称:南天市玉龙旅行社有限公司;公司性质:有限责任公司;注册资金:60 万元;经营范围:国内旅游业务;公司地址:南天区东门内大街 22 号

二、市场预测

1. 自然条件

2. 客源市场

3. 经营前景分析预测

三、投资能力说明

公司有股东 3 人,均为自有资金入股,注册资金 60 万元人民币,现已到位(具体情况见资信证明)。3 人商定,随着企业的发展,客源的增多,利润的加大,今后将会继续以货币或实物的形式追加投资。从而扩大企业规模,进一步提高企业的经营能力和抗风险能力。

四、主要经营管理人员情况

公司设总经理 1 名,副总经理 1 名,业务经理 2 名,导游员 5 名,助理会计师 1 名。

五、营业场所和营业设施情况

拟成立的南天市玉龙旅行社有限公司办公地点设在南天区东门内大街22号,为自有房产,价值 229 万元。

经营设施包括:

(1)丰田考斯特中巴 1 辆、桑塔纳 2000 轿车 1 辆;

(2)计算机 1 部;

(3)传真机 1 部;

(4)直线电话 2 部;

(5)办公桌椅及相关的办公用品等。

(营业场所及设施证明附后)

综上所述,经过反复论证和研究,我们认为在现阶段成立旅游公司时机适宜,条件成熟。尽管目前旅行社经营难度大、利润低,但风险相对较小,企业发展前景广阔。

公司批准成立后,我们将严格遵守国家法律、法规和行业规范,认真服从市旅游主管部门的管理,积极拓展业务渠道,搞好与同行业的沟通与协作,建立完善的管理制度,照章纳税,合法经营,为我市旅游事业的发展作出积极的贡献。

分析:

1. 设立旅行社应具备哪些方面条件?

2. 怎样办理设立旅行社的申办手续?

基本知识

我国旅行社的设立就是指申办人按照《旅行社条例》及《旅行社条例实施细则》的规定，准备好申办过程中所需要的各种文件，提出申请，报请旅游行政管理部门审核批准，旅游行政管理部门向经审核批准的申请人颁发《旅行社业务经营许可证》，申请人持《旅行社业务经营许可证》向工商行政管理机关领取营业执照，取得法人资格，在核准登记的营业范围内从事旅游业务活动的全过程。

由于旅行社业务综合性强，涉及范围广泛，服务环节复杂，所以中国旅行社业的进入机制受到政府的严格管理，旅行社被国家工商总局列为特许经营的行业，实行双重注册。因此，旅行社的设立除应遵守一般企业设立的基本要求之外，还要按照国家有关规定报请各级旅游行政主管部门审批，然后向工商行政管理部门办理登记注册。根据我国现行有关规定，设立旅行社必须具备一定的经营规范和市场准入条件。

一、旅行社设立的基本条件

(一)经营国内旅游业务和入境旅游业务的旅行社设立条件

1.有固定的经营场所

经营场所应当符合下列要求：

①申请者拥有产权的营业用房，或者申请者租用的、租期不少于1年的营业用房；

②营业用房应当满足申请者业务经营的需要。

2.有必要的营业设施

营业设施应当至少包括下列设施、设备：

①2部以上的直线固定电话；

②传真机、复印机；

③具备与旅游行政管理部门及其他旅游经营者联网条件的计算机。

3.有不少于30万元的注册资本

(二)经营出境旅游业务的旅行社设立条件

旅行社取得经营许可满两年，且未因侵害旅游者合法权益受到行政机关罚款以上处罚的，可以申请经营出境旅游业务。

案　例

无出境游资质旅行社发布出境游广告超范围经营？虚假广告宣传？

来源：智慧旅游519　2013-01-29　作者：袁爱国　王　平

【案由】

最近，笔者接受一位经营旅行社的朋友咨询。这位朋友说，他经营的旅行社没有出境游资质，旅行社分社的一位员工在网站上发布了出境游广告信息，被当地工商局认定为超范围经营行为，依据《旅行社条例》第46条处罚旅行社10万元罚款。他认为工商局对行为定性错误，处罚过重，但是又找不出明确依据，让我们帮助分析一下。这位朋友认为，他们这种单纯的超范围宣传行为，应当属于《旅行社条例》第24条规定的情况：“旅行社向旅游者提供的旅游服务信息必须真实可靠，不得作虚假宣传”，即该行为应当属于旅游虚假广告宣传行为。基于上面的定性，对这种行为的处罚，就应当适用《旅行社条例》第 53 条：“违反本条例规定，旅行社向旅游者提供的旅游服务信息含有虚假内容或者作虚假宣传的，由工商行政部门依法给予处罚”。既然“由工商行政部门依法给予处罚”，显然应当适用针对广告行为的特殊法——《中华人民共和国广告法》。而《广告法》的第 4 条规定：“广告不得含有虚假的内容，不得欺骗和误导消费者。”第 37 条规定：“违反本法规定，利用广告对商品或者服务作虚假宣传的，由广告监督管理机关责令广告主停止发布、并以等额广告费用在相应范围内公开更正消除影响，并处广告费用一倍以上五倍以下的罚款；对负有责任的广告经营者、广告发布者没收广告费用，并处广告费用一倍以上五倍以下的罚款；情节严重的，依法停止其广告业务。构成犯罪的，依法追究刑事责任”。依据《广告法》，对单纯的虚假旅游广告宣传行为应当责令限期改正并处一至五倍的广告费罚款。本案中旅行社的广告费用几乎为零，所以一般不应当罚款，只要责令改正就行了。但是本案例中，当地工商局观点是，首先把《旅行社条例》中的规范分为两类：一类是规范旅行社设立的，另一类就是规范旅行社经营的。很显然，上述宣传行为不属于设立行为，那就应当属于经营行为，而这种行为又涉及超出经营范围宣传，所以，这种行为就是超范围经营行为，其处罚是正确的。

【专家评析】

该文中所涉争议问题是，无出境旅游业务资质旅行社发布出境游广告信息的行为属于超范围经营，还是旅游虚假广告宣传？本人认为，该行为性质需要视情况区别对待。具体阐述如下：

第一，发布出境游广告属于“招徕”旅游者行为，根据《旅行社条例》第 2 条对旅行社的定义，招徕属于旅行社经营行为。如果旅行社超范围宣传招徕，属于超范围经营行为。

第二，旅行社超范围宣传招徕是否同时属于旅游虚假广告宣传，应具体分析。旅游虚假广告宣传行为，主要指旅行社向旅游者提供不真实、不可靠的资料和信息，向旅游者作与事实不符的宣传，吸引旅游者接受其服务的违法行为。如旅游经营者所作“零负团费”、“特价”等虚假的、使人误解的价格宣传。其实质在于宣传内容与实际不符。如果无出境游资质的旅行社所作宣传中，并不涉及出境游资质内容，宣传所涉线路、服务各项标准等均与实际一致，则该行为只是单纯的超范围经营问题，而不能界定为虚假宣传，因为其宣传中无虚假成分。如果旅行社对外宣传时标明其具有出境游资质，则无论其宣传产品是否属实，均具有虚假宣传性质，也构成虚假宣传。当然，在旅行社宣传资料中没有其是否具有出境游资质内容，但宣传旅游产品涉及虚假、不真实时，自然也属于虚假宣传行为。

第三，对于旅行社的超范围经营行为，旅游行政管理部门或工商行政管理部门可视情节轻重、违法所得数额等，根据《旅行社条例》第 46 条之规定，对其做出相应处理。对于单纯招徕行为，因无违法所得，属于轻微违法行为，可处以责令改正的处理。至于文章所称如果认定旅行社虚假宣传行为为超范围经营，则出现第 46 条第（二）项与第（三）项规定矛盾情形，本人认为并无矛盾之处。第 46 条第（二）、（三）项分别规定了分社及旅行社服务网点超范围经营问题。根据《旅行社条例》的相关规定，分社的经营范围不超出设立社的经营范围即可，而旅行社服务网点的经营范围仅限于招徕、咨询，因此两个主体超范围经营行为的认定不同，需分别做出规定。文章关于“第（三）项规定旅行社服务网点从事招徕、咨询以外活动的适用该条款的处罚，明确把各种招徕宣传活动排除在该条款适用之外”的观点是错误的。

(三)旅行社分支机构的设立条件

旅行社分社(简称分社,下同)及旅行社服务网点(简称服务网点,下同),不具有法人资格,以设立分社、服务网点的旅行社(简称设立社,下同)的名义从事《条例》规定的经营活动,其经营活动的责任和后果,由设立社承担。

1.旅行社分社的设立条件

分社的经营场所、营业设施设备,应当符合《条例》第六条第(一)项、第(二)项及实施细则第六条、第七条规定的要求。分社的名称中应当包含设立社名称、分社所在地地名和"分社"或者"分公司"字样。

旅行社分社的设立不受地域限制。分社的经营范围不得超出设立分社的旅行社的经营范围。

旅行社每设立一个经营国内旅游业务和入境旅游业务的分社,应当向其质量保证金账户增存5万元;每设立一个经营出境旅游业务的分社,应当向其质量保证金账户增存30万元。

2.旅行社服务网点的设立条件

服务网点是指旅行社设立的,为旅行社招徕旅游者,并以旅行社的名义与旅游者签订旅游合同的门市部等机构。设立社设立服务网点的区域范围,应当在设立社所在地的设区的市的行政区划内。设立社不得在前款规定的区域范围外,设立服务网点。服务网点应当设在方便旅游者认识和出入的公众场所。服务网点的名称、标牌应当包括设立社名称、服务网点所在地地名等,不得含有使消费者误解为是旅行社或者分社的内容,也不得作易使消费者误解的简称。服务网点应当在设立社的经营范围内,招徕旅游者、提供旅游咨询服务。旅行社服务网点应当接受旅行社的统一管理,不得从事招徕、咨询以外的活动。

(四)外商投资旅行社的设立条件

在我国外商投资旅行社包括中外合资经营旅行社、中外合作经营旅行社和外资旅行社。外商投资旅行社不得经营中国内地居民出国旅游业务以及赴香港特别行政区、澳门特别行政区和台湾地区旅游的业务,但是国务院决定或者我国签署的自由贸易协定和内地与香港、澳门关于建立更紧密经贸关系的安排另有规定的除外。

信息链接

外商投资旅行社经营中国公民出境游业务拟先试点

来源:新华网 2010年08月22日 17:36 段菁菁

新华网杭州8月22日电 国家旅游局局长邵琪伟22日在杭州举办的第五届中日韩旅游部长会议上表示,目前,中国国家旅游局和外商投资部门正在抓紧研究外商投资旅行社经营中国公民出境旅游业务的政策,政策一旦出台,将在中国部分地区先行试点。据了解,2009年12月《国务院关于加快发展旅游业的意见》中提出,在试点的基础上,逐步对外商投资旅行社开放经营中国公民出境旅游业务。而此前,外商投资旅行社在中国只能经营国内游和入境游业务。邵琪伟表示,对于逐步放宽外资或合资公司经营中国公民出国境旅游业务政策的实施,在国内外旅游业界都十分关注。需要说明的是,对外商投资旅行社经营中国公民出境游业务,中国在加入WTO的时候,并没有作出明确承诺。随着中国对外开放的扩大,拟对这项业务进行试点。而由于涉及相关法律法规的修改和完善,目前中国国家旅游局正在和相关部门一起,针对试点制定专门的办法。邵琪伟表示,对试点的外资旅行社将设定一定的条件,如具备相应的经济实力,以及全球一流的管理水平和经营水平。"我们希望通过这个试点,能够借鉴国际上大的旅行社集团的管理经验,共享全球旅游业发展过程中的经验,从而提升中国旅行业的发展水平。"对外资开放出境游业务是否会对中国的旅游企业带来冲击,甚至引发相关业务领域的洗牌?对此,邵琪伟表示,从长远来看,将有利于中国旅游业的发展。他表示,在一定阶段,特别是在开放之初,会带来一定的挑战,但一定是利大于弊。"相信经过30多年的改革开放,以及加入WTO近10年的经验积累,中国的旅行社有一定的承受能力。"邵琪伟说。

二、旅行社设立的基本程序

(一)经营国内旅游业务和入境旅游业务的旅行社设立程序

申请设立旅行社,应当向省、自治区、直辖市旅游行政管理部门(简称省级旅游行政管理部门,下同)提交下列文件(材料详见附录4):

①设立申请书。内容包括申请设立的旅行社的中英文名称及英文缩写,设立地址,企业形式、出资人、出资额和出资方式,申请人、受理申请部门的全称、申请书名称和申请的时间;

②法定代表人履历表及身份证明;

③企业章程;

④依法设立的验资机构出具的验资证明;

⑤经营场所的证明;

⑥营业设施、设备的证明或者说明;

⑦工商行政管理部门出具的《企业名称预先核准通知书》。

省级旅游行政管理部门可以委托设区的市(含州、盟,下同)级旅游行政管理部门,受理当事人的申请并作出许可或者不予许可的决定。

受理申请的旅游行政管理部门可以对申请人的经营场所、营业设施、设备进行现场检查,或者委托下级旅游行政管理部门检查。

(二)经营出境旅游业务的旅行社设立程序

旅行社申请出境旅游业务的,应当向国务院旅游行政主管部门提交原许可的旅游行政管理部门出具的,证明其经营旅行社业务满两年、且连续两年未因侵害旅游者合法权益受到行政机关罚款以上处罚的文件。

旅行社取得出境旅游经营业务许可的,由国务院旅游行政主管部门换发旅行社业务经营许可证。旅行社持旅行社业务经营许可证向工商行政管理部门办理经营范围变更登记。

国务院旅游行政主管部门可以委托省级旅游行政管理部门受理旅行社经营出境旅游业务的申请,并作出许可或者不予许可的决定。

旅行社申请经营边境旅游业务的,适用《边境旅游暂行管理办法》的规定。

旅行社申请经营赴台湾地区旅游业务的,适用《大陆居民赴台湾地区旅游管理办法》的规定。

(三)旅行社分支机构的设立程序

1. 分社的设立

设立社向分社所在地工商行政管理部门办理分社设立登记后,应当持下列文件向分社

所在地与工商登记同级的旅游行政管理部门备案：

①设立社的旅行社业务经营许可证副本和企业法人营业执照副本；

②分社的《营业执照》；

③分社经理的履历表和身份证明；

④增存质量保证金的证明文件。

没有同级的旅游行政管理部门的，向上一级旅游行政管理部门备案。

2. 服务网点的设立

设立社向服务网点所在地工商行政管理部门办理服务网点设立登记后，应当在3个工作日内，持下列文件向服务网点所在地与工商登记同级的旅游行政管理部门备案：

①设立社的旅行社业务经营许可证副本和企业法人营业执照副本；

②服务网点的《营业执照》；

③服务网点经理的履历表和身份证明。

没有同级的旅游行政管理部门的，向上一级旅游行政管理部门备案。

分社、服务网点备案后，受理备案的旅游行政管理部门应当向旅行社颁发《旅行社分社备案登记证明》或者《旅行社服务网点备案登记证明》。

案　例

西安某旅行社违规设立分社案

来源：中国旅游报　2012年05月11日　星期五

【案由】

2011年3月7日，西安某旅行社在杨凌示范区工商局注册，工商执照登记名称为“西安某旅行社杨凌高新区营业部”，未向杨凌示范区旅游局备案就经营旅游业务。2011年6月22日，西安某旅行社“杨凌营业部”更名为西安某旅行社“杨凌分社”。期间，杨凌示范区旅游局多次要求该分社提供备案资料，但该分社一直未予备案。

【处理】

2011年9月21日，陕西省旅游局对杨凌示范区进行十一黄金周旅游市场检查时，发现该分社经营手续不全，未取得《旅行社分社备案登记证明》，违反了《旅行社条例》第十条的规定，依据《旅行社条例》第五十条“设立分社未在规定期限内向分社所在地旅游行政管理部门备案的，由旅游行政管理部门责令改正；拒不改正的，处1万元以下的罚款”的规定，决定对西安某旅行社处以罚款5000元的行政处罚。

【点评】

本案涉及的主要法律问题是旅行社分支机构的登记备案制度。旅行社分支机构分为分社和服务网点，现行法规、规章对两者性质的界定和经营规范要求既有相同之处又有不同之处。

旅行社的分支机构，是指旅行社在注册地之外设立的分社和服务网点，服务网点通常也称营业部、门市部。旅行社分社和服务网点具有不同的功能。分社的主要功能是在异地从事设立社经营范围内的活动，即设立社可以开展的经营活动，分社都可以开展；而服务网点的主要功能则是为设立社招徕旅游者，与旅游者签订旅游合同。因此，法规对旅行社分社和服务网点的要求也不尽相同。首先是设立要求不同。分社的设立不受地域限制，而服务网点则只能设在设立社注册地所在行政区划内；设立分社应增存质量保证金，每设立一个经营国内旅游业务和入境旅游业务的分社，应当向其质量保证金账户增存5万元；每设立一个经营出境旅游业务的分社，应当向其质量保证金账户增存30万元；设立服务网点则不需要。其次，法规规章要求旅行社对分社和服务网点的管理也不尽相同。旅行社应当对分社实行统一的人事、财务、招徕、接待制度规范，对服务网点实行统一管理、统一财务、统一招徕和统一咨询服务规范。此外，分社还应当和旅行社一同接受旅游行政管理部门对其旅游合同、服务质量、旅游安全、财务账簿等情况的监督检查，并按照国家有关规定向旅游行政管理部门报送经营和财务信息等统计资料。

尽管两者有诸多不同，其法律性质却相同，都是设立社的分支机构，不具有法人资格，以设立社的名义从事经营活动，其经营活动的责任和后果，由设立社承担。旅行社的设立及旅游业务经营范围都需要获得许可，旅行社分支机构以设立社的名义、在设立社的经营范围内开展经营活动，因此，对旅行社分支机构的管理就显得十分必要。除了设立登记、经营规范、监督检查外，设立备案也是重要的管理手段之一。

关于旅行社分社，《旅行社条例》第十条规定，旅行社设立分社的，应当持旅行社业务经营许可证副本向分社所在地的工商行政管理部门办理设立登记，并自设立登记之日起3个工作日内向分社所在地的旅游行政管理部门备案。第五十条设定了处罚措施，规定旅行社设立分社未在规定期限内向分社所在地旅游行政管理部门备案的，由旅游行政管理部门责令改正；拒不改正的，处1万元以下的罚款。

关于旅行社服务网点，《旅行社条例》第十一条规定，旅行社设立服务网点应当依法向工商行政管理部门办理设立登记手续，并向所在地的旅游行政管理部门备案。《旅行社条例实施细则》第二十三条规定，设立社向服务网点所在地工商行政管理部门办理服务网点设立登记后，应当在3个工作日内向服务网点所在地与工商登记同级的旅游行政管理部门备案。没有同级的旅游行政管理部门的，向上一级旅游行政管理部门备案。第五十一条规定了法律责任，违反实施细则第二十三条的规定，设立服务网点未在规定期限内备案的，由县级以上旅游行政管理部门责令改正，可以处1万元以下的罚款。（点评人：国家旅游局政策法规司吴军）

（四）外商投资旅行社的设立程序

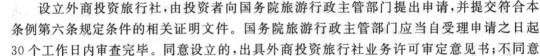

设立外商投资旅行社，由投资者向国务院旅游行政主管部门提出申请，并提交符合本条例第六条规定条件的相关证明文件。国务院旅游行政主管部门应当自受理申请之日起30个工作日内审查完毕。同意设立的，出具外商投资旅行社业务许可审定意见书；不同意设立的，书面通知申请人并说明理由。

申请人持外商投资旅行社业务许可审定意见书、章程，合资、合作双方签订的合同向国务院商务主管部门提出设立外商投资企业的申请。国务院商务主管部门应当依照有关法律、法规的规定，作出批准或者不予批准的决定。予以批准的，颁发外商投资企业批准证书，并通知申请人向国务院旅游行政主管部门领取旅行社业务经营许可证，申请人持旅行社业务经营许可证和外商投资企业批准证书向工商行政管理部门办理设立登记；不予批准的，书面通知申请人并说明理由。

知识链接

旅行社设立审批

"中国·合肥"门户网站　2011年11月02日　信息来源：合肥市旅游局网站

办事项目名称	旅行社设立审批（经营范围：国内旅游、入境旅游）
办事依据	《旅行社条例》（国务院第550号令）
办理条件	1. 有固定的经营场所（申请者拥有产权的营业用房，或者申请者租用的、租期不少于1年的营业用房）； 2. 有必要的营业设施（2部以上的直线固定电话、传真机、复印机、具备与旅游行政管理部门及其他旅游经营者联网条件的计算机）； 3. 有不少于30万元的注册资本； 4. 缴纳旅行社质量保证金20万元。
办理程序	1. 申请人到工商行政管理部门办理《旅行社名称预先核准书》； 2. 申请人提交设立旅行社申请报告； 3. 申请人领取《申报旅行社技术报告书》一式三份，交工本费21元，准备相关材料； 4. 申请人提交《申报旅行社技术报告书》，市旅游局查验资料； 5. 提交资料经审查齐备后，20个工作日内予以审批； 6. 申请人从市旅游局收到设立旅行社的批复后，将20万元的旅行社质量保证金转至指定的质量保证金账号上； 7. 市旅游局将有关材料上报省旅游局备案，领取许可证编号； 8. 通知申请人领取《国内旅行社业务经营许可证》，收取35元工本费。
办理期间及服务承诺	20个工作日
办事需提交材料目录	1. 工商行政管理部门提供的《企业名称预先核准通知书》复印件（一式3份）。旅行社名称应符合旅游和工商部门有关规定，旅行社名称原则上要有"旅行社"或"旅游公司"字样。 2. 申请人填写《申报旅行社技术报告书》（一式3份），填写内容包括申请设立的旅行社的中英文名称及英文缩写，设立地址，企业形式、出资人、出资额和出资方式，并按《申报旅行社技术报告书》的要求提交有关资料。 3. 申请者拥有产权的营业用房房产证及复印件，或者申请者租用的、租期不少于1年的营业用房的房产证复印件及租赁合同（一式3份）。 4. 法定代表人的履历表、身份证原件及复印件（一式3份）。 5. 企业章程（一式3份）。 6. 依法设立的验证机构出具的验资证明（一式2份）。 7. 营业场所、营业设备的说明及相关证明材料（如照片、电信部门开具的凭证等）。
申请书（表格）名称附示范文本	《申报旅行社技术报告书》
备注	

能力训练：申请设立旅行社

训练目的：

熟悉旅行社设立的条件和基本程序，能够填写旅行社设立申请书。

内容与要求：

假设现在每一位同学都要申请成立一家旅行社，旅行社设立的地址和具备的条件可以虚构，根据相关情况填写旅行社设立申请书(如下表所示，广东省旅游局制)。要求：给旅行社起一个响亮的名称，要与旅游相关、有吸引力、有创新性。其余内容按照填表要求完成。本次能力训练要求每一位同学独立完成。

设立旅行社申请书

__________旅游局：

兹有____

申请在____

设立一家

□经营国内旅游业务和入境旅游业务的旅行社

□经营出境旅游业务的旅行社

□外商投资旅行社

旅行社中文名称为：

____

英文名称及缩写为：

____

该旅行社采取

____

方式设立，主要出资人及其出资额、出资方式为：

1.

2.

3.

4.

5.

总出资额为__________万元人民币。

特此申请，请予审批。

申请人签章：

年　　月　　日

填表说明：

1. 抬头请填写接受申请的旅游局名称，其中经营国内旅游业务和入境旅游业务为省旅游局或其委托的地级市旅游局，经营出境旅游业务或外商投资旅行社为国家旅游局或其委托的省旅游局。

2. 开始和结尾的申请人应当一致，多方共同出资的，应当推举一方为申请人。

3. 旅行社名称应当符合旅游和工商部门的有关规定，原则上要有“旅行社”或“旅游公司”字样，应由注册地、旅行社字号和行业名称组成，公司制的还应包括企业组织形式；使用与其他旅行社相同字号的，应附同意其使用的证明材料。

4. 出资人身份证明请附在此页后面。有多位出资人的，不够填写可另加页。

5. 总出资额不包括质量保证金。

6.申请书所填申请时间应为提交符合规定数量和要求的申请材料的时间。

思考题

一、经营国内旅游业务和入境旅游业务的旅行社设立条件是什么？

二、旅行社分社和服务网点的主要区别是什么？

三、在我国，外商投资旅行社包括哪些？

四、经营出境旅游业务的旅行社设立程序是什么？

模块二　旅行社的接团业务与管理

在进行接团业务时，旅行社的角色是地接社，即受组团社的委托，按照接待计划委派地方陪同导游人员，负责组织安排旅游团在当地参观游览等活动的旅行社。

本模块主要内容为旅行社接团业务中的六项工作：一、旅游产品设计，在接到组团社的委托后，地接社根据组团社的要求设计旅游产品，此外还应设计一些适合到达本地的自助游游客的旅游产品；二、旅游服务采购，旅游产品设计好以后要联系食、住、行、游、购、娱等相关单位，落实好接待服务；三、旅游产品定价，各项服务都确定以后便可以计算整体旅游产品的价格；四、旅游产品促销，为了增加业务量，地接社设计好的旅游产品也要通过各种方式进行促销；五、旅游产品销售，旅游产品从旅行社转移到旅游者手中的过程；六、旅游产品质量管理，为了让旅游者满意并愿意成为忠实顾客，旅行社采取的措施和方法。

信息链接

[商家自荐]如何做好地接社，让组团社愿意与其合作

发表于 2013-5-13　16:56

现在无论做什么都是比较难的，做地接的越来越多，大家都想从中分一杯羹。但是如何做好呢？虽然我们是网站建设公司，不是做地接，也不是做组团的，但是我们的客户很多都是做地接或是做组团的，跟他们相处的时间长了，偶尔会有客户抱怨这个行业不太好做，恶性竞争非常激烈。其实很多行业都存在恶性竞争，但是如何在这种恶性竞争中生存呢？本人不才，提出一些自己的见解，欢迎拍砖！

一、做好宣传

宣传的渠道有很多，比如在一些旅游网站论坛，如旅交会；QQ 群，通过腾讯群查找可以查找到很多组团社和地接社的 QQ 群，加入进去，发一些自己地接的信息；品牌网站，通过找网站建设公司来做一个自己的旅游网站，树立公司品牌，通过做优化或者竞价，让更多的组团社通过搜索引擎找到公司的网站。无论用什么方法，切记一定要勿虚假宣传，本着实事求是的原则。

二、严格执行合同规定

其实这一点很多地接社都没有做好，有的地接社为了接到组团社的单子，往往把报价压得很低，甚至不收导游费等。但是没有一个地接社不希望赚钱的，所以很多地接社就选择在标准上一降再降，比如按照合同规定的 30 元餐标，往往实际只有 15 元，住房标准也是降低一个档次。更有的地接社往往让游客游览需要自费的景点，并把门票价格报得更高，其实这样做不仅仅伤害了自家地接社的信誉，也是组团社不希望看到的。因为组团社为了

组团，为了树立地区品牌，往往需要几年时间，投入很大的人力和物力。所以他们不希望地接社伤害到自己的客户，很多组团社也注意到这个问题了，所以往往跟地接社合作的时候，并不是选择价格最低的，"羊毛出在羊身上"这个道理谁都知道。所以希望地接社一定要在组团社询价的时候，第一时间呈上一份详细的报价单。详细的报价单和第一时间为客户呈上报价单有利于让组团社觉得自己够专业，然后严格按照报价单上的执行。至于如何做好报价单，现在很多地接社都已经开始使用地接系统了，关于地接系统的介绍大家可以加我的QQ，我会给大家相关的介绍。在组团社收到报价单的时候，当然组团社会讲价，这个时候跟对方明确说明价格已经最低了，并把利润也可以跟组团社说清楚。一定要保证服务质量，特别是导游，专业水平一定要高，导游水平的高低直接决定这次旅游是否成功。

三、最好回访

回访不仅仅是组团社需要做好的，地接社更要做好，多问问组团社在接待中所遇到的问题，有哪些游客不满意的地方，下次接待的时候就应该避免，如此做下去会形成良性循环，我相信下次组团社如果有类似的团还会找您的！

（信息来源：中吴论坛 http://www.zhong5.cn/thread-9109169-1-1.html）

项目四　旅游产品设计

学习目标

- 掌握旅游产品的构成和类型
- 了解旅游产品的特点
- 掌握旅游产品的设计原则
- 能够运用旅游产品设计的相关知识开发适应各种目标市场的旅游线路

导入案例

金华三大旅游产品入选世博体验之旅

"长三角世博主题体验之旅"是为2010年上海世博会中外旅客特别策划的专项旅游产品。其主题是"城市，让生活更美好"，五个副主题分别是"城市多元化的融合"、"城市经济的繁荣"、"城市科技的创新"、"城市社区的重塑"和"城市和乡村的互动"。金华市旅游局推出的"天地造化，日月精华"多元文化、东方好莱坞、中国小商品传奇等三大旅游产品，成功入选长三角世博主题体验之旅第二批示范点名单。"天地造化，日月精华"以体验金华多元文化为主题，包括：浦江的上山文化遗址——史前农耕文化的起源；金华黄大仙祖宫——中国道教文化的传承；诸葛八卦村——中华智慧文化的精华；江南第一家——中国儒家家族文化的典范；武义俞源太极星象村——古生态"天人合一"的经典遗存。东方好莱坞以体验横店的影视旅游、影视文化为主题。中国小商品传奇则以体验义乌的小商品购物乐趣为主。

（信息来源：宁波日报．2010年2月18日，第3版．）

分析："天地造化，日月精华"多元文化、东方好莱坞、中国小商品传奇三大旅游产品，将金华旅游的精华基本涵盖在内，它成功走向市场并得到认可，充分说明了旅游产品的设计要认真研究本地区的旅游资源特点，抓住契机，审时度势，精心构题，推出符合时代潮流，主题鲜明的旅游产品。

基本知识

旅行社的生存运营离不开旅游产品，旅行社只有设计开发出满足旅游市场需求的旅游产品，才能获得旅游者的认可。

一、旅游产品概述

（一）旅游产品的概念

从旅行社的角度看，旅游产品既包括旅游接待服务，也包括旅行社为了满足旅游者在旅游过程中各方面的需要，凭借一定的旅游吸引物、交通和旅游设施，而向旅游者提供的各种有偿服务的总和；从旅游者的角度看，旅游产品是旅游者为获得物质和精神上的满足而花费一定的时间、金钱和精力所收获的一种旅游经历和体验。因此，旅游产品的内涵主要包括三方面：一是旅行社提供旅游产品的目的是满足旅游者在旅游过程中吃、住、行、游、购、娱等各种需求；二是旅行社旅游产品的核心和灵魂是服务，属于无形产品，而非物质产品；三是旅行社提供的是各种有偿服务。

（二）旅游产品的构成

旅行社提供的旅游产品是以无形服务为主体的特殊产品，它不仅能为旅游者提供各种单项旅行服务，而且可将多种单项产品任意组合，为旅游者提供一系列的综合旅游服务。

1. 旅游吸引物

那些能够激发旅游者的旅游动机，吸引其前往游览观光，并为旅游业所利用的事物和现象，就是旅游吸引物。它是旅行社生产旅游产品的"原材料"，是旅游产品的核心内容，其数量、质量和吸引力是旅游者是否选择该旅游产品的决定因素。旅游吸引物主要有自然吸引物和人文吸引物。

2. 旅游生活服务

旅游生活服务，是指在旅游过程中涉及交通、住宿、餐饮、娱乐、购物等与生活密切相关的服务内容。这些项目是旅游过程不可或缺的环节，也是旅游者选择旅游产品时除旅游吸引物外，重点考虑的旅游服务内容，更是他们最终衡量和判断旅游产品质量好坏的重要依据条件。

知识链接

旅行社安排旅游生活服务时应把握的基本原则

1. 旅游交通

旅游交通可分为长途交通和短途交通，前者指城市间交通（区间交通），后者指市内接送（区内交通）。交通工具有：民航客机、旅客列车（普通列车、动车、高铁）、客运巴士、轮船（或游船、游轮）。旅行社安排旅游交通的原则是：便利、安全、快速、舒适、平价。

2. 旅游住宿

销售旅游产品时，必须注明下榻饭店的名称、地点、档次以及提供的服务项目等，一经确定，不能随便更改。旅游住宿包括旅游宾馆饭店、酒店、度假村(山庄)、招待所、家庭旅馆、青年旅馆等，其中旅游宾馆饭店、酒店有星级和非星级之分。旅行社安排住宿的原则通常是根据旅游者的消费水平来确定，对普通旅游者而言，安排住宿把握的原则是：卫生整洁、经济实惠、服务周到、美观舒适、位置便利。

3.旅游餐饮

旅游餐饮是旅游者重要的需求内容，尤其是当地驰名的风味餐，更是旅游者的主要追求目的，旅游产品中应注意考虑安排品尝风味餐项目。对普通旅游者而言，安排餐饮的原则是：卫生、新鲜、味美、分(量)足、价廉、营养、荤素搭配适宜等。

4.娱乐项目

娱乐项目是旅行社产品构成的基本要素，也是现代旅游的主体。娱乐项目包括歌舞、戏曲、杂技、民间艺术及其他趣味性、消遣性的民俗活动，要吸引各类旅游者参与，选择娱乐项目应把握多样化、知识化、趣味化、新颖化的原则。

5.旅游购物

旅游者在旅游活动中适当购买一些商品、风物特产、工艺美术品，以及一些自用或纪念品，是旅游活动中的一项内容。购物分为定点购物和自由购物，旅行社安排定点购物时的原则是：购物次数适当，购物时间合理，要选择服务态度好、物美价廉、质量有保证的购物场所。

(信息改编自：李云霞，杨叶昆.旅行社经营管理.重庆：重庆大学出版社，2002.)

3.导游服务

旅行社为旅游者提供导游服务是旅游产品的本质要求。导游服务包括全陪和地陪服务，主要代表旅行社向旅游者提供导游讲解服务和旅行生活服务。整个旅游过程中，导游员与旅游者相伴始终，并按照旅游合同或协议向旅游者提供讲解、翻译和旅行生活服务。导游员是各项旅游服务的具体组织者和实施者，是顺利完成旅游活动的根本保证，导游服务的质量往往是旅游者评价旅行社旅游产品质量高低的关键因素。

4.旅游保险

旅行社为旅游者提供的旅游产品中，还必须包含旅游保险。旅游保险分旅行社责任险、旅游意外险等。旅行社责任险是旅行社强制性保险，保险赔偿的范围是旅游者在旅游过程中发生的意外事故和因旅行社的责任事故而引起的赔偿；旅游意外险可由旅游者自愿购买。

5.其他服务

旅游产品还含有一些其他的服务，是旅行社根据旅游者的不同需求而提供的各种有偿服务，主要包括代办交通票务、代办签证、代订客房、交通集散地接送等委托代办业务，它们是旅行社产品的必要补充，是旅行社开展散客业务的重要组成部分。

(三)旅游产品的类型

旅游产品的类型有多种划分标准。根据不同的标准，旅行社推出不同形态的旅游产品来满足旅游者的需要。

1.按照旅游活动的组织形式分类

(1)团体旅游产品

团体旅游产品一般由10人以上的旅游者组成旅游团，该旅游产品一般采用包价形式，旅游者将各种相关旅游服务全部委托一家旅行社办理，旅行社按照事先计划、组织和编排的项目组织旅游活动。

(2)散客旅游产品

散客旅游产品由10人以下的旅游者组成,以自行结伴的亲友为主。该旅游产品有时采用非包价的形式,有时也采用包价的形式,主要是根据旅游者的需要而定。通常散客旅游只委托旅行社帮其购买旅游线路中的某一单项或部分项目,也有散客旅游者要求旅行社提供全套旅游服务产品。

(3)组合旅游产品

组合旅游介于团体旅游和散客旅游之间,是指旅游目的地的旅行社把来自不同地方的零星旅游者组织起来,形成团队,按照当地旅行社事先设计安排的旅游线路开展旅游活动。组合旅游产品主要由旅游目的地旅行社经营,其产品形式为一批固定的旅游线路,并将这些线路的具体内容广泛通知到客源市场的旅行社,由后者负责向旅游者推销并按时将旅游者送到目的地。购买这种产品的游客在规定的时间到达旅游线路指定的起始地点,由目的地旅行社将他们集中起来组团旅游,每团人数不限,只要语言相通即可。旅游者既可随团活动,也可自由活动。旅游活动结束后,旅游团在活动结束地点解散,游客各自返回居住地。组合旅游产品的特点是异地拼团,避免了一些客源地旅行社组团能力不足而造成的客源浪费。对目的地旅行社而言,可用较短的时间招徕到大量的客源。由于组合旅游产品通常比散客旅游全包价费用低,故对散客有很大的吸引力。

2.按照旅游活动的内容分类

(1)包价旅游产品

包价旅游产品是指旅游者在旅游活动开始前将全部或部分旅游费用预付给旅行社,由旅行社根据同其签订的旅游合同相应地为旅游者安排好旅游活动的项目。包价旅游产品主要分为全包价、半包价、小包价和零包价。

①全包价旅游产品。全包价旅游是旅游者将有关旅游活动项目的所有费用一次性预付给旅行社,委托旅行社全面落实旅程中的一切旅游服务项目。全包价旅游服务的项目包括:交通费用(城市间大交通费、市内游览用车费、交通集散地接送服务费、索道费等)、住宿费用(含早餐)、正餐和饮料费用、导游服务费用、每人20公斤行李服务费用、游览场所门票费用、文娱活动入场券等。值得注意的是,下列费用一般不计算在全包价旅游产品里:旅游证件的办理费和手续费、意外事故保险费、机场税、行李保险费、行李超重费、计划外的旅游项目花费。全包价旅游产品分为团体包价旅游和散客包价旅游两种。购买这类产品,旅游者无需去操心旅途中的各类安排,加之旅行社是批量购买各类服务项目,操作简单,可提高工作效率,降低运营成本,为游客提供经济实惠的旅游价格。全包价旅游产品是当前多数旅游者选择购买的旅游产品,也是旅行社经营收入和利润较高的产品。

②半包价旅游产品。半包价旅游是指在全包价旅游基础上,扣除中、晚餐费用的一种包价形式。其目的在于降低了旅游产品的直观价格,更好地满足旅游者不同的餐饮需求,提高产品的竞争能力。

③小包价旅游产品。小包价旅游产品又称可选择性旅游产品,它由非选择性服务项目和可选择性服务项目两部分内容构成。非选择性服务项目包括城市间大交通及交通集散地的接送服务、住宿、早餐,费用由旅游者在旅游前预付。其他旅游服务项目均为可选择性项目,旅游者可以根据自己的实际需要自愿选择导游、风味餐、节目欣赏、参观游览等服务

项目，费用既可预付，也可现付。小包价旅游产品具有经济实惠、手续简便、机动灵活的特点，深受旅游者的喜欢。

④零包价旅游产品。零包价旅游是一种独特的旅游产品，参加此类旅游的旅游者，只需旅行社为其代订机票和团体签证，并跟随旅行社组织的旅游团前往和离开旅游目的地，到达目的地后，旅游者自由活动，不受旅行社安排的旅游时间和线路的制约。旅游者通过参加零包价旅游可以享受到团体机票的优惠价格以及旅行社统一代办签证和保险带来的便利。目前，我国公民出境探亲旅游多采用这种方式。

(2)单项旅游服务产品

单项旅游服务产品是旅行社根据旅游者的具体要求而提供的单项有偿服务，也称委托代办业务。常规性的代办服务产品有：交通票务、交通集散地接送服务、旅游签证、旅游保险、导游服务、代订酒店住宿、代订参观游览项目和文娱项目等。

3.按照旅游者的旅游动机分类

(1)休闲旅游类产品

休闲旅游类产品包括观光旅游产品和度假旅游产品，是目前旅游市场上的主导产品。

①观光旅游产品。观光旅游产品是指旅行社组织旅游者参观、游览、考察旅游目的地的自然旅游资源和人文旅游资源的产品。观光旅游产品种类繁多，主要有自然观光、人文观光、民俗观光，此外还有生态观光、艺术观光、农业观光、工业观光、科技观光、修学观光、军事观光等。观光旅游产品具有资源品位高、可进入性大、服务设施多、环境氛围好、安全保障强等条件，是旅行社开发难度小、容易操作的旅游产品。对旅游者而言，其最大的优点就是能在较短的时间内领略到旅游目的地的特色，但缺点是旅游者参与的项目少，对旅游目的地的感受不深入。

②度假旅游产品。度假旅游产品是指旅行社组织旅游者前往环境优美、静谧的度假地(区)短期居住的产品。该产品开发的主要目的是让旅游者暂时逃避紧张、枯燥、压抑的工作环境，放慢生活节奏，颐养身心。度假旅游产品主要有海滨度假、山地度假、湖滨度假、温泉度假、滑雪度假、海岛度假、森林度假、乡村度假等，活动项目主要有水上运动、滑雪、高尔夫运动、潜水、垂钓、温泉浴、森林浴、泥疗、狩猎、农家乐等，有极强的参与性。开发度假旅游产品必须具备以下条件：环境质量好、区位条件优越、良好的住宿设施和健身娱乐设施、服务水平高。与观光旅游相比，度假旅游最大的特点是逗留时间长、消费水平高，且多以散客形式出行。随着《国民旅游休闲纲要》的发布，要求2020年基本落实职工带薪年休假制度，可以预见度假旅游产品应是今后旅行社开发的重点。

(2)事务旅游类产品

事务类旅游产品主要包括商务旅游、公务旅游、会议旅游和奖励旅游。

①商务旅游产品。商务旅游产品是指旅行社将商业经营活动与旅行游览活动结合起来，组织来旅游目的地的商业人士在完成商业活动后、返回居住地前，抽出时间游览附近景点的一种观光游览产品。参加此类产品的旅游者，费用多由所在公司承担或发放津贴、补贴，其消费水平高于其他类型的旅游者，出游时间不受季节和气候限制，并经常光顾同一个旅游目的地。对旅行社而言，这是出售频率高、季节变化小、经济收益高的产品。

②公务旅游产品。公务旅游产品的消费人员是来目的地进行公务活动的政府工作人员，此类产品消费和出行的特点基本与商务旅游产品类似。

③会议旅游产品。会议旅游是指旅行社在会议期间或者会议之后组织与会人员进行参观游览的一种旅游产品。会议旅游有着强劲的关联带动效应，有“旅游之花”之美誉。举办大型的国内外会展活动，实际上就是一种较高层次、较大规模的专业旅游项目，它能够带动一条集交通、住宿、餐饮、娱乐、观光、购物为一体的“消费链”，为举办地创造出可观的直接效益和间接效益。

信息链接

上海世博会旅游带来的直接经济效益超过800亿元

亚洲地区最大规模的专业旅游展——2010中国国际旅游交易会于2010年11月17日晚在沪开幕。国家旅游局公布的统计数据显示，上海世博会对中国旅游经济产生了巨大影响，世博旅游带来的直接经济效益将超过800亿元。

本届交易会在新国际博览中心设展位2243个，共有95个国家、地区及组织参展，其中亚洲展商占69.32%，欧洲展商占16.58%，美洲展商占11.62%。

据介绍，上海旅游业与浙江、江苏联合组团参展本届交易会，将打造长三角旅游一体化旅游新形象。

（信息来源：中华人民共和国中央人民政府网站. 2010年11月18日，http://www.gov.cn/gzdt/2010-11/18/content_1747971.htm）

④奖励旅游产品。奖励旅游是近年来兴起的一种旅游产品。企业为了奖励工作业绩突出的优秀员工，委托旅行社组织这些员工进行观光或度假旅游，由企业承担全部或大部分旅游费用。旅行社会根据企业的要求，为受奖励的员工提供标准较高的各类服务项目。奖励旅游产品的价格一般较高，能为旅行社带来较大利润收益。

(3)个人和家庭事务旅游类产品

个人和家庭事务类旅游产品有探亲旅游产品和修学旅游产品。

①探亲旅游产品。探亲旅游是旅行社为旅游者到旅游目的地走亲访友提供服务的一种旅游产品。探亲旅游目标明确，受政治、经济因素的影响相对较小，在探亲活动中一般也包含一定的游览观光内容。

②修学旅游产品。修学旅游是旅行社以外出求学为主要目的开发的一种旅游产品，其主要购买群体是青少年学生。修学旅游的时间一般比较长，短期修学旅游至少也要1～2周时间，长期修学旅游的时间可达数月甚至一年。修学旅游者在修学期间会利用周末、假期到所在地周边的旅游景点观光游览。近年来，我国青少年外出修学呈迅猛发展之势，旅行社利用修学资源，大力开发修学旅游产品和父母探亲旅游产品，取得了很好的经济效益。

(4)专项旅游类产品

专项旅游类产品又称特种旅游产品，如宗教旅游、专业旅游、生态旅游、乡村旅游、体育旅游、养生旅游、红色旅游、购物旅游、美食旅游、自驾车旅游、探险旅游、亲子旅游等等，主题繁多、特色鲜明，满足了旅游者个性化、多样化的需求，广受旅游者青睐。

信息链接

国内旅行社首次试水房车旅游

作为风行于欧美的时尚度假方式，房车旅游开始进入国内市场。随着富裕阶层旅游观念的改变，这一高端旅游市场前景看好。

欧美主流的房车旅游开始进入我国市场。国内旅行社也首次试水开发房车旅游/国内在线旅游服务商携程近日成功完成“行走川藏大北线房车团队游”，这是国内第一个“房车旅游团”。

据悉，国内首例由旅行社组织的房车行走川藏大北线旅游团，从成都出发，终点设在拉萨。这个为期12天的团队游，把我国最美的景观大道317国道精华段川藏线设计为团队行程，全国仅售12席，产品报价约16000元。产品一上线迅速售罄。

“房车对于国内还是一个新兴事物，对于我国最难走的川藏大北线更是挑战，但这个市场前景看好，携程决定做第一个吃螃蟹的人。”携程旅游业务部副总经理何勇表示，首次房车团队游开创了国内旅游行业的先例，说明房车旅游正在进入我国市场，国内不乏这样的客户群，也不缺适合房车旅游的路线和目的地，商业化开发前景很大。

据统计，2011年我国房车销量约1500辆，国内房车保有量约6000辆。业内专家认为，我国房车旅游消费市场潜力巨大，但尚在培育阶段。

业内人士指出，我国房车旅游市场的发展还存在基础设施建设不足、政策法规不健全等制约因素。特别是合适的房车营地和休息补给点太少，房车旅游的牌照、驾照申请复杂。如果这些问题解决，未来几年将是我国房车市场大发展的时期。

（信息来源：中国在线. http://www.chinadaily.com.cn/dfpd/whly/2012-07/04/content_15549189.htm? prolongation=1)

(5)混合型旅游类产品

除了上述四个特征明显的旅游产品类别外，旅行社还会开发混合型旅游类产品来适应市场需求。由于一部分旅游者外出旅游时，具有两种以上的旅游动机，单一功能的旅游产品显然无法满足其需要，从而降低或减少了他们购买该旅行社产品的可能性，因此，旅行社根据一部分旅游者出游动机多样性的特点，设计和开发了混合型旅游类产品。

4. 按照产品的档次分类

旅行社根据旅游者对旅游服务档次高低要求的不同，将旅游产品分为豪华、标准、经济三个等级。

(1)豪华型旅游产品

此类产品旅游费用较高，旅游者的住宿和餐饮一般安排在四、五星级酒店或豪华游轮里（或高水准的客房、舱位），配有中高级导游服务，享用高档豪华型进口车，餐饮以目的地特色餐饮为主，享用高水准的娱乐节目欣赏，长途往返使用飞机航线（干线和支线）。

(2)标准型旅游产品

此类产品旅游费用适中，旅游者的住宿和餐饮一般安排在二、三星级酒店或中等水准的宾馆、游轮里的双人标准间，享用豪华空调车，餐饮标准八菜一汤，长途往返使用飞机航线（只限于支线）或火车卧铺。

(3)经济型旅游产品

此类产品旅游费用低廉，住宿和餐饮安排在低水准的招待所和旅社，享用普通汽车，餐饮以吃饱为基本标准，长途往返一般使用汽车、火车和普通轮船。

5. 按照消费适用范围分类

旅游产品按照消费适用的范围可分为国内旅游产品、入境旅游产品、出境旅游产品。

(四)旅游产品的特点

旅游产品是以提供无形服务为主的产品，它具有所有服务产品的共同属性外，还具有自己独有的特点。

1. 综合性

旅游产品涉及吃、住、行、游、购、娱等方方面面，它的生产要依靠众多行业、企业和部门的密切配合，有着极强的综合性。这种综合性既体现在有形的物质产品与无形的服务产品的综合上，又体现在旅游资源、基础设施和接待设施的综合上，涉及因素复杂，受制约的条件较多。

2. 脆弱性

旅游产品的综合性，会直接或间接地影响到产品的销售和生产。它涉及的行业、部门众多，一旦某个中间环节出现变化就会给旅游产品带来较大的影响。此外，旅游活动还会受到外部自然环境和社会环境的冲击，自然灾害、疾病流行、政治动乱、战争、经济危机、国际关系等都会影响到旅游产品的销售和生产。因此，旅游产品有着很强的脆弱性。

3. 生产和消费的同步性

旅游产品必须在旅游者亲自到达旅游目的地并进行消费的前提下才能生产，旅游者消费的过程就是旅游服务生产的过程，两者在时空上具有高度的同步性、不可分割性。

4. 不可转移性

旅游产品的不可转移性表现在两个方面：一是旅游产品不可移动，旅游者必须到产品所在地才能消费；二是消费旅游产品并不涉及产品所有权的变更，旅游者只是购买了某一特定时间和地点的有关服务。

5. 时间性

旅游产品的效用和价值发挥固定于地点和时间上，不能贮存起来留待日后出售，其价值随着时间的推移而自然损失。旅游者购买旅游产品后，旅游经营者只是在规定的时间内交付产品的使用权，一旦旅游者未能按时使用，他就必须重新购买并承担因自己的过失带给旅游经营者的损失。因此，旅游产品具有时间性的特点。

6. 差异性

旅游产品是无形的服务产品，而人们对服务好坏的评价，会因人而异、因环境而异、因心情而异。比如同一个团队，同一名导游，不同旅游者的评价可能会大不一样。虽然旅行社制定了一整套规范经营和服务的标准，但在具体的实施过程中，也会有较大的弹性。

7. 公共性

由于旅游产品中的旅游资源大多属于国家所有，其余的构成要素也涉及其他行业、企业和部门，旅行社无法垄断，任何旅行社都可使用，故造成旅游产品无专利、无商标、无产权的局面，一旦某种产品走俏市场，各家旅行社纷纷效仿，无条件受益。旅游产品同质化现象严重，公共性特点明显。

二、旅游产品设计的原则

旅游产品开发就是设计旅游线路。旅行社根据旅游者的需求,结合旅游资源和接待能力,以旅游点或旅游城市为节点,以交通路线为线索,为旅游者安排整个旅游活动过程中的全部服务内容和活动游览路线。旅游线路是时间和空间的结合,它的设计离不开旅游资源、旅游设施、旅游服务、旅游的可进入性、旅游安全和旅游时间等基本要素。在设计旅游线路产品时要注意遵循以下几项原则:

(一)市场导向原则

旅行社应根据不同旅游者的需求设计出各具特色的旅游线路产品,而不能千篇一律,缺少生机。开发前要做好市场调研,分析旅游者的旅游动机,了解旅游者的现实需求和潜在需求。坚持市场导向原则,一要做到根据旅游者需求变化开发设计产品,二要做到根据旅游者或中间商的要求开发产品,三要做到创造性地引导旅游消费。

(二)突出特色原则

根据旅游者求新、求奇、求异的心理需求,旅游产品的设计开发要具有"新"、"奇"、"特"的特点,越是优秀的、传统的、民间的、独一无二的,就越有吸引力。因此,旅游产品的突出特色原则表现在:一是尽可能保持自然和历史形成的原始风貌;二是尽量利用带"最"字的旅游资源;三是选择能够反映当地文化特点的资源项目。

(三)把握时效原则

把握时效性原则,首先体现在旅行社设计旅游产品时,必须对该产品在何时投放市场最为合适进行考虑。因为旅游者选择目的地时,都希望看到目的地最美的季节和最动人的景观。其次体现在对社会信息和旅游资源信息的即时采集和即时推出上。旅行社要善于把握商机,果断决策,抢占先机,充分体现产品的主动性,比如把政府举办的重大政治、经济、文化活动融入旅游产品的设计之中,在赢得良好社会声誉的同时,也为旅行社创造经济效益。

(四)组合优化原则

旅游产品的设计,应对交通路线和旅游点进行合理优化、科学组合。具体做到:顺序科学、不走回头路、选择适量的游览点、点间距离适中、游览点特色各异、服务设施有保障等。

(五)推陈出新原则

旅游产品要做到新颖性,旅行社就应努力寻找产品的亮点和新鲜点,做到"人无我有,人有我新,人新我优",针对不同性质的旅游团确定不同的主题,并围绕主题安排丰富多彩的旅游项目,从不同的侧面展示旅游目的地的文化和生活。

(六)可接受性原则

旅行社设计的旅游产品既要为旅游者所接受,也要为当地社会所接受,因此产品设计必须要充分考虑到旅游客源地和旅游目的地的生态环境、社会环境以及国家法令法规等方面的因素,销售的产品不能损害到国家和民族的尊严、宗教信仰、文化习俗等,也不能危害生态和社会环境。

案 例

游客扮日军进村抢"花姑娘"成旅游项目引怒批

一身侵华日军的打扮,手握"三八大盖"押着"花姑娘",还一脸的笑容……这不是在拍电影，而是黄山市黄山区谭家桥镇一景区重现的“鬼子进村”场景。在这个集体参与的旅游项目中，游客有的扮鬼子，有的扮汉奸，还有人扮“花姑娘”。“创意挺好，可这说得过去吗?”对于该旅游项目拿国耻来取乐的行为，不少网友非常愤慨。而对于网友的批评，谭家桥镇政府旅游办的负责人则表示，其初衷是“为了做红色旅游，让年轻人参与该项目，了解这段历史，教育年轻人”。

(信息来源：新华网. http://news.xinhuanet.com/travel/2011-08/03/c_121763558.htm)

分析：结合当地的历史文化资源，景区开发红色旅游项目，上演红色实景剧，寓教于乐，本应是一个很好的创意，但该项目一经推出却招来阵阵怒批，究其原因，是该旅游产品没有充分考虑到社会民众的可接受程度。抗日战争是一段屈辱史，国人应该谨记，而不应该以此取乐。只片面追求标新立异和经济效益，而无视历史的庄严感与厚重感的旅游设计，无疑是对人类文化和精神的践踏!

(七)经济效益原则

经济效益原则，就是指以相对低的消耗，获得相对高的效益。旅游产品的设计可从两个方面考虑经济的可行性：一是产品必须能为旅行社带来一定的经济效益；二是产品的价格不能超过目标市场旅游者的经济承受能力。在具体操作的过程中，旅行社要降低各种消耗，加强成本控制，尽量从合作部门获得优惠的价格，实现经济最优的产品设计和组合。此外，在产品总体结构上，尽可能保证接待能力与实际接待量之间的均衡，减少因接待能力闲置而造成的经济损失。

案　例

旅游线路产品示例

【示例一】出境游产品

【悦意·享悦榕】顶级泰国享受之旅

——5晚6天杭州亚航直飞

一、全程国际五星酒店

行程特色

★奢华住宿——保证1晚曼谷国际连锁超五星级酒店!【BANYAN TREE 悦榕庄】

曼谷【悦榕庄】中文官网：www.banyantree.com/zh/bangkok/

★任意2晚曼谷国际五星级酒店：视酒店房间情况为贵宾安排以下酒店的其中一家!

曼谷阿玛岚大酒【AMARANTH RESORT BEST WESTERN PREMIER】www.amaranthhotel.com

曼谷素坤逸大酒店【GRAND SUKHUMVIT】www.grandsukhumvithotel.com/cn/

曼谷素戈颂大酒店【THE SUKOSOL HOTEL】www.sukosolhotels.com

★2晚芭堤雅国际五星级酒店：视酒店房间情况为贵宾安排以下酒店的其中一家!

Amari pattaya orchid —— OCEAN TOWER　www.amari.com

芭堤雅皇家克里夫酒店 Royal Cliff Resort　www.royalcliff.com

二、豪华美食饕餮享受

1. 金皇宫国际自助餐或 A-ONE 酒店自助餐；

2. 悦榕庄 60 层泰式自助晚餐，边用餐，边赏曼谷夜景(独家享用)；

3. WELCOME WORLD 国际五星酒店 BBQ 自助餐；

4. King Power 海鲜国际自助晚餐；

5. 沙美岛海鲜提篮【大虾、螃蟹、烤全鱼等应有尽有】；

6. 六人一锅泰式火锅餐【大虾、肥牛、潮州贡丸、各种鲜蔬、丰富热带水果等等】；

7. PALLAZO 酒店自助餐；芭堤雅酒店内围桌合餐；

8. 芭堤雅圣塔拉超五星酒店自助餐!!!(独家享用)。

三、行程内容精彩、轻松、自由!(全程无自费，可写进合同)

1. 泰国国家海洋公园【沙美岛】＋海鲜提篮大餐；

2. 日游湄南河(远眺黎明寺庙)；

3. 杜拉拉升职记实景拍摄点——四合镇水乡；

4. 正宗泰式古法指压 1 个钟；

5. 芭堤雅丛林骑大象＋马车游；

6.【东芭乐园】帝国民俗表演；

7. 金东尼人妖表演贵宾座。

行程安排

天数	行　程	住宿酒店
D1 杭州/曼谷	**杭州→曼谷** 怀着愉悦的心情，由杭州萧山国际机场集合乘机前往泰国首都【曼谷】，抵达后美女鲜花接机，专车接入特意为您安排的曼谷酒店稍事休息，养精蓄锐以备后面精彩的行程!	AMARANTH 或 GRAND SUKHUMVIT 或 THE SUKOSOL 同级
D2 曼谷	**日游湄南河(远眺黎明寺庙)大皇宫—玉佛寺—阿南达沙玛空皇家御会馆—人妖歌舞表演** 酒店享用豪华早餐后，随后前往【日游湄南河】，观赏两岸湄南河景色，而后 前往参观【大皇宫】，汇集了泰国建筑、绘画、雕刻和装潢艺术的精粹 ，【玉佛寺】与大皇宫相邻，是全泰国唯一没有僧侣住持的佛寺，但供奉着一座价值连城的国宝—玉佛，该玉佛是由整块翡翠雕成的。午餐在【金皇宫国际自助餐】享用，精心制作的菜品琳琅满目。午餐后参观进口意大利最大的大理石建筑【阿南达沙玛空皇家御会馆】，特别注意：如遇国定安南国会殿堂关门，此景点自动换成大理石寺! 此会馆是五世皇在访问欧洲时非常欣赏意大利的建筑，回国后聘请意大利著名建筑设计师专门为国王打造成这栋精细的建筑杰作。晚餐后观看精彩的【人妖歌舞表演】。随后返回酒店休息。 早餐：酒店内　　午餐：金皇宫国际自助餐 晚餐：PALAZZO 自助餐	AMARANTH 或 GRAND SUKHUMVIT 或 THE SUKOSOL 同级

续表

天数	行　程	住宿酒店
D3 曼谷/芭堤雅	**环球珠宝中心—皮革展示中心—丛林骑大象十马车游—四合镇水乡—圣塔拉酒店自助餐** 酒店享用豪华早餐后驱车前往曼谷的泰国国家"安心旅游认证"之【环球珠宝中心】(1.5小时),此处一直不断推出最符合潮流款式且实用兼具的珠宝,您可放心在此处随意选购。接着前往【皮革展示中心】(1小时),自由选购由鳄鱼皮或珍珠鱼皮制成的格式皮包皮具。参观后享用六人一锅泰式豪华火锅。接着前往泰国南部有着东方夏威夷之称的著名海滨度假胜地—芭堤雅,首先展开【丛林骑大象十马车游】之旅,在丛林田野中骑在大象背上领略独特风光,之后乘坐马车环绕田野。途中我们前往杜拉拉升职记实景拍摄地【四合镇水乡】游览,此处充满了浓郁纯朴的泰国乡村文化气息,一幢幢古色古香的木雕风格泰屋,迂回的河道上而形成风情独特的水上人家。晚餐享用【圣塔拉超五星酒店自助餐】。 早餐:酒店内　　午餐:六人一锅泰式火锅 晚餐:圣塔拉超五星酒店自助餐	Amari pattaya orchid (OCEAN TOWER)或 Royal Cliff Resort
D4 芭堤雅	**芭堤雅—沙美岛一日游—泰式古法按摩** 酒店轻松早餐后前往泰国著名的海洋公园【沙美岛】(3小时)展开我们精彩的沙美岛一日游,抵达沙美岛后,我们为您体贴地准备了沙滩躺椅,您可在此享受日光浴更可投身大海享受悠闲的海岛风光,放松自我、尽享这世外桃源带给您的温馨假期!午餐于岛上享用海鲜风味餐。返回芭堤雅,晚餐享用【WELCOME WORLD五星酒店BBQ自助餐】,餐后为您安排【泰式古法按摩1个钟即45分钟】,让您消除疲惫焕然一新! 早餐:酒店内　　午餐:沙美岛海鲜提篮 晚餐:WELCOME WORLD五星酒店BBQ自助餐	Amari pattaya orchid (OCEAN TOWER)或 Royal Cliff Resort
D5 芭堤雅/曼谷	**原石博物馆—东芭乐园—神殿寺—蜂蜜园—毒蛇研究中心** 酒店早餐后前往【原石博物馆】(2小时)参观,午餐后我们一行前往泰国最具特色的【东芭乐园】,此为景色秀丽的乡间度假胜地,园内有大型表演场,可观看到泰国传统民俗歌舞表演,享用午餐之后,前往【神殿寺】进香祈福,为自己、为亲朋好友求得平安好运,途经休息站[40分钟]前往【蜂蜜直销中心】(1小时),接着前往参观【皇家毒蛇研究中心】(1.5小时),选购用各种蛇类提炼而成的补身蛇药。而后返回曼谷。我们前往著名的国际连锁超五星级度假酒店——曼谷【BANYAN TREE悦榕庄】酒店并享受一晚豪华套房为您带来的奢华感官体验!曼谷悦榕庄位于在曼谷市中心,酒店的所有套房都经过精心设计,充分展示了泰国传统文化与现代装饰相互交融的精髓所在。这栋61层高的建筑物以楼顶露天 Vertigo 餐厅和 Moon 吧而闻名。来到曼谷悦榕庄,您将体验到传说中泰国的热情好客以及悦榕庄一流的服务。办理入住后您可自费前往酒店著名的52层酒吧享受一杯为您精心准备的饮料,站在曼谷市中心的制高点一边品尝美味的饮料一边饱览曼谷迷人的夜色,奢华的酒店及迷人的夜色让人惊叹不已! 早餐:酒店内　　午餐:酒店中式合菜　　晚餐:悦榕庄60层泰式自助晚餐	悦榕庄 BANYAN TREE

续表

天数	行　程	住宿酒店
D6 曼谷/杭州	**五世皇柚木行宫—KING POWER 国际免税店—曼谷国际机场** 酒店早餐后前往【五世皇柚木行宫】(1 小时),之后驱车返回曼谷后,我们将前往曼谷最大最新的【国际免税中心 KING POWER】,您可在此处闲逛并购买最经济实惠的烟酒、名牌服饰、手表、香水、家电等等,之后享用 KINGPOWER 豪华海鲜自助餐,餐后送往曼谷国际机场,办理登机手续。返回杭州,结束愉快的泰国之旅。 早餐:酒店内　　午餐:KINGPOWER 海鲜国际自助餐 晚餐:自理	此晚不住宿

行程标准:

1. 国际往返机票、空调大巴、行程中同级酒店双人标准间住宿(以上酒店为参考酒店,本线路安排酒店国际 5 星级)。

2. 行程中团队标准用餐(自助餐或中餐,含飞机上用餐)。

3. 签证、司机、导游、领队、景点第一门票、机场建设费。

4. 不含个人旅游意外保险,我社建议客人自愿购买。

费用未含:

国内交通费、护照费、签证加急或落地签差价、行程以外的自费项目、全程小费 180 元/人和其他个人消费等。

注意事项:

1. 景点的先后顺序,可按实际情况做出相应调整。

2. 境外的当天行程到酒店休息为止,客人若参加自费活动需由导游带领,客人私自外出发生一切意外均与旅行社无关。

3. 游客必须按行程参加团队旅游,如有离团行为当地旅行社将收取离团费 500 元 RMB/人/天。

4. 泰式指压及曼谷人妖秀,本公司需要提前预约时间,正确行程时间是以订好的时间为基准!

5. 客人若取消旅行计划,损失机位订金,确认开票后取消,损失全额团款!!

6. 此行程可能因航班等因素作相应调整(以出团说明会所发行程为准),故仅做参考。

7. 若遇不可抗拒因素(政变、大雾、台风等),我公司有权改变或取消行程,所产生的损失与我公司无关。

8. 确认后请支付定金 4000 元,一经确认不得取消。

四、特别赠送精美小礼品每人一个:悦榕庄精美香蕉瓶

五、报价:4850 元/人

【示例二】国内游产品

重庆——长江三峡——武汉尊贵五星6日游

D1	中晚餐	重庆

杭州萧山机场集合，坐四川航空3U8821(8:20起飞)次航班飞赴重庆，重庆江北机场接团，中餐后游览"红色革命基地"【渣滓洞——白公馆】，后至人民广场外观重庆市城标重庆人民大礼堂。【磁器口】古色古香的传统文化历史街区，解放碑，重庆商业中心以解放碑为中心，形成了重庆最繁华的商贸中心；之后游览城市阳台【洪崖洞古建筑群】，品特色小吃、观特色建筑风格、了解重庆民风民情。晚餐后入住酒店。

D2 游船	早、中、晚餐	游船

早餐后酒店接客人，赴大足(单程约2.5个小时)，12:00左右用中餐，13:00游览双佛寺景区，后参观世界文化遗产【大足宝顶山石刻】(约1.5—2小时)，欣赏中国晚唐时期最大型的石窟造像艺术，宝顶山摩崖造像始凿于南宋年间，四周500米以内由岩上遍刻佛像，以六道轮回、广大宝阁楼、华严三圣像、千手观音像等最为著名，是我国石刻艺术中集佛教、儒教、道教为一体的艺术瑰宝。16:00左右乘车返回市区，约19:00左右重庆市区结束愉快旅程，乘车前往游船码头登上豪华游船。

18:00—21:00分配房间，游船说明会。

D3 游船	早、中、晚餐(船上用餐)	游船

07:00—08:00中西自助式早餐；08:30—10:30上岸自费参观游览【石宝寨】(自选项目请在总台报名咨询，根据船上报名人数决定是否停靠，200－260元/人不等)：远眺石宝寨塔楼，依山耸势，飞檐展翼，让人折服。沿进山寨道，游览山门、依山而建的上山楼阁、魁星阁、天子殿、若兰殿、流米洞。

14:00游船主题活动；18:30船长欢迎宴会；20:30船长欢迎晚会、歌舞表演。

D4 游船	早、中、晚餐(船上用餐)	游船

06:30中西式自助早餐；07:00—09:00自费参观项目【白帝城】(自选项目请在总台报名咨询，根据船上报名人数决定是否停靠，200－260元/人不等)；09:00—09:30船上观赏长江三峡中以"雄"著称的【瞿塘峡】；10:30—12:00经过秀丽多姿的巫峡；12:30—16:30上岸参观项目【小三峡或神农溪】(换乘观光船游览，全程4小时左右，请准备好饮用水)；16:30—18:30经过西陵峡；20:30依依惜别宾主联欢晚会；21:00经过三峡大坝五级船闸。

D5 游船	早、中、晚餐(岸上中晚餐)	武汉

07:00—08:00中西式自助早餐；08:00—10:30参观【三峡大坝】(乘车前往约15分钟)，参观大坝至高点——坛子岭/模型室/观看世界上最伟大的水利枢纽工程——三峡工程的全貌(约2.5小时)；10:30—11:30经过长江三峡之【西陵峡】。

12:00左右宜昌下船。午餐后赴武汉，约5小时。入住酒店。

D6	早、中餐(岸上中餐)	温馨的家

早餐后开始游览【湖北省博物馆】(免费开放，逢周一闭馆，游览1小时，自理编钟表演，15元/人)，陈列分祭厅、青铜器、兵器、车马器、竹简、漆木器、金玉器和乐器八大部分，共展出最具代表性的文物360件；午餐后，游览【东湖听涛风景区】(游览约2小时)，感受大江大湖大武汉

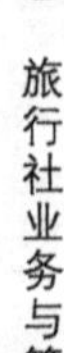

的风光；登素有"天下江山第一楼"之美誉的【黄鹤楼】(游览约1小时)。晚餐后送至武汉天河机场，坐海南航空HU7308次航班(21:45起飞)返回杭州！

价格：4800元/人　(16人左右小团队优惠价)

服务明细：

1.餐饮：岸上8餐×30元/人＋酒店含早餐

2.交通：

(1)全程16＋1空调旅游车

(2)游船：

美维凯娅号豪华涉外游轮，下水每周六发班，豪华涉外游船，此涉外游船船票含：三峡大坝、三峡或神农溪、丰都鬼城、3晚游船双标间一床位，船上3早4正餐、专职船陪服务，含小费，基础楼层价格，房间分布于游船客区1楼，在无特殊要求的状态下游船总台将随机安排楼层，若要指定高楼层，每升高一层加150元/人。

(3)机票：杭州——重庆；武汉——杭州，航班时间以最终申请为主。

(4)接送：居住地至杭州机场往返接送

3.门票：大足宝山顶石刻景点门票、黄鹤楼门票

4.住宿：重庆段：重庆饭店；武汉段：路德怡酒店

5.导服：地接导游服务(不含全陪)

【示例三】省内游产品

嵊泗列岛海洋生态三日游

一、行程安排

日期	景　点	用餐	住宿
D1	上午湖州乘车出发，车赴上海深水港小洋山码头乘船(快艇9:30/10:40/14:10/16:00；客滚轮9:15/11:30)；途经中国第一跨海大桥—东海大桥，观亚洲首席海上风电场及上海国际航运中心洋山港雄姿。嵊泗码头接团。车送宾馆，沿途车览海岛风光。下午游基湖海滨浴场，享受阳光、沙滩、游泳。(沙滩推网、沙滩拉大网；玩摩托艇、沙滩自行车、沙滩四轮车、水上脚踏车船、水上快艇等项目，费用自理)	中晚	嵊泗岛上
D2	清晨散步在海岛城间，游逛全国最大的群集性渔港，参加渔家乐活动(约2小时)让您轻松体验渔家风情，乘渔船进行蟹笼捕蟹、海上垂钓、观渔港美景、孤岛探险等活动。让你当一回真正的搏风斗浪、享受大海的捕鱼人。并可将收获的海鲜在午餐中加工成美食，尽享渔家乐趣。下午：蓝色海岸休闲旅游度假带(约2.5小时)：由北朝阳海钓基地景区、六井潭景区、南朝阳景区组成。北朝阳海钓基地景区：拥有独特的海钓资源。六井潭景区：嵊泗十景之一，位于泗礁本岛的最东端，因通海的六个深潭而得名，故称为"六井潭"，观悬崖峭壁，闻涛声四起，凭栏临风，感受大海万般神奇变幻。景区内还有四季如春、冬暖夏凉的防空洞。南朝阳景区：山峦叠翠、植被茂盛，连绵千米的木栈道是连接南北朝阳景区的纽带。	早中晚	嵊泗岛上
D3	上午参加游大悲山景区(约1.5小时)。大悲山旖旎自然风光，山顶公园观列岛全貌、东方大港—马迹山港、列岛奇景姐妹沙滩，远眺老鼠山，观特色渔民画、军事炮台、军事坑道等。后逛县城，购嵊泗特产；下午乘船返回小洋山，后乘车返回温馨的家，结束愉快的旅程。	早中	

二、提供标准：

1. 船票：160 元/人（往返船票，含订票费）

2. 岛内交通：30 元/人（空调车码头浴场接送）

3. 门票：330 元/人（景点首道大门票）

4. 餐费：170 元/人（含两早五正）

5. 接送：200 元/人

6. 住宿：240 元/人（三星双标间）；420 元/人（挂三星）

7. 保险导服：50 元/人（旅行社责任险，专业导游讲解）

三、综合价格：1180 元/人（一般三星）；1360 元/人（挂三星）

分析：从上面三个旅游线路产品案例可以看出，旅游线路设计在遵循旅游产品设计原则的基础上，具体应含有如下内容：线路主题名称、线路节点走向、具体的行程安排、服务标准（交通、住宿、餐饮、门票、导游、保险、其他）、不包含的费用、产品总报价等。特别值得一提的是，线路节点的安排要注意合理性，做到：择点适量，节奏适中；特色各异，避免重复；距离适中，顺序科学；主题突出，丰富多彩；交通合理，购物安排恰当。

能力训练：设计旅游产品

训练目的：

能够在了解旅游产品相关知识的基础上，学会运用旅游产品的设计原则和方法，自己动手设计旅游线路产品。

内容与要求：

调查你所在地的旅游资源情况，设计最能突出本地区特色的旅游线路产品。具体要求：

1. 要有线路名称，线路主题突出。

2. 组成线路的各要素齐全，并安排合理、科学。

3. 行程不要过长或过短，以 3 日为宜。

4. 为线路产品设计一句不超出 15 字的广告语。

思考题

1. 旅游产品的概念是什么？它主要由哪些内容构成？

2. 什么是组合旅游产品？包价旅游产品分为哪几种？

3. 说说全包价旅游产品、半包价旅游产品、小包价旅游产品之间有何不同。

4. 旅游产品有何特点？

5. 旅游产品的设计应该遵循哪些原则？

6. 设计旅游产品时，如何对交通路线和旅游点进行科学优化组合？

项目五　旅游服务采购

学习目标

- 了解旅游服务采购的概念
- 掌握旅游服务采购的内容
- 掌握旅游服务采购的原则
- 掌握旅游服务采购管理的方法
- 能够根据实际情况,运用旅游服务采购的相关知识完成旅游服务的采购任务

导入案例

【案例1】

住宿不达标,以次充好

游客提前10多天报名参加2012年1月22日广州某旅行社的马尔代夫6天4夜游,并一次性全额缴纳团费23000元/人,合同上写明行程中入住水屋和沙滩屋各两天,但到达目的地后入住的是低于合同标准的房间,多次与旅行社协商未果。游客认为是因旅行社疏忽而导致无法正常入住,且被迫接受降低住宿标准。

(信息来源:搜狐旅游. http://travel.sohu.com/20120315/n337818004.shtml)

分析:在旅行团出游过程中,出现住宿标准与事先约定的不一致,这势必会导致游客的不满情绪。因受多方面因素影响,线路行程、住宿方面有时可能会发生改变,但这并不属于不可抗力因素。由此可见,要避免此类事件的发生,旅行社仅仅在事先做好服务采购工作是不够的,还应做好相关服务采购项目的落实工作,从而避免为更改承诺而付出相应代价的损失。

【案例2】

出游野三坡无住处成问题 43名天津游客旅游添烦

2006年5月3日21时许,本报新闻热线接到魏女士从野三坡打来的电话,十分不满地反映说,她所在的旅行团因为没有安排好住宿,致使他们一直四处寻找住宿的地方。原来,这批游客参加的是本市一家旅行社组织的野三坡2日游,昨天19时左右,他们到达野三坡,导游在路上称他们将住在仁和宾馆。但是,旅游车到了仁和宾馆后只停留了两分钟,导游就再次上车,称要继续赶路。此间,导游没有向游客解释原因,只说要改住另一家宾馆。经过一个小时左右的颠簸,旅游车终于在一处地处荒郊的“渔火人家”门口停了车。然而,游客们发现此处并非正式宾馆,更像是农家院,住宿环境与宾馆相差很多,而且房间有限,住不下43人。游客们纷纷回到车内,强烈要求返回仁和宾馆。在僵持了将近两个小时后,导游与公司负责人联系,终于开车把游客带回了野三坡大街。据魏女士反映,他们返回仁和宾馆后,导游说让大家自己找宾馆住宿,返回后可以退还住宿费用。可是,对于人生地不熟

的游客来说，在黄金周找宾馆并不是一件易事，因此大家更加不满。直到22:50左右，导游才将游客分散安排到了几个不同的宾馆住宿。

接到电话后，记者立即与导游和旅行社的一位负责人取得联系。旅行社一位姓冯的女士解释称，造成住宿出现问题的原因可能是因为游客太多，旅行社与宾馆只有口头协议，而昨天仁和宾馆将他们预订的房间全部包租给了散客。对此，旅行社表示将对游客作出相应的补偿。

(信息来源：北方网——新闻中心. 2006-05-03，http://news.enorth.com.cn/system/2006/05/03/001295473.shtml)

分析：在"黄金周"期间未能向游客提供所承诺的住宿服务，而引起游客的强烈不满，原因是该旅行社在旅游服务采购方面存在问题。旅行社与宾馆用口头协议代替正规的书面合同，一旦对方不履行口头协议，旅行社将无法追究对方的责任。在供应紧张的情况下，临时又找不到替代的服务产品，从而导致游客的强烈不满，严重影响了旅行社接待服务的质量和声誉。

基本知识

旅游产品是综合性的服务产品，旅游过程中的吃、住、行、游、购、娱不是单靠旅行社独家就能提供的，而是要依赖诸多相关企业和部门提供，因此旅行社必须预先采购好各种服务项目，才能确保旅游产品的优质优量。

一、旅游服务采购的概念

旅游服务采购就是指旅行社为了组合旅游产品而以一定的价格向其他旅游企业以及与旅游相关的行业、部门购买相关服务项目的行为。旅行社除了导游服务等少数产品要素可直接提供外，其他的大部分服务要素都必须通过合同或协议的形式，以一定的价格向别人定购，其定购的产品要素主要包括交通、食宿、游览、购物、娱乐、保险、出入境手续办理等。此外，组团社向某地发团时，当地的接团社也成了被采购的对象。

二、旅游服务采购的内容

旅行社是组织旅游活动的中介机构，它的产品生产与普通企业生产物质产品有很大的区别，因此旅行社与各采购服务单位的合作关系显得尤为重要。

(一)交通服务采购

旅游是一种异地活动，交通服务承担着旅游者空间位移的任务，是旅游者顺利往返居住地和旅游目的地之间的必要保障。因此，交通服务采购在旅游服务采购中具有重要的地位。安全、舒适、便捷、经济是交通采购需要考虑的因素，交通服务费用在旅游产品费用中一般占比为20%～40%，该服务项目的适合与否直接关系到旅行社产品的竞争能力。交通的形式主要有飞机、火车、汽车和轮船，旅行社应当与各类交通部门建立密切的合作关系，争取经营联网代售业务，以便顺利快捷地采购到所需的交通服务。

1.航空交通服务采购

航空服务是远程旅行最主要的交通方式，主要有包机和定期航班机位两种方式。其中定期航班又分为单程旅行、往返旅行、环球旅行和不完全来回程旅行四种类型。航空服务的主要优点是安全、快速和舒适；缺点是价格较高、灵活性差、容易受气候变化影响、沿途游览的功能较弱。旅行社采购航空服务，具体落实在飞机的订位上，如遇客流量超过正常航班的运力，旅游团队无法按计划成行，则旅行社就要考虑包机运输。定期航班的采购包括飞机票的预订、购买、确认、退订与退购及补购、变更五项内容。

知识链接

航空服务采购小常识

一般而言，旅行社选择航空公司主要考量以下因素：

A. 机票折扣——竞争力？　B. 机位数量——是否满足？　C. 工作配合度？

D. 付款方式？　E. 航班密度？　F. 各地联络网络方便与否？

基本常识：

1. 航班——飞机航行的班期；

2. 航班号——航空公司代号：CZ－南航；CA－国航；MU－东航；3Q－云航；；XO－新航；；WH－西北航；；SZ－西南航；MF－厦航；ZH－深航；H4－海航。表达：如 CZ3395 意即 CZ 指南航，3 指出发地郑州，3 指到达地广州，95 表示往返(去程为单)。

3. 机型——国内一般使用 4 种机型：

波音(B)居多；欧产空客(A)、麦道(MD)次之；运 7(Y－7)用于支线。

4. 机位(座)

B—737：200，120 座；B—737：300，145 座；B—737：500，150 座；B—747(双层)：340，400 座，分头等、公务、经济三种；B—757：198 座；B—767：246 座；B—777：380 座；国内用空客 A—320：150 座；MD—82 、MD—90：168 座；Y—7：40 座；

5. 飞机餐(配餐)——飞行超过两小时有正餐，指米饭；配餐只有点心；特殊旅客(如穆斯林)有特餐。

6. 直达、经停、联航——直达：指点到点，不需要技术支持的航班；经停：因技术原因，需要加降(如加油等)，也有从经营考虑；

7. 舱位等级

8. 订座

A. 票价：一般分为公布票价、折扣票价两种；

B. 成人 100%；小童 50%；婴儿(2 岁以内)10%；

C. 团体：指有组织的、同一日期、同一等级、同一目的地，10 人以上等；

D. 座位再证实：联航 3 日内；OPIN 票年内；OK 票限期；需要提供技术编号在返程地再证实；

E. 中转服务

F. 行李：航空公司提供给旅客的免费行李额。规定：头等(记者)40KG；公务 30KG；经济 20KG。

(信息来源：计调网. 计调岗位培训资料. http://www.jidiao.net/space-newspaper-tagsid-5-newsid-43373)

2. 铁路交通服务采购

火车具有价格便宜，沿途又可以饱览风光的特点，特别在包价产品中具有竞争力。坐火车出行的优势主要有：一是载客多；二是价格经济；三是安全；四是准时，受季节和气候变化影响很小。普通火车最明显的缺点是速度较慢，长途旅行易使旅游者产生疲劳。近年来，我国铁路加大力度改善交通环境，高速铁路发展迅速，在运行速度方面，设计最高时速350公里的高铁，按时速300公里运行；设计最高时速250公里的高铁，按时速200公里运行；既有线提速到时速200公里的线路按时速160公里开行。高速列车堪与小型飞机媲美，它的出现为人们的出行交通增加了新的选择方式。旅行社向铁路部门采购，主要是做好票务工作，以确保团队顺利成行，出票率、保障率是衡量铁路服务采购的重要指标。火车票的采购业务包括火车票的预订与购买、退票、车票签证和变更。

知识链接

铁路服务采购小常识

1. 车票

A. 基本票。指客票；B. 附加票。指加快票、空调票、卧铺票等；

火车票分为YZ、RZ、YW、RW四种，按运输分类分为普快、直快、特快等。

2. 列车

YZ车厢：21、22型118座，已淘汰；24、25型（新型、多用）128座；卧铺车厢：66个铺；双层车厢：162座；

（信息来源：计调网．计调岗位培训资料．http://www.jidiao.net/space-newspaper-tagsid-5-newsid-43373）

3. 公路交通服务采购

公路交通服务主要用于市内游览和近距离旅游目的地之间的旅行。在一些航空交通和铁路交通服务欠发达的内陆地区，公路交通是主要的旅游交通形式。公路交通服务的优势是方便、经济、点线铺开面广、途中休息选择自由。缺点是汽车旅行的速度和活动范围受到一定的限制、载客人数有限、安全性在旅游交通工具中最差；此外，汽车交通不适应长时间、长距离旅行，一般认为，乘汽车旅游的距离最好控制在短距离50公里（约一小时）内；长距离每天300公里（不超过五小时）以内，否则游客会感觉疲劳。公路交通旅行工具主要有私人汽车、出租汽车和租赁汽车公司的旅游汽车等，旅行社在采购公路交通服务时应首先对提供服务的汽车公司进行调查，了解公司所拥有的车辆数目、车型、性能、驾驶员技术水平、服务规范、公司管理状况和准运资格、租赁费用等，从中选出采购对象，洽谈合作意向，签订租车协议。

4. 水运交通服务采购

水运交通服务是指旅行社为了满足旅游者在各种水域中旅行游览的需求而向内河航运、沿海航运、国际航海等水上客运部门和企业购买的交通服务。水运交通工具主要有普通客轮、豪华客轮、客货混装船、气垫船等。水运交通服务的优点是载客量大、各类设施设备齐全、方便舒适、价格同各类交通工具比是最便宜的；缺点是速度慢。旅行社采购水运交通服务时，应根据旅游团队的要求，向水运交通部门预订船票，在规定日期内将订票单据交船票预订处；取票时认真核对船票日期、离港时间、船次、航向、乘客名单、船票数量、船票金额等内容；购票后如因旅行计划变更造成人数增减、计划取消等情况，旅行社应及时办理增购或退票手续，以保证旅游者的乘船计划，减少旅行社的经济损失。

（二）住宿服务采购

采购住宿服务就是为旅游者准备好“第二个家”。旅游住宿是旅游产品的重要组成部分，住宿费用的支出在旅游费用支出中占有很大比例。旅行社采购住宿服务一般包括选择住宿服务设施、选择预订渠道、确定客房租住价格和办理住宿服务预订手续等四项内容。选择住宿服务设施应重点考察酒店的坐落地点、经营方向、设施设备、服务类型、停车场地，以满足各类旅游者对住宿服务的不同要求。选择预订渠道主要通过组团旅行社、饭店预订中心、饭店销售代表和地方接待社预订。酒店客房的租住价格主要有门市价格、团体价格、协商价格、净价格。采购人员应熟悉价格情况，根据旅游者的要求、同酒店的合作关系、当地住宿服务市场的供给情况、旅行社预订日期、旅游者入住、逗留时间等因素，与酒店签订住宿服务协议，以获得最优惠的价格。办理住宿服务预订手续应按照提出预订申请、交纳预订金、办理入住手续程序进行。

（三）餐饮服务采购

餐饮服务采购是旅行社为满足旅游者在旅行过程中对餐饮方面的需求而进行采购的业务。旅游者对餐饮质量要求较高，因此餐饮服务采购通常采用定点采购的办法。旅行社与选择好的合作餐厅就用餐标准、价格、退订细则和办法、折扣、菜单等作出明确规定，并签订协议。选择定点餐馆时，要考虑餐馆的地理位置、旅游者的口味、生活习惯、旅游等级等因素，安排旅游者到卫生条件好、质优量足、服务规范、价格公道的餐馆就餐。

（四）景点游览服务采购

旅游者在旅游目的地最基本、最重要的活动内容就是游览和参观，做好景点游览服务采购事关旅游计划的顺利完成。采购人员应该熟悉本地区的重要游览景点和参观单位，根据不同景点和单位的特点，与他们建立互惠互利的合作关系，以保证旅游计划的顺利实施。景点游览采购时主要就以下几方面与合作单位洽谈，达成协议：门票价格与优惠政策（门市价、旅行社协议价、游客减免条件、司陪减免条件、返利条件和时间）；结算方式；部分限流量景区预订与取消预订的方式与时间要求；违约责任。

（五）娱乐和购物服务采购

娱乐和购物是旅游活动中的两项重要内容，旅行社组织好这两项活动会给当地社会带来很大的经济效益，促进就业机会。采购娱乐服务要注意：娱乐项目安全，有特色；娱乐内容健康，不违反国家法律规定、价格合理。采购购物服务时要注意选择信誉好、质量有保证、货色齐全、服务周到、价格合理的正规商家。

（六）地接社服务采购

地接社服务采购是指组团旅行社向旅游目的地旅行社采购接待服务的业务。组团旅行社通过一段时间的考察和合作，应该从一批合作的地接社中优化组合，建立长期合作关系，以保证接团质量。采购地接服务要把握以下原则：一是信誉好；二是接待能力强；三是真诚合作；四是收费合理。

（七）旅游保险服务采购

为了减少旅游过程中意外事故带来的经济损失和人身伤害，保护旅游者和旅行社的合法权益，国家旅游局规定，旅行社必须强制性投保“旅行社责任险”，“人身意外伤害险”则由旅游者自愿投保。旅游保险服务采购是旅游产品必含的一项内容，因此，旅行社与实力强、信誉好的保险公司建立合作非常必要。旅游保险服务采购要注意以下几个环节：(1)认真阅读有关保险规定；(2)与保险公司签订旅游保险书面协议；(3)将保险协议的有关内容进行整理打印，分发给外联部门并通知其对外收取保险费；(4)将每一个投保的旅游团(者)的接待通知(含名单)按时送交保险公司作为投保的依据；(5)注意接收和保存保险公司的《承保确认书》；(6)按投保的准确人数每季向保险公司交纳保险费；(7)当旅游途中发生意外事故或遇到自然灾害，必须及时向在第一线的导游了解情况，必要时去现场考察并以最快的速度通知保险公司，在三天内向保险公司呈报书面材料。

材料链接

采购订单样本

杭州友达旅游有限公司

订 车 单

收件单位：宏辰车队　　发件单位：杭州友达旅游
收 件 人：汪XX　　发 件 人：苏XX
联系方式：XXXXXX　　联系方式：XXXXXX
传　　真：XXXXXX　　传　　真：XXXXXX

订单详情：

团号	接团时间	接团地点	人数	车型	行程
HZYD-130720	2013-07-20	杭州市人民大会堂	45 人左右	45 正座	杭州-安吉将军关漂流一日游
车价	2000元/辆 全含价				
回传司机联系方式以及车牌号码					
备注：请安排态度好的师傅上团，安排2年内下车！谢谢配合！					
请回传确认 签名(盖章)：					

杭州友达旅游有限公司
2013-7-17

图 2-5-1

杭州友达旅游有限公司

订　房　单

收件单位：安吉美林度假村　　**发件单位：杭州友达旅游**

收 件 人：朱经理　　**发 件 人：苏XX**

传　　真：XXXXXX　　**传　　真：XXXXXX**

团号	入住时间	离开时间	人数	房 型	备注
HZYD130727	2013-07-27	2013-07-28	10 人	标 间	住 1 晚
房价	580 元/间含早餐				
客人联系方式： 王XX：1331234XXXX（客人前台报杭州友达+姓名+联系方式入住）					
请回传确认 签　名（公章）：					

杭州友达旅游有限公司

图 2-5-2

杭州友达旅游有限公司

友达旅游
YOUDA TRAVEL

订票确认件

To： From：

致：大竹海叶经理 自：苏XX

Fax： Fax：

传真：XXXXXX 传真：XXXXXX

Tel： Tel：

电话：XXXXXX 电话：XXXXXX

请景区负责人签字盖章回传：

您好！ 杭州友达收到游客订购的关于贵景区订单信息，资料如下：					
订单详情					
景区名称：大竹海					
订单子项号（手机号）	导游姓名	订单信息	数量	支付方式	参观游览时间
158123XXXXX	王XX	大竹海	52人	导游现付	2013年7月6日
备注：导游凭旅行社任务单和导游证按协议价买票，谢谢！					

图 2-5-3

三、旅游服务采购的原则

旅游产品的采购工作由旅行社的计调人员具体落实完成。旅游服务采购要在把握服务采购原则的前提下，加强采购管理，以确保旅游服务产品的质量。

（一）保证供应原则

旅游产品是由各个单项服务要素组合而成的，加之旅游产品一般采用预售的方式进行销售，一旦旅行社不能从有关的企业和部门购买到已经预售出去的产品所包含的服务要素，就会产生很坏的影响和后果，因此，保证供应是旅游产品采购必须遵守的首要原则。"保证供应"既体现在数量上，也体现在质量上。比如住宿安排上，合同协议上要求采购20间挂四星级的标准客房，那么你就不能随意减少客房数量，也不能用准四星标准代替挂四星标准。此外，"保证供应"还体现在安全保证和时间保证上，所有服务要素的采购都必须以安全第一作为最大的考虑前提，不能随意把时间提前、推后，否则会因时间变化导致旅游行程的变更，进而影响到旅游产品质量。

（二）降低成本原则

旅游产品直接成本的高低取决于各项旅游服务的采购价格，旅行社是否与供应商建立长期稳定的合作关系，是否进行大批量购买，市场供求关系是否平衡，采购人员对该项服务的市场价格状况是否熟悉等都会影响到采购成本，如果旅行社采购的服务价格比竞争对手低，那就会在激烈的市场竞争中占据成本优势，获得更多的利润。

（三）协调关系原则

旅行社在实际的采购中很难同时在价格、供应、质量、数量上都获得最优，只能根据旅游产品的需要选择相对较好的某个方面。旅行社要与供应商建立广泛的合作网络，准确把握各类旅游产品的不同要求，在与供应商谈判时坚持互惠互利原则，诚实守信，争取有更多的机会获得供应商的合理报价。

四、旅游服务采购管理

（一）建立广泛的采购协作网络

旅行社应该和交通、住宿、餐饮、游览、购物、娱乐等旅游服务供应商，建立起广泛且相对稳定的协作关系，这样才能达到保证供应的目的。当旅游服务供不应求时，协作网越广泛，旅行社取得这些紧缺旅游服务的能力就越强。当供过于求时，采购工作的重点应转向取得优惠价格方面，而一个广泛的协作网可为旅行社提供最便宜的价格。旅行社要建立和维持广泛的协作网络，一要善于运用经济规律，与协作企业建立互利互惠的协作关系；二要开展公共关系活动，在企业领导之间及有关购销人员之间建立良好的人际关系。

（二）正确处理保证供应与降低成本之间的关系

保证供应和降低成本是旅行社采购工作中同等重要的两大任务。在实际操作中，这两者之间经常是矛盾的，旅行社要根据不同的情况在这两者之间选择不同的重点，或者采取不同的策略。当某种旅游服务出现供不应求局面时，哪怕支付比别人更高的价钱获得该种服务，也是值的。比如当航空运力十分紧张时，许多旅行社都无法采购到足够的机票，此时如果旅行社能得到比别人更多的机票，那他就可以接待更多的客人，从而获得更多的利润。为了获得紧缺的旅游服务，在供应紧张时，旅行社采购工作应以保证供应为主；反之，当某种服务出现供过于求时，旅行社就应力求获得最低的价格，通过降低成本、薄利多销来增加自己的竞争力，从而获得更多的利润。

（三）处理好集中采购和分散采购的关系

旅行社的采购是大批量进行的，在一般情况下，批发价格低于零售价格。批发量越大，价格就越低，所以旅行社应该集中购买以增强在采购方面的还价能力。集中购买有两方面的含义：一是把旅行社各部门和全体销售人员接到的全部订单集中起来，通过一个渠道对外采购；二是把集中起来的订单投向一家或尽可能少的供应商进行采购，用最大的购买量获得最优惠的价格。但是，在供不应求的情况下，分散采购可能更易于获得客人需要的服务。

在供不应求的情况下，分散采购更易购买到所需的旅游服务，而在供过于求十分严重的情况下，分散采购又反而能够得到更加便宜的价格。这是因为集中采购数量虽大，但远期预订较多，而远期预订具有较大的不确定性，供应商会对买方计划的可靠性缺乏信心，也就不愿意以低价出售。对此，旅行社可采取两种策略：一是和卖方商定适当的数量折扣，采用这种办法，无论今后的实际采购量如何，双方都是有利的。第二，如果旅行社判定第二年将出现严重的供过于求，则可用分散采购的策略，以近期预订的办法获得优惠价格。总之，无论是分散采购还是集中采购，旅行社都应把内部的购买力集中起来统一对外采购。

(四)处理好预订和退订的关系

旅游属于预约性交易，旅行社一般参照前几年的实际客流量，并根据对旅游市场的预测确定下一年的计划采购量，然后在年底根据计划采购量同旅游服务供应商洽谈下一年的业务合作事宜。实际操作中，计划采购量和实际采购量之间肯定会有差距，如果实际采购量小于旅行社的预计量，旅行社就要临时退订，而卖方对退订是有时间限制的。反之，如果实际到客数超过预订数，旅行社就要临时增订，卖方对增订一般也有数额限制，有时还要多收费用。当然，旅行社希望退订的限期越晚越好，增订的限额越高越好，罚款越少越好，而卖方的要求正好相反，这就要求双方通过协商，达成一致意见。买卖双方协商的结果会受到市场供求环境的影响，供过于求的市场有利于旅行社获得优惠的交易条件，供不应求的市场则对旅行社带来不利。一般来说，双方协商的结果还取决于旅行社的采购信誉，如果在过去几年中旅行社的采购量一直处于稳定增长状态，其计划采购量与实际采购量之间的差距较小，卖方就愿意提供较为优惠的条件。

(五)加强采购合同的管理

合同是指当事人之间为了实现一定的经济目的而明确相互权利义务关系的协议。签订合同是当事人为避免和正确处理可能发生的纠纷而采取的行为，目的在于确保各自经济利益的实现。旅游采购合同属于买卖合同的范畴，它包括合同标的、数量和质量、价格和付款办法、合同期限、违约责任等五项基本内容。

旅游采购不是一手交货一手交钱的简单交易，而是一种预约性的批发交易，是一次谈判多次成交的业务，谈判和成交之间既有时间间隔又有数量差距。旅游采购的这种特点，使得旅行社对经济合同的管理显得更为重要，以预防各种纠纷的发生，保护旅行社的自身合法权益。

材料链接

国内旅游组团社与地接社合同(示范文本)

合同编号：________

组团社：

法定代表人(主要负责人)：　　　　职务：

业务经营许可证号：

经营地址：

经办人：　　　　职务：

联系电话：　　　　　　　　　　　　　　　　传真：
电子邮箱：
地接社：
法定代表人(主要负责人)：　　　　　　　　　职务：
业务经营许可证号：
经营地址：
经办人：　　　　　　　　　　　　　　　　　职务：
联系电话：　　　　　　　　　　　　　　　　传真：
电子邮箱：

组团社将其组织的旅游者交由地接社接待，地接社按照双方确认的标准和要求，为组团社组织的旅游者提供接待服务。组团社与地接社双方经平等协商，达成如下协议：

第一条　合同构成

下列内容作为本合同的有效组成部分，与本合同具有同等法律效力：

1.《接待计划书》；
2.双方业务往来确认；
3.双方就未尽事宜达成的补充协议；
4.财务确认及结算单据；
5.其他约定：__________________。

第二条　合同当事人

组团社和地接社是依照中华人民共和国法律法规设立的旅行社或分社，依法取得旅行社业务资质，且在合同有效期内双方资质有效存续。

双方均应于签订合同前向对方提供营业执照、业务经营许可证(分社备案登记证明)、旅行社责任保险单、安全管理制度、突发事件处理预案等文书复印件并加盖印章。如上述信息发生变更，变更一方应于变更之日起______日内书面通知对方并提供更新后的材料。

第三条　《接待计划书》订立

组团社可以通过电话、传真、电子邮件等通讯方式与地接社洽谈接待相关事宜。在此过程中，双方最终达成一致的事项，应形成《接待计划书》，并由双方签字盖章确认。

《接待计划书》应明确以下内容：

1.旅游者人数及名单；
2.接待费用；
3.抵离时间、航班、车次；
4.交通、住宿、餐饮服务安排及标准；
5.游览行程安排、游览内容及时间；
6.自由活动次数及时间；
7.购物次数、时间及购物场所名称；
8.另行付费项目名称及价格；
9.对导游的要求；
10.其他：______________________。

第四条 《接待计划书》变更

《接待计划书》一经确认,单方不得擅自变更。

出团前如遇不可抗力或其他原因确需变更的,经协商一致,就变更后的内容由双方签字盖章确认。紧急情况下,双方可通过电话、传真、电子邮件等通讯方式进行协商,但应在紧急情况消失之日起______日内由双方签字盖章确认。

除法律法规规定外,出团后《接待计划书》不得变更。

第五条 接待服务要求

地接社接待服务应符合:

1.《旅行社条例》、《导游人员管理条例》等法律法规;

2.双方约定的接待服务标准;

3.相关的国家标准和行业标准。

第六条 接待费用结算

结算方式及期限:________________________

地接社应配合组团社关于接待费用结算的要求及时填写结算单,并加盖地接社财务专用章,送达组团社财务部门。组团社应在收到地接社结算单据后______日内核对,并按约定按时足额支付接待费用。

第七条 合同义务

(一)组团社义务

1.组团社应按约定的时限、数额支付接待费用;

2.组团社应真实、明确说明接待要求和标准;

3.组团社应对地接社完成接待服务予以必要协助。

(二)地接社义务

1.地接社应严格按照双方约定安排旅游行程、旅游景点、服务项目等,不得因与组团社团款等纠纷擅自中止旅游服务;

2.未经组团社书面同意,地接社不得以任何方式将组团社组织的旅游者与其他旅游者合并接待,或者转交任何第三方接待;

3.地接社应选择具有相应经营资质和接待能力的旅游辅助服务者;

4.地接社应积极配合组团社做好接待服务质量测评工作,按约定通报团队动态和反馈接待服务质量信息,服务质量测评方式及达标标准双方约定为:__________________。

(三)双方共同义务

1.双方约定的接待费用不应低于接待成本;

2.双方的约定不应损害旅游者的合法权益;

3.一方违约后,对方应采取适当措施防止损失的扩大;

4.双方均应保守经营活动中获取的商业秘密。

第八条 风险防范

1.组团社和地接社均应按法律法规规定足额投保旅行社责任保险;

2.组团社应提示其组织的旅游者购买人身意外伤害保险;

3.地接社为组团社组织的旅游者安排的车辆及司机必须具备合法有效资质,地接社选择的客运经营者应已购买承运人责任保险,且保险金额不低于____万元;

4. 组团社和地接社均应保证旅游者的安全，对于可能危及旅游者人身及财产安全的事项，应做出真实的说明和明确的警示，并采取必要措施防止危害发生和扩大；

5. 地接社接待过程中，旅游者受到人身、财产损害的，地接社应采取救助措施并先行垫付必要费用，及时向组团社反馈信息，收集和保存相关证据，组团社和地接社在责任划分明确后____日内根据各自承担的责任进行结算，属于第三方责任的，地接社应协助旅游者索赔。

第九条　旅游纠纷处理

旅游者在地接社接待过程中提出投诉的，地接社应尽力在当地及时解决，并将处理情况书面通知组团社，未能在当地解决的，应及时书面通知组团社。

地接社应积极配合组团社处理旅游者投诉、仲裁、诉讼等服务质量纠纷，及时提供所需证据材料。

组团社和地接社应根据调查情况，划分各自应承担的赔偿责任，并于责任划分明确后____日内进行结算。因组团社原因导致行程延误、更改、取消等所造成的经济损失由组团社承担，因地接社接待服务质量问题造成的经济损失由地接社承担。

因地接社接待服务质量问题所产生的经济赔偿，组团社依照或参照如下标准做出赔偿后，地接社应在组团社提出追索请求并提供相关证明后____日内对组团社予以全额赔偿：

1. 依照组团社和旅游者约定的赔偿标准；

2. 参照国家旅游局制定的《旅行社服务质量赔偿标准》；

3. 依照法院、仲裁机构裁决所确定的数额标准。

第十条　不可抗力

因不可抗力等不可归责于合同任何一方的事由致使一方不能履行合同的，应根据影响程度，部分或全部免除责任，但迟延履行后发生不可抗力等不可归责于合同任何一方的事由的，不能免除责任。

一方因不可抗力等不可归责于合同任何一方的事由不能履行合同的，应当及时通知另一方，并在合理期限内提供证明。紧急情况下，一方应采取合理适当措施防止损失扩大。

因不可抗力等不可归责于合同任何一方的事由导致行程延滞，组团社和地接社应及时与旅游者协商、调整行程，所增加的费用，同意旅游者不承担的部分由组团社和地接社协商承担。

第十一条　违约责任

1. 组团社未按合同约定按时足额支付接待费用，应以未支付团款为基数，按日____%向地接社支付违约金，违约金不足以弥补实际损失的，按实际损失赔偿。

2. 组团社因如下情形造成地接社经济损失的，应按实际损失向地接社承担违约责任：

(1)接待要求、标准等信息说明不明确或错误；

(2)未对地接社完成接待服务予以必要协助。

3. 地接社未经组团社书面同意，将组团社组织的旅游者与其他旅游者合并接待，或者转交任何第三方接待，地接社应向组团社支付当团接待费用____%的违约金，违约金不足以弥补实际损失的，按实际损失赔偿。

4. 地接社未按合同约定选择具有相应经营资质或接待能力的旅游辅助服务者，地接社应向组团社支付当团接待费用____%的违约金，违约金不足以弥补实际损失的，按实际损失赔偿。

5. 因地接社违法违规行为导致组团社受到行政处罚的，地接社应向组团社支付当团接待费用____%的违约金，违约金不足以弥补实际损失的，按实际损失赔偿。

6.地接社未能在当地解决旅游者提出的投诉，又未及时书面通知组团社的，地接社应就造成的损失承担赔偿责任。

7.组团社和地接社双方或任何一方未积极采取补救措施防止损失扩大，在各自责任范围内就扩大的损失承担赔偿责任。

8.组团社和地接社任何一方泄露在经营活动中获取的商业秘密，违约一方应向另一方支付当团接待费用____%的违约金，违约金不足以弥补实际损失的，按实际损失赔偿。

第十二条　合同解除

1.组团社超出约定付款期限____日以上未支付接待费用的，地接社有权解除合同，并要求组团社承担相应的赔偿责任。

2.地接社接待服务质量未达到本合同第七条第(二)款第4项约定的达标标准____次(含本数)以上的，组团社有权解除合同，并要求地接社承担相应的赔偿责任。

3.因地接社原因引发旅游者有责投诉、仲裁或者民事诉讼____次(含本数)以上，组团社有权解除合同，并要求地接社承担相应的赔偿责任。

4.因地接社违约给组团社或旅游者造成经济损失，地接社拒不改正或拒绝赔偿____次(含本数)以上，组团社有权解除合同，并要求地接社承担相应的赔偿责任。

5.双方约定合同解除的其他情形：________________________

第十三条　争议解决

组团社和地接社因单团接待业务引发的争议，可协商解决，协商不成的，按下列第____种方式解决(选择一种)：

1.提交仲裁，双方约定仲裁委员会为________(标明仲裁委员会所属地区和名称)；

2.提起民事诉讼，双方约定诉讼管辖地为________(限于被告住所地、合同履行地、合同签订地、原告住所地、标的物所在地)。

第十四条　合同期限

本合同自双方签字盖章之日起生效，有效期为______。一方可于合同有效期届满前______日向另一方书面提出续签合同。

本合同终止或解除时，双方在合同有效期内已确认的接待计划应当继续履行。

第十五条　合同效力

本合同一式____份，自双方签字盖章之日起生效，具有同等法律效力。

组团社签章：　　　　　　　　　　地接社签章：
签约时间：　　　　　　　　　　　签约时间：
签约地点：　　　　　　　　　　　签约地点：

知识链接

旅行社计调工作流程

一、报价

根据对方询价编排线路，以《报价单》提供相应价格信息(报价)。

二、计划登录

接到组团社书面预报计划，将团号、人数、国籍、抵/离机(车)、时间等相关信息登录在当月团队动态表中。如遇对方口头预报，必须请求对方以书面方式补发计划，或在我方确认书上加盖对方业务专用章并由经手人签名，回传作为确认件。

三、编制团队动态表

编制接待计划，将人数、陪同数、抵/离航班(车)、时间、住宿酒店、餐厅、参观景点、地接旅行社、接团时间及地点、其他特殊要求等逐一登记在《团队动态表》中。

四、计划发送

向各有关单位发送计划书，逐一落实。

1. 用房：根据团队人数、要求，以传真方式向协议酒店或指定酒店发送《订房计划书》并要求对方书面确认。如遇人数变更，及时做出《更改件》，以传真方式向协议酒店或指定酒店发送，并要求对方书面确认；如遇酒店无法接待，应及时通知组团社，经同意后调整至同级酒店。

2. 用车：根据人数、要求安排用车，以传真方式向协议车队发送《订车计划书》并要求对方书面确认。如遇变更，及时做出《更改件》，以传真方式向协议车队发送，并要求对方书面确认。

3. 用餐：根据团队人数、要求，以传真或电话通知向协议餐厅发送《订餐计划书》。如遇变更，及时做出《更改件》，以传真方式向协议餐厅发送，并要求对方书面确认。

4. 地接社：以传真方式向协议地接社发送《团队接待通知书》并要求对方书面确认。如遇变更，及时做出《更改件》，以传真方式向协议地接社发送，并要求对方书面确认。

5. 返程交通：仔细落实并核对计划，向票务人员下达《订票通知单》，注明团号、人数、航班(车次)、用票时间、票别、票量，并由经手人签字。如遇变更，及时通知票务人员。

五、计划确认

逐一(或同时)落实完毕后，编制接待《确认书》，加盖确认章，以传真方式发送至组团社并确认组团社收到。

六、编制概算

编制团队《概算单》。注明现付费用、用途。送财务部经理审核，填写《借款单》，与《概算单》一并交部门经理审核签字，报总经理签字后，凭《概算单》、《接待计划》、《借款单》向财务部领取借款。

七、下达计划

编制《接待计划》及附件。由计调人员签字并加盖团队计划专用章。通知导游人员领取计划及附件。附件包括：名单表、向协议单位提供的加盖作业章的公司结算单、导游人员填写的《陪同报告书》、游客(全陪)填写的《质量反馈单》、需要现付的现金等，票款当面点清并由导游人员签收。

八、编制结算

填制公司《团队结算单》，经审核后加盖公司财务专用章。于团队抵达前将结算单传真至组团社，催收。

九、报账

团队行程结束，通知导游员凭《接待计划》、《陪同报告书》、《质量反馈单》、原始票据等及时向部门计调人员报账。计调人员详细审核导游填写的《陪同报告书》,以此为据填制该《团队费用小结单》及《决算单》,交部门经理审核签字后,交财务部并由财务部经理审核签字,总经理签字,向财务部报账。

十、登账

部门将涉及该团的协议单位的相关款项及时登录到《团队费用往来明细表》中,以便核对。

十一、归档

整理该团的原始资料,每月底将该月团队资料登记存档,以备查询。

(信息来源:旅交汇. http://www.17u.net/wd/showguide/593249)

思考题

1. 什么是旅游服务采购?旅游服务采购的项目主要有哪些?
2. 旅游服务采购中应遵循哪些原则?
3. 如何加强对旅游服务采购的管理?
4. 旅行社采购合同的基本内容有哪几个方面?

案例讨论

粤15家旅行社跨区首次集体采购

2006年10月15日至19日,广东15家旅行社在广州地区旅行社协会的组织下,对贵州省黔南州进行深度考察。在经过对贵州黔南州贵定、都匀、平塘、荔波等地区旅游资源的实地考察后,广州地区旅行社协会代表15家广东旅行社集体购买了部分旅游资源,包括黔南州荔波顺庆宾馆、荔波三力酒店、黔南州福泉鼎罐城休闲山庄等7家酒店,以及黔南州荔波大、小七孔景区、黔南州贵定音寨景区等六大景区的门票。

据介绍,广州旅行社在实地考察后实行的集体采购将会使广东旅游市场上的贵州旅游新线路增加一倍。以往,以黄果树为代表的贵州西线旅游产品在广东地区已深入人心,但贵州的旅游线路大部分属于温冷路线,报名人数不多,主要以单位包团组织的红色旅游为主。在本次广州旅行社实地考察后采购回来的贵州旅游新资源,将包括有黔南地区的喀斯特原始森林景观、布依族水族瑶族风情等,这些新景点会对广大市民带来强烈的新鲜感。

针对广东15家旅行社的这次集体采购形式,业内人士有不同的看法。第一种看法是:多家旅行社集体采购旅游资源,可以较大的采购量与对方谈判,从而获得最优惠的旅游资源采购价格。通过集体采购,大家所拿资源的成本价都一样,可避免同行间削价竞争。第二种看法是:操作有一定的难度。广州旅行社在组团到外地旅游时,往往较依赖当地地接社的合作,如果在住宿酒店、景点门票两项重要的盈利点上由组团社购买,那么地接社是否还会“顺利合作”?如果当地酒店、景点在旅游高峰期间,是否会优先安排集体采购资源的旅行社团队游?能否仍保持优惠价格?若别家社给的价格高,它是否能优先保证安排?第三种对“集体采购”持保留意见:首先,集体采购而来的资源是否优质、良好——比如接待条件、交通、景点吸引力、市场推广等,均需经过市场的检验,而不只是价格低的问题。其次,

这次采购的资源只是住宿、景点门票，但旅游还包括餐饮、导游、交通工具等，这些都没有纳入。一般新景点新线路无需集体采购，成熟的线路其实更适合集体采购。因为成熟线路的产品各要素成本高，而去的团量也多，若集体采购可真正体现“降低成本”。

（信息来源：一起游．南方日报．2006-10-26，http://www.17u.com/news/shownews_29143_0_n.html）

思考：请你从旅游服务采购的角度出发，就上述案例及观点谈谈自己的认识。

项目六　旅游产品定价

学习目标

- 掌握旅游产品价格的构成以及定价的方法和技巧
- 了解旅游产品价格的类型和影响旅游产品价格的因素
- 能够给设计好的旅游产品定价

信息链接

吉林市开展旅游价格检查

来源：江城日报　2013 年 03 月 25 日　10:55:32

日前，记者从吉林市物价局获悉，我市将对全市旅行社及旅游相关行业开展为期两个多月的价格执法检查。

此次检查在 3 月 15 日至 5 月 20 日间进行，重点查处旅游经营者以“零负团费”、“特价”等虚假极有可能让人误解的宣传招徕游客行为；旅游行业经营者擅自缩短旅游时间、遗漏旅游景区（点）、减少服务项目、降低服务标准等变相涨价行为；景区、景点经营者销售商品存在虚假打折、质价不符等价格欺诈行为；旅游景区门票不执行政府定价或政府指导价及不落实相关优惠、减免政策行为；景区、景点经营者强行销售联票、强制代收保险费以及其他乱加价、乱收费行为。

此外，物价部门还将对旅行社、旅游景区、宾馆酒店、餐饮购物、休闲娱乐等与旅游相关经营者是否实行明码标价进行检查。（记者　马卫东）

（信息来源：新华网吉林频道 http://www.jl.xinhuanet.com/2012jlpd/2013-03/25/c_115141427.htm）

分析：价格对于任何产品来说都是至关重要的。旅游产品的价格高了，游客会望而却步；价格低了，旅行社的利润又难以保证。近年来，旅行社间低价竞争严重，有些旅行社甚至以牺牲旅游产品质量和游客利益来降低产品价格，强迫游客购物、加点，导致游客投诉事件增多，大众对旅游行业渐生不满。所以要给旅游产品确定一个适当的价格，使买卖双方共赢。

基本知识

旅游产品的价格是旅游产品价值的货币表现，是旅游者为购买单位旅游产品所支付的货币量。从旅游经营者的角度看，旅游产品的价格是向旅游者提供各种服务的收费标准。

一、旅游产品价格的构成

旅游产品的价格由成本、费用和利润三部分构成。即：

旅游产品价格＝成本＋费用＋利润

(一)旅游产品的直接成本

旅游产品的直接成本包括固定成本和变动成本两大类：

1. 固定成本，是指在一定生产规模内，不随产品的种类和数量发生变化的成本。在旅游产品中，主要的固定成本是旅行社的房屋租金或折旧、其他固定资产折旧等。旅游产品的固定成本在单位产品的总成本中所占比例较小。

2. 变动成本，是指随着产品的产量变化而变化的成本费用。旅游产品的主要变动成本为旅游交通费、住宿费、景点的门票费、餐饮费和娱乐活动费用等。其中任何一项价格的变化都会引起旅游产品成本的变化，进而影响整个旅游产品的价格。旅游产品的变动成本在单位产品的总成本中占有绝大比例。

信息链接

景区掀起新一轮涨价潮 国内游价格或上调

早报记者 储静伟　发表于2013-04-07　08:09

4月10日起，湖南凤凰古城将改变此前免费策略，将对进入古城的游客收取门票。据悉，全国各大景区今年又掀起一轮涨价热潮。

沪上部分旅行社表示，目前旅行社承受了部分景点涨价的压力，被挤占了部分利润。如果有更多的景点上调价格，预计上半年国内游的价格将纷纷上调。不过，与去年同期相比，今年清明节的旅游价格仍然持平。

据了解，从2007年国家发改委下发通知开始，规定旅游景区门票价格的调整频次不低于三年。公开资料显示，国内很多知名景区最近一次价格调整约在2008年、2009年，今年恰逢全国景区涨价的第二个“解禁年”，部分景点已经按捺不住纷纷上调价格。

4月10日起，湖南凤凰古城将对进入古城的游客收取门票。记者了解到，此前，瘦西湖已从3月1日起开始执行150元票价，上调30元；婺源景区的通票价格从3月8日起由原来的180元上调到了210元；3月16日，峨眉山旺季门票从150元上升为185元；3月18日起，张家界黄龙洞景区和宝峰湖景区门票价格分别涨价20元，提至100元和96元。

景区涨价直接影响到部分旅行社，沪上旅游界人士介绍，截至目前，出团线路中若是包含此次门票上涨的景区，“涨”出的那部分价格暂由旅行社自行消化。目的是给予游客一段缓冲和适应期，日后将根据实际情况逐步调整价格。同时，旅行社将推出更多自由行、半自助游等形式，将景点门票涨价的压力抛给游客。

(信息来源：东方早报 http://www.dfdaily.com/html/3/2013/4/7/974227.shtml)

(二)旅行社的运营费用

旅行社企业的运营费用包括房租、工作人员的工资、其他管理费用、财务支出和各种税金等。

(三)旅行社的预期利润

旅行社经营的根本目的就在于获取利润,旅行社产品价格中的这一部分可以保证旅行社获得再生产所需要的资金。

二、旅游产品价格的类型

(一)全包价

全包价旅游是由旅游者一次性向旅行社支付食、住、行、游、娱五项服务内容的费用的包价旅游。全包价通常适合团体旅游,采用一次性全包旅游费用以方便旅游者。

(二)半包价

半包价旅游是指在全包价旅游费用的基础上扣除午、晚餐费用而由旅游者自行选择现付午、晚餐的包价形式。实行半包价形式可降低旅游产品的直观价格,提高旅游产品的市场竞争力,同时可以更好地满足旅游者在用餐方面的不同要求。

(三)小包价

小包价旅游又称可选择性旅游,它是将全包价旅游费用分为非选择部分和可选择部分。非选择部分包括接送服务、住房、早餐和城市间交通费,这一部分费用由旅游者在旅游前支付;可选择部分包括导游服务、午晚餐、参观游览、文娱活动等,旅游者可根据时间、兴趣和经济情况自由选择,费用既可预付也可现付。

(四)零包价

零包价旅游是一种独特的旅游活动形式,多见于旅游发达国家。参加这种旅游的旅游者必须随团前往和离开旅游目的地,而在旅游目的地的全部活动均由旅游者自行安排。参加这种零包价旅游的旅游者可以享受团体机票的价格优惠,并可由旅行社统一代办旅游签证。

信息链接

自由行市场全面升级 高端"机+酒"强势崛起

来源:中国经济网　2013-04-03　17:09:59

日前,国内高端旅行服务机构——五星汇,推出"机+酒"业务,五一期间最高优惠50%,给传统旅游市场投下一枚炸弹,一时间自由行市场"风雨满楼"。

五一4折引抢购

在五星汇新版界面中,记者看到五一期间北京至上海"双飞+经典起降时间+三天两晚希尔顿酒店客房+双早"套餐,价格仅为1999元,是原价(7664元)的40%,比携程(2780元)便宜40%的基础上航班时间更优越,套餐一上线便受到用户热捧。

在线路选取方面,五星汇首次上线的自由行线路包括北京、上海、三亚、厦门、杭州等18个城市,每个城市都涵盖当地最具知名度的酒店,例如:北京中国大饭店、三亚丽思卡尔顿酒店、厦门威斯汀酒店……

"我们推出'一条热门航线+一家热门五星酒店',这种形式使得用户拥有最具品质的高端自由行服务。"五星汇联合创始人周翔表示:"除了首批这些城市,今后我们将涵盖国内一二线城市,将在超过18个城市范围推出此项业务。"

"作为国内高端旅行服务机构,五星汇一直致力于为高端人士提供高品质旅行生活。"周翔提道:"此次推出五星自由行产品,我们希望带领用户去最美的城市,住最好的酒店,拥有最舒适的旅途。”

对于品质、价格方面的优势，周翔介绍道，由于在模式创新、成本控制等方面有所建树，所以五星汇—自由行产品在价格方面有很大优势。“我们植根于一个细分市场，做一个小而美的企业，没有大平台那么巨大的管理成本，而且我们拥有许多独家资源，所以我们的品质、服务和价格都是非常具有优势的。”

高端自由行崛起

“‘高端、自由行’可以说是当前休闲旅游行业最具杀伤力的两个词。”一位业内人士表示：“五星汇属于首家定位于高端自由行市场的旅行服务机构，其定位早已得到资本方认同。”此前，鼎晖创投、IDG两大行业著名基金早已对其进行了首轮投资。

自由行在台湾俗称“机＋酒”，即机票加酒店，它由旅行社安排住宿与交通，以度假和休闲为主要目的，在整个大环境中是一个趋势。中国旅游研究院今年发布的《中国自由行发展报告》显示，随着旅游市场的日趋成熟，游客自主意识的增强，旅游行业正由简单的观光旅游走向休闲旅游，而自由行则凭借时间、行程的平衡在休闲市场占有重要地位。

“这一形式自由多样，非常符合旅游个性化的趋势，其在国内刚刚起步，潜力巨大。”周翔表示：“这一形式在国外的旅游网站中颇为成熟，像Priceline、Expedia等大牌公司都有较为成熟的自由行产品，协助消费者一站式搞定行程。”

反观国内，由于休闲旅游消费市场还不够成熟，像五星级宾馆这类体验对于许多人而言仍具有较大吸引力。而随着消费环境变化、五星消费下探等因素使得高端消费逐步深入民间，而国内日渐崛起的中产阶级更是为高端休闲消费创造了巨大的市场空间。数据显示，目前我国中产人数约占到人口总数的10%，预计到2020年该占比会攀升到40%。中产阶级正在不断寻求包括五星酒店在内的高端消费场所的一种身份认同感。

“我们知道，旅游是贩卖新奇的一种体验，谁能提供差异化体验，谁就能在旅游市场中脱颖而出。以Luxury Retreats为例，他们提供的是别墅出租，每年靠租金就能赚取1亿美金。而今已经获得了首轮500万美金战略性投资。”

此外，相较于线下旅行社，线上旅游类网站有着更大的发展空间。中国旅游研究院发布的《中国高端旅游客户行为研究报告》则显示：66%的富裕人群自己预订旅游产品，而网络成为最常用预订渠道，构建“橄榄形社会”的趋势让旅游行业的在线预订进入高速增长。

“自由行本身就是一种较为高端的产品，但是这一领域商业化开发仍比较滞后，长期以来缺乏专业的高端旅游品牌。五星汇此次高调杀入高端自由行市场，可以说占尽了天地人和，对高端旅游商业化的构建和探索有巨大的启示意义。”一位业内人士表示。

(信息来源：中国经济网 http://luxury.ce.cnhtml2013/cygc_0403/135838.html)

分析：随着旅游业的发展和旅游者旅游经验的丰富，自由行越来越受到大众的喜爱。其实小包价和零包价旅游产品也可以被称作自由行产品，只是自由“度”的大小不同罢了。现在市场上自由行的产品主要有：机票＋接送、机票＋接送＋酒店、机票＋接送＋酒店＋个别景点等。游客可以根据自己的需要选择不同程度的自由行，十分方便。

(五)单项旅游服务价格

单项旅游服务是旅行社根据旅游者的具体要求为旅游者提供的某一项有偿服务。旅行社单项服务所包含的内容十分广泛，其中常规性的服务项目有导游服务、交通集散地接送服务、代办交通票据和文娱票据、代订饭店客房、代客联系参观游览项目、代办签证、代办旅游保险等。

三、旅游产品定价方法

旅游产品的定价可根据定价时侧重考虑的因素不同，分为成本导向定价、需求导向定价和竞争导向定价等方法。

（一）成本导向定价法

成本导向定价法是指旅游企业以旅游产品成本为基础的定价方法。

1. 成本加成定价法

成本加成定价法是指在单位旅游产品成本的基础上加上预期利润而制定的旅游产品价格。用公式表示为：

旅游产品价格＝单位产品成本×（1＋加成率）

由于旅行社的固定成本和营业费用分摊到单位旅游产品中数额较少，而且也无法均匀地分摊到每一个旅游产品中，所以现实中大部分旅行社在计算旅游产品价格时，仅用变动成本作为单位产品的成本，即门票、餐饮、住宿、交通、娱乐等项目的成本。在变动成本中，还可适当考虑加入旅行包、帽子、水等附加服务的成本。至于固定成本和营业费用的收回，可以采用适当提高加成率的方式。加成率是单位产品的预期利润率，把相应成本代入上面公式即可计算出旅游产品的价格。即：

旅游产品价格＝单位产品的变动成本×（1＋加成率）

＝（食＋住＋行＋游＋娱＋……）×（1＋加成率）

成本加成定价法的优点是计算简单、简便易行，能使旅游企业获得预期的利润；缺点是未考虑旅游市场的需求和竞争因素，缺乏灵活性。

2. 目标收益定价法

目标收益定价法又称目标利润定价法、目标回报定价法，是根据企业预期的总销售量与总成本，确定一个目标利润的定价方法。其计算公式为：

旅游产品价格＝（固定成本总额＋变动成本总额＋目标利润）/预期销售量

目标收益定价法的不足之处在于价格是根据估计的销售量计算的，而实际操作中，价格的高低反过来对销售量有很大影响。销售量的预计是否准确，对最终市场状况有很大影响。企业必须在价格与销售量之间寻求平衡，从而确保用所定价格来实现预期销售量的目标。

3. 盈亏平衡定价法

在销量既定的条件下，企业产品的价格必须达到一定的水平才能做到盈亏平衡、收支相抵。既定的销量就称为盈亏平衡点，这种制定价格的方法就称为盈亏平衡定价法。科学地预测销量和已知固定成本、变动成本是盈亏平衡定价的前提。

旅游产品价格＝单位变动成本＋单位固定成本

＝单位变动成本＋固定成本总额/预期销售量

根据盈亏平衡定价法确定的旅游价格，是旅游企业的保本价格。低于此价格旅游企业会亏损，高于此价格旅游企业则有盈利，实际售价高出保本价格越多，旅游企业盈利越大。因此，盈亏平衡定价法常用作对旅游企业各种定价方案进行比较和选择的依据。

4. 边际贡献定价法

又称为变动成本定价法，是指企业根据单位产品的变动成本来制定价格，制定出来的价格只要高于单位产品的变动成本，企业就可以继续生产和销售，否则就应该停产、停销。而单位产品的预期收入高于变动成本的部分就是边际贡献。

边际贡献＝价格－单位变动成本

边际贡献定价法适用情况有如下几种：①企业主要商品已分摊企业固定成本后的新增商品定价；②企业达到保本点后的商品定价；③企业开拓新地区市场的商品定价，即在现有市场的销售收入已能保本并有盈利的情况下，为拓展市场，可对新客户或新设网点的商品按变动成本定价；④企业经营淡季时的定价。

在以上四种以成本为中心的定价方法中，旅行社最常用的是成本加成定价法。而由于旅行社经营的旅游产品存在线路时间长短、产品档次标准等的不同，单位产品的变动成本差别很大，旅行社的固定成本也无法均匀地分摊到第一个旅游产品中，故目标收益定价法和盈亏平衡定价法不适用于旅游产品定价。对于边际贡献定价法，旅行社会在特殊情况下使用。

（二）需求导向定价法

案　例

图 2-6-1 和图 2-6-2 为 2013 年五一期间某旅行社云南游线路产品的报价：

惠享之旅 【五一·七彩云南】—经典全景(四星+五星)昆明、大理、丽江、西双版纳(四飞双汽八日 联合假期)(北京出发)
4680起
查看详情
加入对比
休闲观光：云南旅游经典线路，性价比突出。$行程说明：当地散客
出发地：北京 行程：8天
出发日期： 2013-05-01 2013-05-02 2013-05-03
余8位 余8位 余8位

尊享之旅 【五一·唯美云南】—香巴拉王国(四星+五星)昆明、丽江、香格里拉(双飞双卧六日 品质之旅)(北京出发)
5505起
查看详情
加入对比
休闲体验：香格里拉有着"风吹草低见牛羊"般的壮丽景色。$品质
出发地：北京 行程：6天
出发日期： 2013-05-01 2013-05-02 2013-05-04
>9位 >9位 >9位

尊享之旅 【五一·环飞云南】—四季畅游(四星+五星)昆明、大理、丽江、西双版纳(四飞单卧八日 品质之旅)(北京出发)
7665起
查看详情
TOP
加入对比
休闲观光：云南旅游经典全景环飞线路，领略云南四季美景。$品质
出发地：北京 行程：8天
出发日期： 2013-05-01 2013-05-07
>9位 >9位

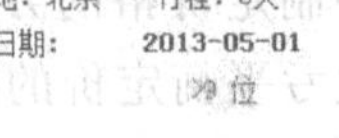

图 2-6-1

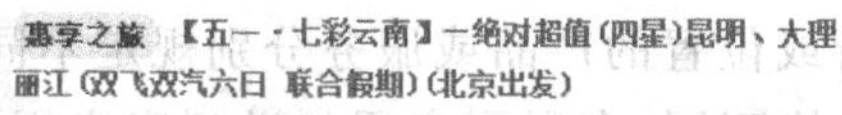

图 2-6-2

分析：从图 2-6-1 和图 2-6-2 中可以看出，仅仅对于云南游，旅行社就设计了多条线路，类型、时长、交通、行程等各有不同，当然价格也不同，从 3000 多元到 7000 多元价位都有。旅行社这样做就是为了满足不同旅游者的需求，让旅游者可以根据自己的需要选择不同价格和类型的旅游产品。

需求导向定价法指的是旅游产品的价格不是以其成本，而是以旅游者对旅游产品的需求强度、对旅游产品价值的理解和可支付的价格水平为依据，来确定旅游产品价格的定价方法。

1. 理解价值定价法

理解价值定价法是指旅游企业以旅游者对旅游产品价值的感受和理解程度作为依据来制定旅游产品价格的方法。理解价值是指旅游者在观念上对旅游产品价值的认同程度，而不是旅游产品的实际价值。旅游企业采用这种方法定价时，关键在于通过深入的旅游市场营销调研，对旅游者所理解的旅游产品价值有正确的判断。为了加深旅游者对旅游产品价值的理解，旅游企业要搞好旅游产品的市场定位，并通过各种营销手段，加深旅游者对旅游产品的印象，使旅游者感到购买旅游产品能获得更多的附加价值，从而提高旅游者愿意支付的价格水平。

旅游产品的价格也必须适应旅游市场的需求，根据旅游市场的供求关系，制定合理的淡季、平季和旺季的旅游价格，根据旅游者的购买方式、数量不同，分别给予不同的优惠，以使旅游产品更具有竞争力。对于需求弹性系数大的旅游产品，即需求受价格因素影响明显的旅游产品，可采取低价格以吸引客源；对于价格需求弹性系数小的旅游产品，即需求很少因价格变化而变化的旅游产品，可采取高价格以提高旅游产品品位，提高收入。

2.需求差异定价法

需求差异定价法，又称差别定价法，是指根据销售的对象、时间、地点的不同而产生的需求差异，对相同的产品采用不同价格的定价方法。

(1)地点差异定价

企业对处在不同场所或位置的产品或服务分别规定不同的价格。如同样的餐饮在一般餐厅与在宾馆餐厅的价格不同，在餐厅享用与送到客房用的价格不同；同样星级的宾馆饭店，接近交通线路或旅游景点或商业中心，其客房价格可定得高些。

(2)时间差异定价

企业对于不同季节、不同时期甚至不同钟点的产品或服务也分别制定不同的价格。如饭店、景点、交通淡旺季价格的不同(我国物价部门规定，旅游淡季综合服务费可比平季水平下浮30%～40%，旺季可比平季上浮6%)，旅馆在周末与平时的价格不同。

信息链接

清明旅游报价稳定 “五一”前将普遍上涨

http://www.enorth.com.cn 2013-04-06 15:29

渤海早报讯(记者马根)清明节3天假期掀起了人们踏青赏花出行的热潮。记者昨日从本市多家旅行社了解到，此次小长假期间，本市游客的出行人数比平日增加三成左右，线路价格整体保持稳定，仅部分海岛游线路价格出现小幅上涨，而在“五一”小长假前，各出游线路价格将普遍开始上涨。业内人士表示，清明节过后、“五一”前夕是春季错峰出游的最佳时机，游客可享受较高性价比的旅游体验。

“清明假期出行主要以周边国家出境游和国内短途游为主，在价格基本保持平稳的同时，部分热门海岛和一些著名赏花旅游目的地的价格有所上调。”凯撒旅游天津分公司相关负责人介绍，节日期间，马尔代夫、巴厘岛以及国内的婺源、武汉、西藏等地都出现游客集中出行的高峰。同时，由于境外荷兰、加拿大、美国等国家进入赏花的最佳时期，这些地区在清明节前的出行价格出现上调。

“清明节过后，各出游线路的价格基本都恢复至平日的价格，但在‘五一’小长假前将会出现明显上涨。”该负责人表示，随着气温升高，欧洲、美国等地都将逐步进入旅游的最佳时期，价格也将随之上调，因此，从现在到4月25日前成为欧美旅游的最佳时期。记者在某旅游网站上查询发现，从北京出发的“美国东海岸10日活力之旅”线路，目前的价格为27000余元，在五一前后就将上调至31000元左右；“美国西海岸11日纵贯之旅”4月份的价格为22000余元，到5月份上调至23000余元，至7月份暑期出行高峰时价格上调了近万元，最高价格达到了31999元。

(信息来源：北方网 http://news.enorth.com.cn/system - 04/06/010823822.shtml)

(3)服务差异定价

同一旅游产品在增加微小服务的差别定价。如，名厨料理、优秀导游讲解等可提高价格。

(4)消费者差异定价

根据顾客的需求、习惯、消费模式、欲望等方面的差异，企业按照不同的价格，将同一产品或劳务售与不同的顾客。如同一饭店对散客、团队客人、家庭客人的价格差异，同一景点对国内旅游者和国外旅游者的价格差别。

实施需求差异定价法应当注意几点：①价格的平均水平不应低于运用成本加成定价法制定的价格水平；②旅游产品需求市场必须能够被细分，并且在不同的细分市场上能反映出不同的需求强度；③分割市场和控制市场的费用不能超过采用需求差异定价法所能增加的营业收入；④需求差异定价法不能引起旅游者的反感，要符合旅游者的效用价值评价。

(三)竞争导向定价法

信息链接

旅游网站爆发价格战　南京旅行社"扬长避短"

中国网　www.china.com.cn　2012-08-30　17:12

电商价格大战硝烟未平，旅游网站的价格战又渐入白热化。近期，携程网、艺龙网、芒果网和同程网等纷纷投下重金"开战"，推出低价促销、返现等一系列手段揽客。

线上价格战如火如荼，吸引了不少客源，线下的传统旅行社不可避免受到一定影响。对此，我市部分旅行社纷纷"避其锋芒"、"扬长避短"应对客源流失。

在线旅游网站爆发史上最大价格战

7月，携程网启动了成立12年以来的首次大规模低价促销，让利总额达到5亿美元。紧接着，艺龙网高调宣战，称"携程团购没有的，我们有；携程团购有的，我们全部先打9折再减1元。"自此，两家网站掀起了在线旅游市场史无前例的价格战。

随后，战火越燃越烈，芒果网宣布投入8000万元现金补贴，同程网也豪掷9000万元参战，悠哉网则推出了"八周年全场让利8000万"，将价格战推向高潮。

日前，携程更是抛出了"自由行返现金"、"一元接机"、"半价门票"、"租车首日0租金"等力度空前的优惠。记者登录该网站看到，如果市民预订南京出发的"三亚5日自由行"，选择1间返现金额为100元的酒店房型，入住天数为4天，成功消费且点评后，就能获得400元现金奖励。

携程旅游业务部常务副总经理何勇表示，当前国内总体旅游消费水平还比较低，不少游客对价格很敏感，因此大规模的促销可以刺激消费，吸引广大旅游者转移到网上预订。

本土旅行社"不拿鸡蛋碰石头"

昨天，记者采访了我市一些旅行社，他们均表示，在线旅游价格战确实导致一部分订单流失到了网上。

江苏省中旅旅行社有限公司副总丁庆元很是郁闷："有的旅游网站仗着有钱，为了多揽客，已经'不按规矩行事'了。比如按常理，一名游客出境旅游，签证没过，已经发生的申请费明明应该自掏腰包，但竟然有网站大包大揽，表示这笔费用由他们买单。这样破坏行规，叫别家怎么做生意？"

面对大鳄们的"血拼"，传统旅行社大多采取了"避其锋芒"的招数明哲保身。"没有必要拿鸡蛋碰石头。我们这样的传统旅行社有许多销售门店，而旅游网站的运营成本相对低。并且，不少旅游网站背后都有强大的资本在撑腰，可以'烧钱'，我们没有那个资金实力。"我市一家大型旅行社负责人称。

江苏百事通国际旅行社有限公司运营中心经理赵薇说,他们采取了"回避"的招数,尽量与网上打价格战的产品错开,选择其他线路做特价。

丁庆元则表示,旅游网站和传统旅行社各有优势,"对游客来说,如果需要'机票+酒店'这样的自由行产品,可能会倾向于在网上订购。如果是线路长、费用高,又涉及'吃住行游购娱'多个环节的传统跟团游产品,一般还是到门店详细沟通才会下手。"他表示,将下大力气提升传统跟团游产品的质量,增加产品附加值,提高游客满意度,力争与旅游网站"错位"发展。

业内人士:旅游比价格更要看服务

业内人士告诉记者,旅游产品大多不是标准化产品,不像电商大战中,同一品牌、型号的电器一比就能一目了然。旅游产品光从价格上是不好比较的,同一旅游目的地会有多条不同线路,出发时间、行程安排、酒店档次、团餐标准等都不尽相同,价格也不一样。比如9月初发团的三亚线,同样是5日游,市面上的价格从2000多元到4000多元都有。他建议游客下订单前,最好仔细咨询线路的具体行程,以及吃住行的标准,是否有购物点,酒店住宿是否包含早餐,是否需要另行付费等,"比价格也要看服务,不要冲动消费。"

(信息来源:中国财经首页 http://finance.china.com.cn/consume/syal/20120830/987314.shtml)

分析:价格是旅游者选择旅游产品的重要参考要素,在购买产品时消费者都喜欢货比三家,所以旅行社在确定旅游产品最终价格的时候不能闭门造车,也要了解市场上其他旅行社同类型旅游产品的价格,做到知己知彼,然后根据自己的情况对旅游产品的价格做出适当的调整。

竞争导向定价法是指旅游企业以旅游市场竞争对手的价格为基础的定价方法。这种定价方法是以旅游市场竞争为中心,同时结合旅游企业的自身实力状况、发展战略等因素的要求来制定价格,主要包括率先定价法和随行就市定价法。

1.率先定价法

率先定价法是一种主动竞争的定价方法,是指旅游企业根据自身旅游产品的实际情况以及与竞争对手旅游产品的差异状况来制定旅游产品价格的定价方法。具有较强的规模与实力,在竞争中处于主动地位的旅游产品即可采用率先定价法。

2.随行就市定价法

随行就市定价法是指旅游企业根据旅游市场上同类旅游产品的平均价格水平来确定旅游产品价格的定价方法。在激烈的旅游市场竞争中,生产同类旅游产品的企业,若旅游产品的价格高于竞争对手,市场销售额就可能减少,若价格低于竞争对手,就会减少利润。而平均价格被旅游者认为是合理的价格,旅游者易于接受,又可以避免旅游企业之间的价格竞争,故大多数旅游产品采用随行就市定价法。

3.密封竞标定价法

密封竞标定价法主要用于投标交易方式。一般情况下,在同类产品之间,价格相对低的产品更具有竞争力。在旅游市场营销活动中,投标竞争的过程往往就是价格竞争的过程。有些单位特别是政府部门购买某些商品或某种劳务时,经常采用招标方法。事先公布

招标内容，各个企业或劳务提供者按照招标内容和对产品劳务的要求以密封标价方式参加投标，故称为投标定价法。

四、旅游产品定价策略

旅游产品的生产企业在确定了基本定价的方法后，由于竞争和旅游者的需要，企业还必须运用一定的定价策略和技巧，灵活地运用价格手段，使其适应旅游市场的不同情况，从而实现旅游企业的营销目标。

(一)新产品定价策略

旅游新产品定价是旅游产品定价策略中一个非常重要的问题，它关系到该新产品能否顺利地进入旅游目标市场，并为以后占领旅游目标市场打下基础。旅游新产品定价策略主要有撇脂定价策略、渗透定价策略、满意定价策略。

1. 撇脂定价策略

撇脂定价策略是一种高价格策略，即在旅游新产品进入市场的初期，将价格定得高些，以求在短期内获取较高的利润。新的旅游产品刚上市时，在旅游市场上没有竞争对手或竞争对手很少，企业把旅游新产品的价格定得高一些是可行的，能满足那些求新、求异且对旅游产品价格不是很敏感的旅游者的需求。

2. 渗透定价策略

渗透定价策略是一种低价策略，即旅游企业在旅游新产品投入市场时，以较低的价格吸引旅游者，以便迅速占领旅游目标市场的一种策略。这种定价策略适用于特色不突出、技术简单的旅游产品。

3. 满意定价策略

满意定价策略是一种折中价格策略，它是介于撇脂定价策略与渗透定价策略之间的一种价格策略，即旅游企业所制定的旅游新产品的价格比撇脂定价低，比渗透定价高，旅游企业与旅游者都能接受，因而被称为满意定价策略。

(二)心理定价策略

心理定价策略是指旅游企业运用心理学原理，根据不同类型旅游者在购买旅游产品时的不同购买心理对旅游产品进行定价，以诱导旅游者购买。

1. 尾数定价策略

尾数定价策略也称为非整数定价策略，即旅游企业给旅游产品制定一个以零头数结尾的非整数价格，从而使旅游者产生经过精确计算的最低价格的心理，同时，旅游者会觉得旅游企业定价认真，对旅游者负责。这种定价策略一般适用于价格低的旅游产品。如图 2-6-3 某旅行社的一日游产品价目表。

2. 整数定价策略

整数定价策略是指旅游企业把旅游产品的价格定为整数的一种策略。在旅游市场上，旅游者难以了解旅游产品的性能和质量，往往只能凭借旅游产品的价格来认识。在这种情况下，旅游企业采用整数定价，可以提高旅游产品本身的价值，可以满足旅游者高消费的心理，从而促进旅游产品的销售，提高旅游企业的经济效益。这种定价策略适用于高档、名牌旅游产品的定价。如图 2-6-4 某旅行社的欧洲游产品价目表：

No.	线路	出团日期	门市价
1	杭州西湖一日游	04/07[日]	￥175元
2	绍兴一日游	04/07[日]	￥175元
3	乌镇一日游	04/07[日]	￥135元
4	苏州园林一日游（虎丘线）	04/07[日]	￥288元
5	奉化溪口一日游	04/07[日]	￥310元
6	千岛湖一日游	04/07[日]	￥288元
7	上海都市一日游	04/07[日]	￥328元
8	瑶琳仙境一日游	04/07[日]	￥172元
9	东阳横店一日游	04/07[日]	￥278元
10	西溪湿地一日游	04/07[日]	￥165元
11	西塘一日游	04/07[日]	￥165元
12	周庄一日游	04/07[日]	￥230元

图 2-6-3

No.	线路	出团日期	门市价
1	法国+意大利整团8日游	04/09[二]	
2	法意瑞+德国精品超值游	04/10[三]	￥12300元
3	荷法瑞意四国经典之旅-杭州往返（意签）	04/16[二]	￥11900元
4	荷比卢瑞10日游（整团）	04/16[二]	
5	德法瑞意+新天鹅堡超值之旅	04/18[四]	￥12500元
6	荷法瑞意+新天鹅堡超值游	04/18[四]	￥12900元
7	德法瑞意+新天鹅堡超值之旅	04/19[五]	￥12500元
8	东欧五国全景之旅（匈签）	04/20[六]	￥14200元
9	荷法瑞意四国经典之旅-杭州往返（法签）	04/21[日]	￥11800元
10	荷法意瑞四国精品之旅（法签）	04/23[二]	￥11800元
11	荷法瑞意+新天鹅堡超值游	04/25[四]	￥12400元
12	荷法瑞意+新天鹅堡超值游	04/25[四]	￥12600元

图 2-6-4

3.吉利数字定价策略

吉利数字定价策略是指利用消费者对某些数字的发音联想和偏好制定价格，满足消费者的心理需要并在无形中提升消费者的满意度。如使用8、6、9等数字，价格定位298、158、1688等。如图2-6-5某旅行社的产品价目表。

4.声望定价策略

声望定价策略是指旅游企业针对旅游者“价高质必优”的心理，对在旅游者心目中有较高信誉的旅游产品制定较高的价格。旅游企业采用声望定价不仅能使旅游企业获得单位旅游产品的最高利润，而且有利于提高旅游产品的形象，从而进一步提高旅游企业的声望，同时也满足了旅游者通过购买旅游产品来提高其社会地位的求名心理和炫耀心理。这种定价策略适用于知名品牌的旅游产品。

5.招徕定价策略

招徕定价策略是指旅游企业有意将某种或某几种旅游产品的价格定得很低，甚至低于

No.	线路	出团日期	门市价
1	黄山三日游	04/07[日]	￥530元
2	黄山西递宏村三日游	04/07[日]	￥730元
3	黄山西递宏村三日游	04/07[日]	￥830元
4	黄山西递宏村三日游	04/07[日]	￥1080元
5	黄山西递宏村三日游	04/07[日]	￥1080元
6	苏州、无锡、南京三日游	04/07[日]	￥818元
7	苏州、无锡、上海三日游	04/07[日]	￥778元
8	苏州、周庄、上海三日游	04/07[日]	￥738元
9	苏州、周庄、无锡三日游	04/07[日]	￥678元
10	苏州南京上海三日游	04/07[日]	￥938元
11	黄山三日游	04/08[一]	￥530元
12	黄山西递宏村三日游	04/08[一]	￥730元

图 2-6-5

成本，以低廉的价格迎合旅游者的求廉心理而吸引旅游者，借机带动和扩大其他旅游产品的销售。如有些农家乐为吸引旅游者，每天都有特价菜，以吸引旅游者来品尝农家风味。一般情况下，采取招徕定价策略应与相应的广告宣传相配合。

（三）折扣定价策略

折扣定价策略是指旅游企业为了吸引旅游者，扩大旅游产品的销售，或为了加强与旅游中间商的合作关系，在既定的旅游产品价格基础上，对旅游者或旅游中间商实行折扣价格的一种策略。

1.数量折扣策略

数量折扣策略是指旅游企业为了鼓励旅游者或旅游中间商大量购买其旅游产品，对达到一定购买数量的客户给予一定的价格折扣的优惠策略。一般来说，购买数量越多，价格折扣就越大。累计折扣：即一定时期，按照买方购进的累计商品数量给予的折扣，目的是加强顾客忠诚。非累计折扣：即根据买方一次性购进卖方商品的数量而给予的一次性折扣，目的是鼓励大额购买。

2.现金折扣策略

现金折扣策略是指旅游企业为鼓励旅游者以现金付款或按期付款而给予购买者的一定价格折扣优惠的策略。目的是加强收现能力，加速资金周转，减少占用资金的费用和呆账与坏账的风险。如旅游企业在交易合同付款方式中写到“3/30，0/60”，则表示付款最长期限为60天，买方如在30天内付款，则给予3%的折扣。

3.季节折扣策略

季节折扣策略是指旅游企业在旅游产品销售淡季时，为鼓励旅游者购买旅游产品而给予一定的价格折扣的优惠策略。在旅游淡季，旅游企业客源不足、服务设施闲置，为吸引旅游者，旅游企业就制定低于旺季时的旅游产品价格以刺激旅游者的消费欲望。

4.同业折扣策略

同业折扣是旅行社对同一集团网络或战略联盟内部接收的客源给予价格折扣。如某地中国旅行社对当地华侨大厦的住客报名参加该社旅游时给予一定的价格优惠，因为中旅社与华侨大厦同属于中旅系统或中旅集团一员。

五、影响旅游产品定价的因素

（一）旅游产品成本

旅游产品成本是由旅游产品的生产过程和流通过程所花费的物质消耗和支付的劳动报酬所形成的，它是构成旅游产品价值和价格的主要组成部分。旅游企业在确定旅游产品的价格时，要使总成本得到补偿并获取利润，旅游产品的价格就要超过旅游产品的成本，所以，旅游产品的成本是旅游产品价格的最低线，是影响旅游产品价格最直接、最基本的因素。

（二）旅游产品供求关系

当旅游产品的供求关系发生变化时，旅游产品的价格也要发生变化。一般来说，在旅游旺季时，旅游产品的价格呈上涨趋势；而在旅游淡季，旅游产品的价格呈下降趋势。

（三）旅游市场竞争状况

旅游市场的竞争越激烈，对旅游产品定价的影响就越大。在完全竞争的市场中，旅游企业没有定价的主动权，只能被动地接受市场竞争中形成的价格，旅游企业依靠提高管理水平与服务质量去扩大市场占有率；在完全垄断的市场中，某种旅游产品只是独家经营，没有竞争对手，所以就可以完全控制市场价格。

（四）旅游市场需求

旅游市场需求与旅游产品价格的关系主要通过旅游产品的需求价格弹性来反映，不同类型旅游产品的需求价格弹性也不同。一般来说，旅游景点产品、旅游购物、旅游娱乐的需求价格弹性相对较高，旅游企业可用降价来刺激旅游者的需求，扩大销售；而旅游餐饮、旅游住宿、旅游交通的需求价格弹性相对较低，价格的变动对旅游者的需求变化无太大影响。

（五）旅游企业营销目标

旅游企业在市场营销中总是根据不断变化的旅游市场需求和自身实力状况，并出于短期或长期的发展考虑，来确定旅游企业的营销目标和旅游产品的价格。若旅游企业为了尽早收回投资，则往往把获取利润作为营销的首要目标，因而所确定的旅游产品的价格就远远高于成本；若旅游企业为了在旅游市场上占有较大的市场份额，则往往又会把提高市场占有率作为营销的首要目标，因而所确定的旅游产品价格对旅游者要有吸引力，甚至表现为优惠价等特殊价格形式。

能力训练：旅游产品定价

训练目的：

能够用成本加成定价法给旅游产品定价。

内容与要求：

本次能力训练要求同学们采用成本加成定价法，给之前设计的旅游产品定价。构成旅游产品变动成本的各要素的价格可以通过网络搜索，也可以自己拟定。本次训练主要是考察同学们对定价方法的掌握，制定出的价格是否与现实产品的价格接近为其次。需要注意的是，食、住、行、游、娱等各要素的价格一定要以旅行社的成本价（即旅行社拿到的折扣价）

代入公式，不能以门市价来计算。旅行社利润率自拟，30%左右较合适。价格计算好之后，还可以根据定价的策略和技巧，对价格进行一些调整和处理，最终确定产品的价格。本次能力训练由个人独立完成。

思考题

1. 请简述一下旅游产品价格的构成。
2. 旅游产品价格的类型有哪些？
3. 什么是成本加成定价法？
4. 影响旅游产品定价的因素有哪些？

项目七　旅游产品促销

学习目标

- 掌握旅游产品促销的五种工具和促销组合策略
- 熟悉影响旅游产品促销组合策略的因素
- 熟悉旅游产品促销的实施步骤
- 了解旅游产品促销的作用
- 能够为某种旅游产品设计一个促销方案

导入案例

"黄山七日游"的"夕阳红专列"促销方式的选择

某市的铁道旅行社是一家中等规模的旅行社。成立几年来，与该市的大多数旅行社一样，运作的多为标准化、常规化产品。随着市场需求的变化，旅行社的决策者意识到，产品雷同，削价竞争的路子越走越窄了。经过市场调查，他们发现，老年人外出旅游的意愿很高，但是，适合老年人的线路产品很少，而该市各家旅行社还没有开发适合老年人的旅游线路产品。

开发新产品的设想有了，针对的客源市场也有了。该旅行社根据自身与铁路系统的特殊关系、老年人出行的具体问题等决定推出"黄山七日游"的"夕阳红专列"。如何才能让广大老年朋友们知道"夕阳红"专列呢？该旅行社一方面利用当地发行量最大的《承报》刊登广告，在当地电台、电视台的老年人喜欢的养生、饮食等栏目中播出广告；另一方面，旅行社主动找到当地市老龄委，表达企业诚心为老年朋友服务的愿望。在老龄委的支持下，旅行社深入各个"老年之家"及社区，宣传介绍"夕阳红"专列，收到了很好的促销效果。满载着游客，"夕阳红"专列出发了。

（资料来源：叶娅丽，王瑗琳.旅行社经营与管理.北京：北京理工大学出版社，2010：110-111）

分析：任何一家旅游企业、旅行社在定位好市场和设计好旅游产品后，都需要借助媒介将旅游产品推向市场，借助媒介将旅游产品传播给旅游者、旅游市场的过程就是旅游产品的促销过程。但并不是每一个旅游促销都可以取得良好的效果，以上案例中选择了当地报纸、电台、电视台和旅行社人员深入各个“老年之家”及社区等促销工具，取得了很好的促销效果。那么，何为旅游产品的促销？促销的工具除了上述中已列出之外，还有哪些呢？促销工具该如何选择和组合？开展旅游产品促销活动的实施步骤有哪些？

基本知识

一、旅游产品促销概述

（一）旅游产品促销的概念

促销是营销的传播部分，是指一个组织或企业对外开展的营销传播活动，目的是促使消费者采取购买行动。旅游产品促销是指旅游产品营销者为了激励旅游者购买自己的旅游产品，通过各种媒介将旅游产品的有关信息传播给客源市场中间商和潜在的旅游消费者，从而实现旅游产品销售的行为。旅游产品促销的根本目的在于通过营销传播影响，激发旅游者的购买欲望和引导旅游者的购买行为，最终导致购买行为的发生。旅游产品促销的实质是旅游产品营销者与购买者之间的信息沟通，是营销者为了达到销售目的而采取的一种宣传招徕手段和方法。

（二）旅游产品促销在旅游市场营销中的地位

从市场营销学的角度分析，产品、价格、销售渠道和促销构成了一个完整的营销组合，四个要素协调一致可以产生最佳的传播效果。在旅游市场营销组合中，旅游产品是基础，起到决定性的因素；旅游价格是最敏感、最微妙的因素；销售渠道是旅游生产者通向旅游消费市场的桥梁，这个桥梁是已有的传播渠道；旅游产品促销是营销的传播部分，是对已有传播渠道（销售渠道）的必要补充，在市场营销中具有最富有活力和创意的特点，也是旅游营销理论在实践中最具体、最直接的应用。

（三）旅游产品促销的作用

1. 传播信息

现代社会，信息流是商流和物流的前导。通过促销活动可将旅游产品的特点、性质、价格、服务等信息情报和最新的旅游动态传递给旅游市场，以引起旅游消费者和旅游中间商的注意和关注。

2. 增加销量

旅游产品作为非一般性生活必需品，其消费需求弹性大、波动性强。通过促销可以唤起潜在旅游者的购买欲望，吸引潜在旅游者去尝试消费旅游产品。目前的旅游市场中，众多同类旅游产品特征相近、竞争相对激烈，通过促销活动，宣传自己区别于市场同类竞争产品的特点，可以使有旅游需求但持观望态度的消费者做出购买决策。

3. 巩固市场

鉴于旅游市场的脆弱性、不稳定性和激烈竞争性，旅游产品的销量也会出现较大幅度的波动现象。加之，消费者的记忆和产品促销的次数及重复程度成正比。故，通过具有说服力、多次的旅游促销活动，可以赢得更多旅游消费者的厚爱和旅游产品长驻消费者心中，

起到稳定旅游产品的销售和巩固旅游市场份额的作用。

信息链接

吃火锅,抽大奖,游腾格里沙漠

四川某旅行社想推出腾格里沙漠包租火车旅游项目,但缺少6万元促销广告费和4万元前期费用。旅行社找到成都某知名高档火锅店,双方商定,10万元费用由火锅店支付,火锅店获得该旅游项目的冠名权,旅行社另赠送火锅店30个免费参团名额,作为火锅店客人消费抽奖之用。之后旅行社与火锅店联名在当地主流报纸上刊登了广告。广告刊出后,该火锅店的生意骤然兴隆,许多人冲着"吃火锅,抽大将,游腾格里沙漠"活动而来。一个月促销活动结束,火锅店增收20万元,旅行社也因促销费用充足、宣传效果好,再加上中奖者往往携亲友参团,所以近千个旅游名额被一抢而空。

(资料来源:叶娅丽,王瑗琳.旅行社经营与管理.北京:北京理工大学出版社,2010:106)

4.树立品牌

品牌代表了消费者对产品及其性能的认知和感受,产品和服务对于消费者意味着一切。一个强大的品牌是建立稳固和有利可图的客户关系的基础。当通过促销活动将有定位特色、独特服务、突出性能的旅游产品呈现在旅游消费者面前时,很容易激发潜在品牌消费者对其产品的认同和唤起忠诚顾客的偏爱。通过促销活动也是将旅游产品再一次展现在旅游市场中,以达到保持在市场中树立品牌形象的作用。

二、促销工具

现代旅游产品营销者为了实现其营销目标往往依靠各种各样的手段和方式,这些手段和方式有广告、人员销售、销售促进、公共关系、直接营销等,也称为促销工具。这五种促销工具各有优缺点(见表2-7-1)。

表2-7-1 促销工具的特性

促销工具	优点	缺点
广告	能以较低的单位展示成本将信息传达给地理上分散的广大潜在购买者	非人员的 单向沟通 成本高昂
	销售方能够将一条信息重复多次	
	顾客倾向于认为广告更加合法	
	表现性强,使得公司的产品引人瞩目	
人员销售	在建立购买者的偏好使其确信并购买的阶段非常有效	需要长期努力 最昂贵的促销工具
	允许人际互动	
	允许发展多种顾客关系	
	购买者通常会觉得更有必要去聆听和做出反应	

续表

促销工具	优点	缺点
销售促进	吸引顾客注意	效果通常是短期的 在建立长期品牌偏好时不那么有效
	刺激购买	
	可以使产品引人瞩目以扭转下滑的销售额	
	引起并且鼓励快速顾客反应	
公共关系	高度可信	
	可覆盖到回避销售人员和广告的目标受众	
	可使公司或产品引人瞩目	
直接营销	非大众化	
	迅速	
	顾客量身定制	
	互动	
	非常适合高度目标化的营销活动以及建立一对一的顾客关系	

（资料来源：Kotler，p 等. 市场营销原理(亚洲版　第 2 版). 北京：机械工业出版社，2010：266）

（一）广告

广告就是广而告之的意思，是指由特定出资者（旅行社等）出资，采取非人员接触形式，通过各种媒介向目标市场传递、宣传和渗透产品或服务信息，以扩大影响和知名度，树立产品和企业形象，达到促进产品销售的一种活动。在旅游产品的促销过程中，可以借助的广告有自办媒体型广告、大众传播媒体型广告、联合广告。

1. 自办媒体型广告

自办媒体广告主要采用的方法包括建立户外广告牌、散发广告宣传单、发放载有企业或产品信息的纪念品。户外广告牌一般放置在飞机场、火车站、长途汽车站、水运码头、大型购买点等容易被过往人群注意到的地方和旅行社门市部，户外广告牌还包括灯箱、条幅等各种室外展示物；广告宣传单有旅游招贴画、旅游热点线路、旅游地图、旅游宣传手册等内容（见图 2-7-1），一般由旅行社等出资方雇人在公共场所散发或在公共广告栏张贴；发放载有企业或产品信息的纪念品，如旅行社在夏天发放印有旅游信息的扇子和文化衫等。

知识链接

旅游广告宣传单的设计和表达

旅游广告宣传单的设计和编排既要达到标新立异吸引眼球的效果，又应尽力避免传播目标被新奇念头压倒而喧宾夺主。因此，旅游广告宣传单应符合以下几个方面的要求：

焦点，旅游广告宣传单必须有非常明确的中心和重点，整体内容有很强的凝聚力。信息内容应该力求更加形象，使受众在短时间内形成对旅游广告宣传单的深刻印象。

简洁，旅游广告宣传单应该以尽量少的题材来凸显其焦点，过多的题材不但会增加广告成本，还会在一定程度上分散受众注意力。

魅力，旅游广告宣传单的设计不仅要有效吸引受众的注意力，还应力求引起他们的情感共鸣。

统一，旅游广告宣传单的设计以主题为中心，是内容与形式、信息与艺术的统一，旅游广告宣传单设计的要素、形式和风格的统一。风格与技巧的统一将有助于广告更加有力地表达主题。

平衡，旅游广告宣传单的设计和表达应合理编排信息，使广告显得协调完美，充满吸引力。

技巧，旅游广告宣传单从设计形式变成真正的广告作品需要高超的制作技巧，以保证广告作品能够准确完整地表达设计需要。

（资料来源：张红英．旅行社营销[M]．上海：复旦大学出版社，2011：65）

图 2-7-1　旅游广告宣传单

2．大众传播媒体型广告

大众传播媒体是旅游产品营销者开展促销活动中经常利用的广告信息传播渠道，具有形象生动、影响力强和传播范围广的特点。包括报刊广告、电波广告、互联网广告。

报刊广告

由报纸广告、杂志广告组成。报纸是一种影响面广、费用较低和重复率高的广告媒体，旅行社通常选择本地覆盖面最广的报纸做旅游产品信息；杂志是一种以某一阶段读者为宣传对象的广告媒体，具有针对性强、易于保存、消费者稳定、出版周期长和传播范围较小的特点。旅游杂志更是报刊广告中旅游产品促销的常见地。

信息链接

我国专业的旅游期刊杂志

报刊	地址	报刊	地址	报刊	地址
中国旅游报	北京	大自然	北京	交通旅游导报	杭州
旅游	北京	文明	北京	江南游报	杭州
旅游管理	北京	环球飞行	北京	度假旅游	黄山
中国旅游	北京	旅游时报	上海	黄山旅游杂志	黄山
越野世界	北京	旅游天地	上海	丝路游	乌鲁木齐
华夏地理	北京	旅行者	上海	新旅游报	兰州
世界博览	北京	私家地理(美国)	上海	北方旅游	沈阳
时尚旅游	北京	新发现(法国)	上海	旅游世界	济南
旅行家	北京	人与自然	上海	探索地理	青岛
中华遗产	北京	城市漫步	上海	大自然探索	西安
新旅行	北京	旅游情报	上海	四川画报·旅游人文	成都
户外·探险	北京	旅游科学	上海	国家人文地理	重庆
西藏人文地理	北京	饭店世界	上海	旅游休闲报	贵阳
世界	北京	游遍天下	深圳	阳光之旅	南宁
风景园林	北京	商务旅行	深圳	旅游界	广州
旅游学刊	北京	科学旅游	深圳	旅游论坛	桂林
旅行社	北京	焦点·风土中国	深圳	商务·旅游	香港
华夏商务旅游指南	北京	户外	深圳		

(资料来源:刘涛,曾蓓.旅行社经营管理.北京:经济管理出版社,2011:111—112)

电波广告

由广播电台广告和电视广告构成。广播电台是一种以地方性市场为主要宣传目标的广告媒体,具有价格低、信息传播及时、受众逐步缩小等特点。当今,电视仍是一种影响力极强的传播媒体,电视广告能将信息传达给大量的消费者,如有1.41亿美国人每年至少会收看最新的橄榄球超级杯大赛。电视广告具有传播范围广、信息传送及时、广告形象生动活泼、针对性强、重复率高、播出时间短、价格昂贵等优缺点。基于电视广告的特点,我国许多中小型旅行社、旅游景区等旅游产品经营者较少利用这种促销工具。我国采用电视广告促销工具大多为大型旅行社、旅游资源地的当地政府和旅游行业协会等。

互联网广告

随着信息时代的到来,越来越多的旅游产品经营者认识到互联网的功用,选择在互联网上开展广告促销活动。互联网广告具有传播范围广、交互性强、成本低等特点,日益受到旅行社等旅游产品经营者的重视。如:我国目前很多旅行社除了建设传统营销系统外,将更多资金和时间都投入到互联网上,因为传统的收客和分销渠道模式受到的挑战越来越大。互联网广告包括网站、论坛、各门户网站的旅游频道、微博广告、微信广告等。

大众传播媒体由于各种媒体有不同的载体，其优缺点各不相同，在促销时也有不同的选择。本文仅以电视、广播、报纸、旅游杂志、互联网等五种媒介做对比（见表 2-7-2）。

表 2-7-2　五种大众传播媒体的优缺点

媒介	优点	缺点
电视	易于被大众接受，图文声像并茂，富有感染力，覆盖面广，传播及时、灵活	成本费用最高，地域可选性强，时间短、瞬间即逝，不便查询
旅游杂志	针对性强，可选性好，图文并茂，可提供精美的旅游图片，保存价值高	发行量较少，价格费用偏高，时效性差
报纸	灵活、及时，制作简单，费用较低，地域可选性强，覆盖面大	实效性差，对游客的针对性不强，缺少形象表达手段
广播	地域可选性强，覆盖面大，及时	不能保存，对听众的选择性强，表现力弱
互联网	覆盖面广，传播快，费用低，高度的互动性，受年轻人的喜爱，信息可及时反馈，表现力强。易于查询，易于预订	广告点击率低，对游客的针对性差，要求一定的技术条件，受网络普及的影响大，可行度不高

（资料来源：叶娅丽，王瑗琳.旅行社经营与管理.北京：北京理工大学出版社，2010:111）

3.联合广告

联合广告是指几家在旅游产品业务上有联系的旅游产品经营者联合起来在媒介上刊登广告，目的在于在市场中造成较大的声势，并压缩各自的广告费用的一种广告形式。旅游产品的经营者有旅行社、旅游景区、酒店、政府等，本文仅以旅行社来阐述旅游产品的联合广告，可分为旅行社之间联合广告和产品导向联合广告两种形式。

旅行社之间联合广告

旅行社行业中绝大多数是中小型企业，在面对日趋激烈的市场竞争和本身难以在产品促销广告上投入大量资金的状况时，由各家参与的旅行社共同出资在报纸、杂志、电视、广播电台等大众传播媒体上刊登广告，为其产品做广告宣传（见图 2-7-2）。

广告导向联合广告

是指旅行社为了促销某种产品，联合某些与该产品有关的其他旅游企业如旅游景点、酒店、餐馆、航空公司等共同出资在大众传播媒体上刊登广告，进行宣传促销的一种广告促销方式。这种促销方式可以使旅游者了解到旅游信息，又可以使参与促销的企业节省广告费用。

（二）人员销售

人员销售是指旅游产品经营者、旅游企业派出销售人员，直接向顾客、旅游中间商传递旅游产品信息，以促成顾客、旅游中间商购买行为的促销活动。这种促销方式是旅游促销活动中最古老的一种传统促销方式，同时也是现代旅游企业中最常用、最直接、最有效的一种促销方式。这里所指出的销售活动包括两个或更多人之间的人际互动，是一个人群为一个人群的促销活动。销售人员包括内部销售人员、外联销售人员、合同推销员、代理商、经纪人等。

都市旅游

都市快报广告部主办

专栏主持人：傅蕾　电话：85053847

杭州千岛湖国际旅行社

杭州分公司热线：0571-88042313　88774788　88774798　87298940

千岛湖＋森林氧吧＋九龙源漂流二日游

特价 438元/人起

浙江光大国际旅游有限公司

古荡直营总店：杭州天目山路388号国力大酒店二层　☎ 56773500/56773511/56773522

市府直营店：杭州湖墅南路4号二层（市府大楼东侧，纳德酒店旁）　☎ 56556988

87265388　88999709　87255600

杭州铭山国际旅行社

85211522　85211533

五/六月出境超值游

泰国专卖店　1450

2980

3299

会员专区

天台山一日　118

99　99

398　398

世纪旅行　全国统一热线　400-08-86590

仙山谷激浪漂流

自驾门票 108元/人

各大旅行社均可报名

电话：0571-88577288　传真：0571-88579868　www.xsgpl.com

世纪旅行　全国统一热线　400-08-86590

杭州精品旅游线路推荐

西溪湿地　天目山

原价280元　优惠价188元

含西溪湿地门票、船票、天目山景区门票

杭州至天目山旅游巴士直通车（五一、每周末发班）188元/人

西溪湿地：0571-88106688　天目山：0571-63751978　详情请见 www.hztms.com　各大网站及旅行社均可报名

如来·如愿 中国·无锡灵山

从"折"出发

灵山超优汇

灵山超优汇

缤纷出行全民共享

特惠价 148元

杭州办事处：0571-85160771

浙江省中国旅行社报名热线：0571-28878655

468元/人

668元/人

住森林温泉度假村

体验出海捕鱼

感受石头村的摄影魅力

景区咨询电话：0574-65268885　13456785796

图 2-7-2　旅行社之间联合广告图

这里的销售活动具体是指在旅游企业(旅行社等)门店、营业厅等销售人员接待可能成为购买者的人员来访、来电、来邮;旅游企业、旅游产品经营者派出推销人员直接上门拜访潜在大众化旅游者、旅游中间商或客户,宣传旅游产品信息,鼓励旅游者、旅游中间商购买。这种促销活动的方法包括人员接触推销、会议促销、专题讲座促销、学术会议;旅游企业、旅游产品经营者在广场、社区等人流量较大的地方,举行促销宣传文艺演出和旅游大篷车促销等,客观上影响旅游者的购买动机和行为;旅游产品经营者直接派销售人员参加一些国内外展览会进行促销宣传。目前,我国国内旅行社的一般做法是在春节前后或3月中旬前、6月、国内旅游交易会向客户推销旅游产品。在国际社方面,我国旅游企业产品的对外销售主要是与境外旅游中间商接洽和商谈预订业务,如派人参加国际旅游博览会或展览会、派人到旅游客源国进行巡回推销活动。

人员销售在旅游产品购买过程的某些阶段是最有效的一种工具,尤其是在建立购买者的偏好、使其确信并购买的阶段。人员销售也允许出现多种顾客关系,从买卖关系到私人友谊。最后,受人员销售的影响,购买者通常会觉得更有必要去聆听和做出反应,即使该反应只是一句有礼貌的"不用,谢谢"。人员销售是有代价的,一支销售队伍与做广告相比更需要长期的努力——广告可以选择做或者不做,但销售队伍的规模却很难改变。人员销售也可能是公司最昂贵的促销工具,美国公司在有些领域的人员销售上的花费是其广告花费的3倍。

(三)销售促进

销售促进也称销售推广或营业推广,是指旅游产品经营者促销产品或服务,为刺激需求和鼓励消费而采取的各种优惠性的短期激励行为和促销措施。销售促进的方式有免费销售促进、优惠销售促进、竞赛销售促进、组合销售促进。销售促进的目标受众主要有三种:潜在旅游消费者,旅游中间商,销售人员。在旅游业中,对旅游中间商的推广更为普及。针对不同的目标受众,旅游产品经营者可以采取不同的销售促进方式:对旅游者可以采用价格促销、发放折扣券、退款优惠、免费赠送T恤衫和钥匙链等礼品等方式;对销售人员的推广有销售竞赛、推销培训、业务提成、奖励旅行等方式;对中间商的销售推广有销售竞赛、价格折扣、促销赞助、旅游博览会、交易折扣、合作广告、奖励和提供宣传品等。

优惠券、销售竞赛、抹去零头、折扣等销售促进工具一般在节假日、新产品投入期和试销期间采用。这些工具的运用,可以吸引顾客的注意,刺激购买,并使旅游产品吸引力增强,以扭转下滑的销售额。销售促进引起并且鼓励快速反应——广告表达的是"买我们的产品吧",而销售促进表达的是"现在就买吧"。不过,销售促进的效果通常是短期的,建立长期品牌偏好的效果不如广告或人员销售。

(四)公共关系

旅游产品具有很强的综合性,它的"生产"需要社会各方的支持和配合,也就需要旅游产品的经营者与社会公众有着良好的关系。同时,在旅游市场竞争中,旅游产品、旅游产品经营者、旅游产品所在的旅游目的地形象对于产品的销售将产生很大的影响。如,旅游产品的不利谣言,就有可能扼杀旅游产品的生命。所以,公共关系对旅游产品、旅游业搞好市场营销,树立良好的社会形象有着重要意义。旅游公共关系是指旅游组织以有目的地影响相关社会公众的心理和行为,运用传播沟通手段,树立、维护、改善或改变旅游企业或旅游产品的形象,营造有利于旅游产品、旅游企业的经营环境而采取的一系列措施和行动。

这里的社会公众不仅包括顾客这一群体，而且包括对企业目标的实现有实际或潜在影响力的群体，如股东、供应商、中间商、行业组织、旅游刊物等。旅游产品的公关活动包括：邀请旅游中间商前来对旅行社等旅游企业的有关产品进行实地考察的营销活动；利用新闻媒体，以新闻故事的形式传播旅游产品信息，或召开旅游产品新闻发布会，特别是有关特殊旅游产品；利用品牌的形式开展节事活动、公益活动、社区活动；利用出版杂志、刊物组织宣传展览等，如：旅行社邀请旅游新闻记者或旅游专栏作家免费旅行的一种公关活动，旨在使他们对旅行社的产品产生浓厚的兴趣和深刻的印象，回去后撰写有关旅行社产品的介绍性文章和报道。现代旅游企业也越来越重视公益营销，顾名思义，是将公益活动作为旅游市场营销的载体，利用"公益"来达到营销的目的。

新闻故事、特写文章、赞助以及事件等公共关系活动对读者而言比广告要真实可信得多。公共关系还可以覆盖许多回避销售人员和广告的目标受众——信息以"新闻"而非销售导向的传播形式传达给购买者。营销人员通常不能充分利用公共关系或者只是将它作为最后的选择。不过，精心策划的公共关系活动同其他促销组合因素结合使用将非常经济、有效。

信息链接

滕王阁背诗免票的"旅游拷问"

新华网　吴锺昊、程迪　发表于 2013 年 05 月 02 日

"五一"假期，被称为"江南三大名楼"的江西滕王阁景区推出"背诗免票游"活动，游客只要能背出 700 多字的名篇——《滕王阁序》，就可以免费在景区游玩，受到广泛好评。此举也是对当前部分旅游景点倚重门票经济，过于商业化甚至庸俗化做法的一次拷问。

背诗免票"火"了滕王阁

"南昌故郡，洪都新府。星分翼轸，地接衡庐……"4 月 29 日上午，记者来到滕王阁景区门口时，已经有不少游客在排队背诵了。景区工作人员跟着游客默背，在他们"卡壳"的时候给予提醒。

在现场，从 8 岁孩子到七旬老者，背诵起这篇唐代诗人王勃的骈文名篇时都表现得信心满满。33 岁的"老南昌"樊海浪和 8 岁的儿子樊宇翔组成了"父子档"，一同参与挑战，父子俩都是不到 5 分钟就背完了全篇，拿着景区发的纪念票在"雄州雾列"牌匾下合影留念。

"50 元一张的门票我们可以自己买，但通过背诗获得一次游览的机会，意义大不相同，参观滕王阁就不只是参观一栋阁楼了。"樊海浪说。

滕王阁景区管理处处长徐忠说："《滕王阁序》是传世佳作，也是江西一张人文气息浓厚的名片，我们从 4 月 29 日开始启动背诗活动，是希望更多人能感受到滕王阁的文化底蕴，领略中国传统文化的魅力。"

记者了解到，很多游客专程从湖北、湖南、江苏、上海等地赶来背《滕王阁序》。

孔玫和丈夫带着女儿毛嘉萱坐飞机从上海赶到南昌，"孩子两年前就很想来滕王阁，听闻这个活动，我和爱人专门带她过来。"9 岁的毛嘉萱从小就对古诗文感兴趣，只用了 4 分钟就顺利完成了挑战。孔玫说，她带女儿去过国内外很多旅游胜地，每次出发前，一定要给女儿做足"功课"。

截至 4 月 30 日 18 时，已有 480 人通过了背诵，免费进入滕王阁游玩。

不要仅盯游客“口袋” 更要关注游客“脑袋”

全国政协委员、江西师范大学文化研究所所长王东林认为，滕王阁景区的做法体现了旅游的文化导向，是具有文化使命感和文化自觉的表现。

旅游就是去一个比自己的居住地更新奇的目的地，是打开眼界和视野的过程。而如今，人们习惯了浮光掠影式的游览或追求感官刺激，缺乏真正深度的体验，甚至不去思考旅游的真正目的是什么。

王东林说：“旅游的意义在于让文化抚慰心灵。不管什么形式的旅游都是文化活动。例如，古人游山玩水，实际上就是通过山川、自然来感悟人生。中国的哲学就很讲‘道法自然’，要从自然中获得心灵的领悟。”

“现在什么样的楼都可以建起来，但是深厚的文化根源是无法仿造的。”王东林说，从商业角度来说，滕王阁等景区的做法是让利，也是一种促销方式，但这种促销能让游客了解到景区的文化之根，效果是可持续的，对旅游业来说是潜在利益的开发。

“景点在关注游客‘口袋’的同时，更应该关注游客的‘脑袋’。如果用这种奖励的方法，能让大家重温《滕王阁序》，进而学会克服时代的浮躁，增添我们对传统文化的了解，其意义就更大了。”王东林说。

(信息来源：新华网 http://news.xinhuanet.com/fortune/2013-05/02/c_124653548.htm)

(五)直接营销

以上很多营销工具都是针对大众化营销所提出的，这里所说的大众营销是指旅游产品经营者使用标准化的信息瞄准宽泛的市场向旅游者、旅游中间商开展的促销活动。不过，现在随着所选取的目标市场日益狭窄和一对一营销的发展趋势，越来越多的旅游企业正在采用直接营销，或者把直接营销作为主要的营销方法，或者作为其他方法的补充。

直接营销是指旅游企业、旅游产品经营者同精确细分的个体旅游消费者进行直接联系，并培养持久的客户关系，以获得旅游消费者的购买行为。直接营销人员经常在一对一、互动的基础上同客户进行直接沟通。直接营销的形式有直接邮寄旅游产品、电话营销、在线营销等。

1. 直接邮寄

直接邮寄是指旅游产品经营者(旅行社等)将载有旅游产品信息的旅游宣传册、旅游产品目录、旅游产品广告传单等促销材料直接邮寄给旅游者和客户。旅行社等旅游企业在邮寄这些材料时应附上印有旅行社等企业联系地址和贴上邮票或已付邮资的信封以方便和鼓励对方回信。直接邮寄具有受空间和时间的限制较少，成本相对较低，旅游者反馈率较低的特点。直接邮寄所得到的信息反馈仍高于各种广告促销形式，是许多旅行社喜欢采用的一种促销手段。

2. 电话营销

旅游产品经营者的销售人员根据事先选定的促销对象名单通过电话直接向旅游消费者和旅游企业客户进行销售。电话营销有两种形式，一是使用自动播音设备向对方介绍产品、联系方法、购买产品的途径，但是不直接回答对方提出的问题；二是由推销人员在电话里向旅游者介绍旅游产品，征求他们对产品的意见并询问他们是否愿意购买这些产品。后一种方式的成本较高，一般只用于重要的客户。

3. 在线营销

在线营销是发展最快的直接营销方式，它是指旅游产品经营者以电子信息技术为基础，以计算机网络为媒介和手段而进行的各种营销活动的总称。在线营销已经成为一些旅游经营者在经营旅游产品时的新型商务模式，越来越受到追捧。当前，我国旅游产品在线营销形式有网站和手机营销等。

旅游产品经营网站又分为单项旅游产品网站、综合旅游产品网站、旅游产品第三方交易平台网站(TTP)三类，而综合旅游产品网站是在线营销形式中的主体部分。我国综合旅游产品网站，包括OTA(在线旅游代理)网站和旅行社网站。OTA网站的典型代表有携程旅行网、途牛旅行网、去哪儿、芒果网、同程网、酷讯、欣欣、51766旅游网等。截至2012年，我国国内旅行社网站达2万多家，约占国内全部旅游网站的40%左右，已成为我国旅行社重要的营销渠道，如遨游网(中青旅官方网站)2011年交易额占中青旅全部营业额的10%，且该网站不仅经营中青旅的旅游产品，同时也经营其他旅行社的产品。从旅游公司和旅游消费者的角度来分类旅游产品在线营销，可以分为B2C和B2B两种在线营销模式。驴妈妈、途牛、去哪儿是B2C的典型代表，博客网、同程网是B2B的典型代表。

直接营销形式除了直接邮寄、电话营销、在线营销外，还有目录营销、电视直销、购物亭营销、新数字直销(音频播客、视频播客)等形式。直接邮寄以及电话营销等直接营销形式，越来越受到快速先进的数据库技术和新的营销媒介(尤其是互联网)的挑战。

三、促销组合策略

促销组合也称为营销传播组合，就是有目的、有计划地把广告、人员销售、销售促进、公共关系和直接营销五种促销工具结合起来，进行选择、组合和应用，达到旅游企业促销的目标。促销组合体现了现代市场营销理论的核心思想——整体营销。促销组合是一种系统化的整体策略，以上五种促销工具构成了这一整体策略的五个子系统。每个子系统都包括了一些可变因素，某一个因素的改变意味着组合关系的变化，也就意味着一个新的促销策略。简而言之，不同促销工具所形成的整体就是促销组合策略。

由于旅游企业的情况不同、各种旅游产品的特色不同、促销的目标不同等，形成了形式多样的旅游企业、旅游产品促销组合策略。因此，旅游企业在制定促销组合策略时必须清楚各促销工具的特点、优势及不足，在此基础上才能制定出高效、科学、理想的促销策略。按照旅游企业促销活动运作的方向来区分，旅游企业促销组合策略可分为推式策略和拉式策略。

(一)推式策略

是指促销主体(旅游企业、旅游产品营销者)将旅游产品或服务顺着分销渠道推向旅游中间商或最终消费者，多以旅游中间商为促销对象。旅游产品生产企业以此来指导他们对渠道成员的促销活动，使旅游中间商订购他们的产品并最终将其销售给最终购买者。通常使用的促销方式为人员销售和销售促进等促销工具，主要以人员推销为主导。这种组合策略着眼于旅游企业的能动性，认为旅游消费者需求可以通过旅游企业的积极努力予以创造和激发，最终达到让旅游消费者购买旅游产品的目的。

(二)拉式策略

是指促销主体(旅游企业、旅游产品营销者)将营销活动(主要是广告和消费者促销)直接影响、吸引潜在旅游者,激发其旅游动机,再通过旅游者需求来刺激旅游企业及其他中间商的需求,使之增加对本旅游企业的订货。如果拉式策略有效的话,旅游消费者会向旅游中间商要求购买该产品,而旅游中间商这些渠道成员则会转向旅游生产商处购买。因此,采用拉式策略时,旅游消费者的需求"拉动"着旅游产品沿着分销渠道流动。如旅游消费者在旅游杂志中看到了毛里求斯的介绍,产生了旅游兴趣和动机,就会联系旅行社。若联系的旅行社本身没有这个产品,旅行社也会与生产这个旅游产品的生产商联系。

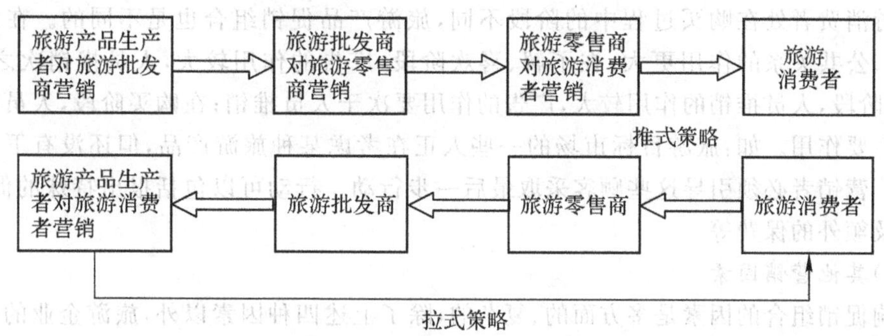

图 2-7-3　旅游产品促销组合策略

四、影响促销组合策略的因素

旅游企业在制定旅游产品促销组合策略时,会根据很多影响因素的不同,而制定出不同的促销组合策略。主要的因素有以下几个方面:

(一)旅游产品所处生命周期阶段

不同促销组合工具的影响随着产品生命周期阶段的不同而不同。在投入期,广告和公共关系对建立高认知度十分有效,销售促进对旅游产品的早期试用则颇为有利,而在正式销售旅游产品进行交易时,人员销售则是必不可少的;在成长期,广告和公共关系仍然有着重要的影响,但内容应有所改变,要以树立旅游企业及产品形象为主。而销售促进则可以减少,因为这个阶段需要的购买刺激降低了;在成熟期,相对于广告而言,销售促进再次变得重要起来。旅游消费者已经了解产品,因此广告只需要提醒他们这种产品的存在就可以了。销售促进发挥着刺激作用,以达到扩大销售的作用;在衰退期,广告仍然保持在提醒的水平上,公共关系作用降低,销售人员对该旅游产品的关注很少。然而,销售促进仍能继续发挥作用。

(二)旅游产品和市场状况

消费者市场和旅游市场中不同促销工具的重要性是不同的。一般而言,对消费者市场,旅行社一般采取广告和销售促进的方式较多,而对于团体市场则采用人员推销较多。如会议旅游、奖励旅游即以团体市场为主,多用人员推销的促销方式。B2C旅游企业通常会将资金更多地投入广告,其次是销售促进、人员销售,然后才是公共关系。相反,B2B旅游企业营销人员倾向于把资金更多地投入到人员销售上,然后才是销售促进、广告和公共关系。当旅游产品昂贵且购买风险很大,市场上只有为数不多的几家大的销售商时,人员销售是采用最多的。

(三)推式策略和拉式策略

我国旅游企业促销组合较大程度上受公司选择推式策略和拉式策略的影响。如果旅游企业采用推式策略，则多用人员销售或销售促进方式，而拉式策略则多用广告和消费者促销方式。我国旅游市场中旅游促销组合策略呈现的是，以拉式策略为主配合推式策略使用，这是因为我国旅游消费者和潜在消费者人多面广，采用拉式策略可以有效地控制促销成本获得较好的促销效率，但一些小众型、目标市场明确集中的旅游产品通常采用推式策略重点突破。

（四）消费者购买过程的阶段

旅游消费者处在购买过程中的阶段不同，旅游产品促销组合也是不同的。在认识阶段，广告、公共关系的作用更大；在了解、喜欢阶段，广告的作用较大，人员推销次之；在偏好、信赖阶段，人员推销的作用较大，广告的作用要次于人员推销；在购买阶段，人员推销则发挥着主要作用。如：旅游目标市场的一些人正在考虑某种旅游产品，但还没有下定决心要购买。营销者必须引导这些顾客采取最后一步行动。行动可以包括报出特殊的促销价、回扣以及额外的保费等。

（五）其他营销因素

影响促销组合的因素是多方面的、复杂的，除了上述四种因素以外，旅游企业的企业文化、旅游企业的营销理念和风格、销售人员素质、旅游企业当前所处的社会环境等也不同程度地影响着促销组合的决策。

五、旅游产品促销实施步骤

促销的本质是双方信息沟通。要做到旅游产品营销传播者与旅游消费者之间的信息成功沟通，必须要有一个有效的沟通模式。即：由谁来说——说什么事——通过什么渠道传播——传播给谁——产生效果如何。不管沟通模式如何变化，旅游产品营销传播者都需要如下操作：确定目标顾客、确定促销目标、设计促销信息、选择信息传播媒介、核算促销预算、确定促销组合策略、收集反馈促销信息、评价促销效果等步骤。

（一）确定促销目标受众

确定促销目标受众，即接受旅游产品信息的是谁？目标受众的确定直接影响传播者在接下来的促销活动中"说什么、怎样说、什么时候说、通过什么说、在哪里说、谁去说"的决定。这个目标受众可能是潜在购买者或目前的使用者，或已经做出购买决定或是影响购买决定的人。受众可能是一般大众或特殊的公众，或群体或个人。

在确定促销目标受众后，还要进一步了解目标受众的需求、购买偏好、地理分布状况、年龄性别特征状况、经济实力等因素。营销传播者还需深入了解目标受众目前对促销信息的认知态度，因为有效的促销可以影响和改变目标受众的购买动机、偏好、决策等，否则，旅游产品的促销活动不仅耗费人力和物力，还会收到不理想的效果。在鉴别、评估目标受众对促销信息的认知态度过程中，可采用印象分析法（见图 2-7-4）。

（二）明确促销目标

一旦界定好目标受众之后，旅游产品传播者必须决定寻找的是受众反应，即旅游产品促销活动要达到的目的。在多数情况下，旅游产品传播者寻找的反应是购买与满意。通常旅游消费者接受并购买一项旅游产品或服务需经过注意→了解→喜爱→偏好→说服→购买等六个阶段。营销传播者需要知道目标受众现在所处的阶段以及发展方向，这样可以有针对性地明确受众的反应和促销目标。

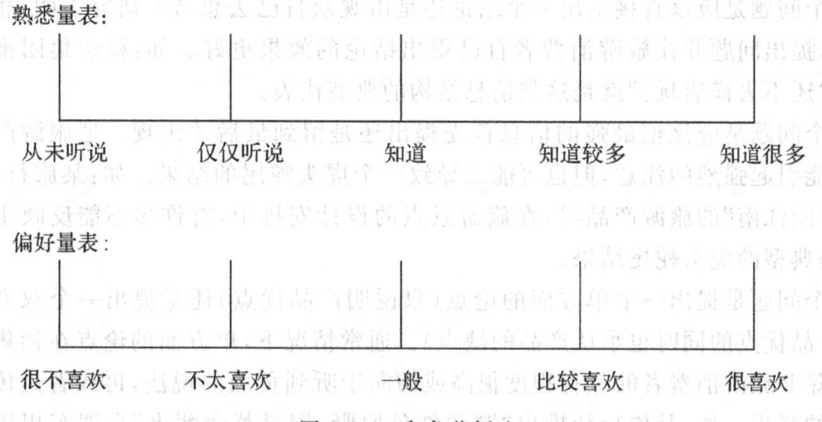

图 2-7-4 印象分析法

(资料来源:王咏.旅行社业务与管理.芜湖:安徽师范大学出版社,2010:157)

促销目标在具体的表述上可分为直接目标和间接目标。直接目标,如提高 10%的市场份额、增加 5%的销售额等。间接目标,如为今后旅游产品占领市场奠定基础、提升旅游产品的知名度、树立旅行社品牌形象、加深旅游消费者对旅游产品的注意和了解等。如,当旅游新产品——皇家加勒比海洋水手号(上海—济州—釜山—上海)韩国风情之旅首次在杭州市场促销时,通过广告和新闻发布会能够引起消费者的注意和好奇。确定具体目标后,才能够确定采取哪些措施和步骤来实现它,才能预算出所需资金和人力物力,才可以决定选择何种促销方式,才可以衡量其成效,并反馈调整以后的促销行为。

(三)设计促销信息

在确定了受众的反应和促销目标之后,旅游产品传播者需设计出有效的旅游产品信息。理想情况下,一个有效的促销信息应该能够引起注意(attention),诱发兴趣(interest),刺激欲望(desire),最终促成购买行动(action)(该框架被称为 AIDA 模型)。实际上,很少有促销信息能够将顾客从注意一路引向购买,但 AIDA 模型给出了促销信息的路径和所需要达到的要求。在设计旅游产品促销信息时往往包含信息内容(说什么)、信息格式(以何种形式说明)、信息结构(如何有逻辑性地说明)、信息源(由谁来说)四个方面。

1.信息内容

信息内容是指传播者需要找出一个能够导致预期反应的诉求或主题,包括理性诉求、感性诉求和道德诉求三种类型。

理性诉求与目标受众的个人兴趣有关,表明旅游产品将带来想要的好处。如:药物温泉浴能治疗皮肤病和森林氧吧旅游能提高人的空气呼吸质量的介绍就是旅游产品理性诉求的最好例子。

情感诉求通过激起积极的或消极的情感来刺激购买,如:渲染沙漠之旅的神秘,推介“男人的心跳、女人的尖叫”漂流,宣传“给我一天、还你千年”的宋城旅游演艺产品。

道德诉求针对顾客对什么是“对的”、什么是“适当的”、什么是“违反道德的”的公共道德意识。在旅游产品中的体现有,传播和鼓励低碳出行、绿色旅游等。

2.信息结构

信息结构是指表达旅游产品信息内容时的逻辑结构。营销人员在处理旅游产品信息的逻辑结构时,需要注意以下三个问题。

第一个问题是应该直接给出一个结论还是由观众自己去思考？研究表明，相对于直接给出结论，提出问题并让旅游消费者自己得出结论的效果更好。如：横店集团推出的旅游产品口号“还不去横店玩？”就是这类信息结构的典型代表。

第二个问题是应该把最强的信息首先提出还是留到最后才出现。把旅游产品信息首先提出来能引起强烈的注意，但也可能会导致一个虎头蛇尾的结果。如：某旅行社推出“文化水乡、诗画江南”的旅游产品时，在旅游景点的设计安排中，有许多不能反映主题的购物点，这就是典型的虎头蛇尾结果。

第三个问题是提出一个单方面的论点（只说明产品优点）还是提出一个双方面的论点（在宣传产品优点的同时也承认产品的缺点）。通常情况下，单方面的论点在销售方面更有效果——除非旅游消费者的教育程度很高或倾向于听到负面的说法，再或者是传播者需要防止负面的联想。如：某旅行社推出“踏访红色原野、探寻革命薪火”自驾车川贵红色旅游产品时，单方面宣传自驾游所带来的刺激和新奇比其他方面的宣传更有效果。

3. 信息格式

营销传播者同样需要为旅游产品信息设计一个醒目的格式。在一条印刷广告中，传播者需要决定标题、附文、图片以及颜色。为了吸引消费者的注意力，采用新奇与对比、吸引眼球的图片和标题、与众不同的格式、信息大小和位置，以及颜色等，如：绍兴在宣传整体城市旅游产品时，广告中有“跟着课本游绍兴”的口号和鲁迅的画像，吸引了消费者的注意力。

如果旅游产品信息是通过广播传播的，传播者还是需要选择文字、背景声音和人的声音。如果旅游产品信息是通过电视或者人员传播的，那么所有这些因素以及身体语言都必须计划好。营销传播者会预先计划好他们的面部表情、姿势、服装、体态以及发型。如：美食旅游产品在电视上促销时，预先对出现在电视中的人和美食的要求都是经过多次拍摄和修改的。

4. 信息源

信息源是信息的发送者，旅游消费者对信息传播者的看法影响着旅游产品信息对目标受众的影响力。来源高度可信的、专业性的、喜爱度强的信息会更加具有说服力。因此，食品公司常向医生、牙医、营养专家进行促销，以促使这些专业人士向消费者推荐他们的产品。

一个理想的信息源可以使所传递的信息具有较强的注意力和记忆力，能产生较好的促销效果。如：电影明星成龙是VISA及香港旅游协会的代言人，女歌手、演员刘若英是乌镇的代言人，其形象与乌镇所提出的“中国最后的枕水人家”极其吻合。

信息链接

旅游地代言人的公关价值

第一旅游网　发表于2012-03-26

目前来看，旅游地的代言人主要有四种：一是影视歌明星。如RAIN代言韩国，蔡依林代言台湾，成龙代言香港，刘若英代言乌镇，蔡健雅代言新加坡等等，这是最多的一种形式。二是公众人物。这是较普遍的一种形式，除了影视明星外，还有名模、舞蹈演员、体育教练等公众人物充当形象代言人。如搜狐总裁张朝阳成为新一任瑞士旅游形象代言人。三是政界名流。这是一种具有亲和力的形象代言人，在亚洲金融风暴后，为了振兴经济，发展韩国旅游业，当时任韩国总统的金大中亲自上电视，担当旅游形象大使。四是本地人才，这是就地取材、因地制宜的一种方式。一些旅游地邀请明星、名人出任旅游城市形象大使或旅游代言人，利用其公众形象及知名度影响相关群体，获得了一定成效。如以下成功案例：

案例：丽江是孙俪事业的起点，处女作《玉观音》就是在云南拍摄。紧接着《一米阳光》《天和局》也在云南拍摄，并在全国热播。孙俪的演艺事业也随之蒸蒸日上，而她和云南更是结下了不解之缘。特别是电视连续剧《一米阳光》，不但在全国广有影响，剧中展现出丽江城市美丽的风情和极具韵味的小资情调更是吸引全国游客纷纷踏访。拍摄《一米阳光》时的酒吧场地，更是成为了丽江一道独特风景线。在丽江孙俪成长为一个深受观众喜欢和最具人气的优秀女演员。同时丽江市政府认为孙俪青春、积极、甜美、纯净的特质与丽江的城市形象不谋而合，公众形象深入人心，使她成为了"丽江城市代言人"的最后人选。作为城市代言人，孙俪无论在哪都积极地为丽江做宣传，在中国魅力城市的比赛中，孙俪更是凭借自己的美貌和在影视圈的名气为丽江赚取了很多人气，就算她不开口，也能让人从静态中体会到丽江的秀丽，感受丽江的柔情。因为《一米阳光》向往丽江的人不在少数，因为孙俪而去丽江旅游的人也不在少数。丽江市适时地选用了孙俪作为其形象代言人，无论在城市形象的树立方面或者旅游地推广方面，无疑都是一个正确的选择！

（信息来源：第一旅游网：http://www.toptour.cn/detail/info57909.htm）

（四）选择信息传播媒介

旅游产品信息传播、沟通可通过广告、人员销售、销售促进、公共关系和直接营销等五种促销工具。每一种工具中又有诸多媒介可供选择，每种媒介的优缺点在本项目的第二模块中已经做过详细说明，旅游产品传播者应根据产品及服务的特点和自身条件选择使用。选择旅游产品信息传播、沟通媒介就是传播者选择信息传播渠道。从广义上来掌握和选择这五种传播渠道，可以分为人员传播渠道和非人员传播渠道两种类型。

1. 人员传播渠道

在人员传播渠道中，两个或者更多的人相互之间直接沟通。可能是通过面对面、电话、邮件甚至网上聊天进行沟通。这种沟通存在人际间的反馈，是一种非常有效的沟通渠道。有一些人员传播渠道是由旅游企业、旅游产品传播者直接控制的，如：旅行社门市部业务员同目标市场中的购买者进行接触。但另外一些人员传播可能是通过旅游企业、旅游产品传播者无法直接控制的渠道实现的，如：独立的旅游行业专家——顾客建议者、在线购买指南——劝说目标购买者。

此外，邻居、朋友、家庭成员以及同事的信息来源会成为顾客购买旅游产品的重要渠道，也称为口碑影响。人际影响对于那些昂贵的、稀有的或十分显眼的旅游产品的营销影响也是非常之大的。有影响力的意见领袖对于旅游产品的营销也是非常重要的，旅游产品传播者应该利用这种媒介为之服务。这种营销方式被称为"蜂鸣营销"，如：以优惠条件为有影响力的顾客提供旅游产品，通过培养这些有影响力的人，以后他们可以告知别人。

2. 非人员传播渠道

非人员传播渠道是指那些不需要通过人与人之间的接触和反馈就可以传递信息的媒体，包括主要媒体、氛围和事件。主要媒体包括报纸、杂志、直接邮寄、广播、电视、广告牌、标志、海报、电子邮件、网站等，绝大多数非人员信息都是从有偿媒体中传出的。氛围是指创造或加强旅游消费者对旅游产品的购买倾向的环境，如：高星级饭店用华贵的装饰，创造一种豪华的气氛。事件是通过特定的活动来对目标受众传递特别的信息，如：精心策划组织的新闻发布会、记者招待会、大型旅游节开幕式活动等。非人员传播会直接影响购买者，如：电视、报纸、杂志的旅游产品会导致旅游消费者产生旅游动机和购买行为。有趣的是，营销人员经常在其广告及其他促销中让消费者代言产品或者展示好口碑的证据，以此用非人员传播渠道去替换或刺激人员传播。

(五)核算促销预算费用

不论采取何种促销方式，都需要花费一定的资金才能进行。“一家公司面临的最艰难的营销决策之一就是花多少钱在促销上”。百货商店巨头约翰沃纳梅克曾经说过，“我知道我有一半的广告费是浪费掉了，但不知道是哪一半。我花了200万美元做广告，但不知道这笔钱是只够一半还是多花了一倍”。因此，在开展促销活动前，核算出促销活动的预算费用就显得非常重要。

旅游产品促销预算过大，导致成本增加，必然影响旅游产品的利润水平；促销预算过小，则会影响销售量，进而也会影响利润。因此，编制旅游产品促销预算时，最重要的要考虑三点：一是促销活动应投入多少费用，二是如何使这些有限的促销费用发挥最大的作用，三是这些费用如何在各促销方式中合理分配。一般而言，编制旅游产品促销预算的方法有以下四种：

1. 量入为出法

即旅游企业根据自己的实际经济实力、财务状况或能够接受的水平来确定旅游产品促销费用预算。它以总收入减去运营费用以及资本费用，然后将剩下的资金中的某个比例投入促销活动中。这种方法简单易行，目前国内许多小旅游公司和旅行社均采用此法。

它的优势在于不会导致企业资金链的紧张，有多余钱做促销，没钱则不做促销。但完全忽视了促销对销售量的影响，具有极大的随意性和不确定性，不利于企业长期计划的制定，经常会造成促销预算的超支或不足。

2. 销售百分比法

旅游企业按照销售额(一定时期的销售实绩或预期销售额)的某个百分比来确定促销预算，或一个特定的(现行的或预测的)百分比来确定促销费用。这种方法简便易行，考虑了旅游产品促销费用与销售额、利润之间的关系，还会因销售额及价格的变化而变化，有一定的弹性。

这种方法错误地将销售视为做促销的原因，而非促销的结果。另外，这种预算方法是以可提供的资金而不是以营销机会为基础，在市场机会或突发事件面前缺乏灵活性。最后，这种方法除了参照过去的行为和竞争者的行为外，没有提供任何选择具体百分比的依据。

3. 竞争对等法

即旅游企业根据竞争者的促销费用来决定自己的促销预算。这种预算方法有两个假设：首先，竞争者的预算代表行业的集体智慧，确保竞争对手与自己的情况相似或相同，并且竞争对手的预算是正确的；其次，竞争者支出多少自己就支出多少，有利于防止促销战。很多大旅游企业采用这种方法，特别是财力雄厚的大旅行社，资金不足的中小旅行社使用这种方法具有一定的风险性。这种方法在实际应用中又分为市场占有率法和增减百分比法。

市场占有率法，即先计算竞争对手在一定时期的市场占有率及其促销预算，再求出竞争对手单位市场占有率的促销费用，并在此基础上，乘以本旅游企业预计市场占有率。公式为：

促销预算＝(竞争对手一定时期促销预算÷竞争对手市场占有率)
×本旅游企业预计市场占有率

增减百分比法，即根据竞争对手本年促销预算比上年促销预算增减的百分比，作为本旅游企业促销预算增减百分比的参考数。公式为：

促销预算＝(1±竞争对手促销预算增减率)×本旅游企业上年度促销预算

4. 目标任务法

在旅游企业促销预算中，符合逻辑、比较科学的预算编制方法是目标任务法。旅游企业根据想要通过促销达成的目标来确定其促销预算。这种预算方法包括：确定具体的促销目标、决定达到这些目标所需要完成的任务、估算完成这些任务的成本。这些成本的综合即为促销预算。

显然，这种方法的最大优点是旅游企业管理层理清了他们关于所花的费用和促销结果之间的关系。但使用这种方法的关键是要正确地确定和描述企业的任务，包括定性描述和定量描述两个方面，这也是最难把握、最难应用和最难计算的。如：为了提高旅行社的知名度，很难说哪一种促销方式是必需的，哪一种促销发生是可以节约的。

在我国旅游企业中，特别是一些中小型旅行社中对促销预算的安排更多采用一些惯常做法：按不同客源市场目前和将来可能提供的销售收入大小分配相应的预算费用，除不需要促销的特殊客源市场外；按不同促销方式的作用大小来分配费用的使用，作用大的就多分，作用小的就少分；按季节分，淡季促销费用可多一些，旺季促销费用可少一些。

(六)确定促销组合

促销并不是单一的工具，而是关于广告、人员销售、销售促进、公共关系、直接营销等工具的组合。旅游企业必须根据旅游产品的特性、旅游市场特征、旅游消费者所处购买阶段、自身状况等因素，选择、组合、确定促销组合。有机地将各种不同的促销工具结合起来，形成整体的促销策略，以有效地开展促销活动。关于如何确定旅游产品促销组合，在本书前面章节已有论述。

(七)评估促销效果

旅游产品信息通过促销组合发出信息后，信息传播者必须评估促销活动对目标受众产生的影响程度，主要包括旅游产品信息传递效果的评估与销售效果的评估。信息传递效果的评估指标有：目标受众是否记得旅游产品信息、见过几次旅游产品信息、能够回忆起哪些旅游产品信息、对旅游产品信息感觉和态度如何等。旅游产品销售效果的评估指标有：有多少人确定购买了旅游产品、销售情况的对比、多少顾客访问其门店或网站等。

旅游产品信息传递效果的评估主要通过向目标受众征求意见或者运用现代科技手段进行测试，取得调查数据。销售效果的评估则通过对比法来测试促销带给销售额的增长状况。通常情况下，促销活动实施后旅游产品销售的上升幅度越大，说明促销的增销效果越大，反之越小。在实际运用中，旅游企业、旅游产品营销者通常采用比值法和增长速度比较法来测定评估促销销售。

1. 比值法

$$R=(S_2-S_1)\div P$$

式中 R——促销效益；

S_2——本期促销后的平均销售量；

S_1——未促销前的平均销售量；

P——促销费用。

2. 增长速度比较法

将几个时期的销售额与促销费用的平均增长速度相比较，观察促销活动在一个较长时期内的销售效果。

旅游企业、旅游产品营销者会根据旅游产品促销效果的反馈和评估，适时修改促销计划或者是旅游产品本身。

（八）管理促销传播全过程

旅游企业、旅游产品市场营销是一个动态的过程，旅游企业战略的调整、旅游企业管理理念的转变、旅游市场环境的变化、突发事件的发生等因素都会影响到旅游促销的实施和管理。这就要求旅游企业、旅游产品营销者要及时掌握促销活动的信息和进程、及时做出评估、及时做出相关的管理和调整，只有这样，才能让旅游促销的价值在变化多样的旅游市场中发挥其最大效能。

能力训练 1：制定一分钟自我推销方案

训练目的：

锻炼学生的推销能力和语言表达能力。

内容与要求：

在旅游产品促销活动中，人员销售、销售促进、直接营销等促销工具中都包含和涉及到人员推销这种方式，其作用是非常重要的，特别是在一对一的直接营销活动中。在实际推销过程中，不仅是推销旅游产品，更多的是推销自我。研究表明，旅游消费者在面对销售人员的推销时，接纳和购买旅游产品的一个重要前提是，对销售人员接纳或充满好感。由此，我们可以看出，在人员推销旅游产品这种方式中，自我推销是一门十分重要的学问和技巧。作为未来旅游从业者或旅游销售人员的学生，请制定一份自我推销方案，内容自行设计，并在课堂中现场展示。

能力训练 2：为旅游产品选择和设计合适的促销方案

训练目的：

能够设计旅游产品促销方案。

内容与要求：

旅游产品的促销活动，其重要性和必要性不言而喻，在本节知识点中已做了详细的讲述。其终极目的就是选择促销工具或选择、组建促销组合策略，让消费者了解信息，并最终发生购买行为。此次能力训练要求学生给之前设计的旅游产品选择并设计合适的促销方案，制作 PPT（必须要说明的要素有：促销的具体目标、具体旅游线路促销设计、具体的促销

方式/组合以及选择的理由、选定促销方式的具体操作方案、选择信息传播媒介、促销预算金额、促销预算方法、人员安排、场地选择)，促销方案要有针对性、富有创新、合理。

思考题

一、名词解释

1. 旅游产品促销

2. 旅游公共关系

3. 拉式策略

二、简答题

4. 影响促销组合策略的因素有哪些?

5. 简述旅游产品促销实施步骤。

项目八　旅游产品销售

学习目标

- 掌握旅游产品销售渠道的类型和选择策略
- 掌握旅游中间商的选择与日常管理
- 熟悉旅游中间商的类别
- 熟悉旅游产品销售过程的管理
- 能够运用所学知识为某项旅游产品选择合适的销售渠道

导入案例

销售渠道，三分天下

易游假期旅行社董事长　郭月晨

国家把旅游行业定为战略支柱型产业，各种各样的模式爆发，各个异业的精英企业涌入。同时也大浪淘沙，把整个行业带动得风生水起之后，逐步归于平静，格局雏形已渐渐显露出来，今天和大家简单地总结一下三足鼎立的销售渠道形式。

团购网站

旅游团购网，于2011年3月16日成立，网站致力于打造中国最专业的在线旅游团购服务平台，旅游团购网每天推出一款超低价精品团购，让参加团购的用户以极具诱惑力的折扣价格享受优质服务。旅游团购网的盈利原理是挑选优秀资质的旅游企业(包括旅行社、星级酒店、知名文化餐饮企业、著名旅游景点等)，提供网络团购营销平台，通过降低交易(销售)成本，让利于游客，实现零投入的网络销售模式。

以拉手网、美团网、聚划算为代表的团购网站拥有的产品不仅可以单项出售，同时还可以简单组合各类产品，使消费者达到一种超市自选的效果。这一优势对热爱旅游的网购爱好者来说可谓是强大吸引力。当然，凡事都有利弊。对于还很年轻的团购网站来说，复杂繁琐的交易程序成为它的致命要害。纯机化操作的网站，无法满足国内长线旅游和国际出境旅游的各项要求，远途游客还需经过人工办理这一流程方可完成旅游计划。

团购网站的兴起只是近两年的事情，不过确实对传统旅行社和在线旅行社起到了阻击的作用，尤其在单项产品方面：景区门票、酒店促销、“机票＋酒店”等等产品在团购渠道上取得了令人瞠目的成绩，以无法想象的速度超越其他的销售渠道。虽然这些成绩有热钱涌入、疯狂炒作的痕迹，同时一批又一批的团购网站因无法持续发展而消失，但也会留下一些经得起大风大浪的企业，得以继续迎风破浪，驶向成功的岸边，但无论如何都会是单项产品及简单组合类产品的最佳销售渠道。

在线旅行社

目前势头强劲的在线旅行社已在旅游行业掀起不小的波澜，各大旅行社都已在网络上开设“门市”，发布最新产品，公布报价信息，收集反馈内容。面对快捷方便的在线旅行社，越来越多的消费者选择足不出户的订购旅游产品。短途旅游产品和需要人工服务的组合类线路产品都可以依靠在线旅行社轻松完成。但由于产品过于丰富，外加上无空间限制的便利条件，导致用户点击率极高，使得呼叫中心无法满足全部服务内容。

从途牛旅游网、同程旅游网、悠哉旅游网发展态势来看，在线旅行社随着电子商务的发展和人们消费习惯的逐步转变，已经成为销售环节中不可或缺的一个渠道，因为提供了传统旅行社无法展现的图片、说明、攻略等等，再加上呼叫中心和在线支付的有力帮助，在线旅行社的优势非常明显，尤其在散客时代来临的当下，在线旅行社以其特殊的优势，在未来销售渠道中一定能够成为主要力量。

传统旅行社

有领队，有计调，有导游，有门市，有一切实体的、现实存在的旅行社的旅游业是我们最早接触的旅游窗口。在那里有面对面的服务，有超强的品牌和专业的功底，从企业名称到企业文化，所有细节都可向游客展示自己真实存在的品牌。但在以“快”著称的二十一世纪，这样的传统旅行社无法全面兼顾小、快、灵的作战需求。一方面给人踏实的感觉，另一方面承受着退化的指责。就这样，以国、中、青旅、神舟国旅、康辉国旅为代表的传统旅行社在矛盾的声音中坚挺着。

传统旅行社存在了几十年，在市场上有着不可动摇的地位，超强的品牌在广大游客中占据了很大的位置，还有就是操作大型团队、会议的经验及比较专业的操作是团购网站和在线旅行社目前无法比拟的，而且传统旅行社在资源方面的优势也会随着国有资本的进入逐渐加大，同时也说明传统旅行社是永远都不可能在这个行业消失的。

(信息来源:《旅行社》杂志，http://www.lxsnews.com/2012/0206/1075.html)

分析：从易游假期旅行社郭月晨董事长的文章中可以看出，团购网站、在线旅行社、传统旅行社这三类销售渠道可能会在未来销售渠道中三分天下，占据旅游产品销售数额中很大的比例，且三种销售渠道的优缺点各不相同。实际上，旅游产品销售渠道不止以上三种，还有很多。那么，何为旅游产品销售渠道？旅游产品销售渠道有哪些类型？旅游产品销售渠道的选择策略有哪些？大部分旅游产品销售渠道中涉及旅游中间商，那么该如何选择和管理旅游中间商？旅游产品企业在管理旅游产品销售过程中，除了重视销售渠道之外，还应该从哪些方面着手呢？

基本知识

一、旅游产品销售渠道

(一)旅游产品销售渠道概念

旅游产品销售渠道是指旅游产品经营者、营销者将其产品或服务提供给最终旅游消费者的途径,又叫旅游产品销售分配系统,即旅游产品分销系统。旅游产品的销售渠道组成了旅游企业的经营网络。旅游产品经营者、营销者具体包括旅行社、景区、酒店等旅游企业。本书探讨的经营主体是旅行社,因为在旅游市场中,旅游购买者消费的旅游产品大多是旅行社所提供的包含着吃住行游购娱等要素组成的旅游产品。另外,在旅游市场中,旅行社是最活跃的经营者,与景区、酒店等资源拥有者不一样。旅行社旅游产品销售渠道是指旅行社通过各种直接或间接的方法,将旅游产品转移到最终消费者的途径。

(二)旅游产品销售渠道类型

1.直接销售渠道

直接销售渠道是指旅行社直接将旅游产品出售给旅游消费者,没有任何中间环节或中间商,又称为零环节分销渠道。这是一种最简单、最直接、时间长度最短的销售渠道。旅行社和旅游消费者之间没有任何的旅游企业、代理机构等中间环节介入即达成旅游产品、服务的流通与销售,旅行社直接与旅游消费者签订旅游合同或协议,故也称零中间层渠道。

旅行社采用直接销售渠道一般分为三种操作形式。第一种是旅行社利用自已企业在本地的门市部、分支机构及销售点直接向本地居民或外来旅游者销售旅游产品,这是旅行社企业最基本的产品销售方式,如:外地旅游者来杭州后,直接到杭州某旅行社的门市部报名参加西湖一日游;第二种是旅行社在主要客源地、目标市场区域内建立分支机构、销售网点,现场向当地居民或外地居民销售旅游产品;第三种是旅行社利用电话、传真、互联网预订网络等向旅游者直接销售旅游产品,目前国内经济实力较强的旅行社大都采用互联网直接在线向旅游者销售产品,通过网络招徕客源。

2.间接销售渠道

间接销售渠道是指旅行社通过若干旅游中间商等环节把旅游产品销售给旅游消费者,这是目前我国大多数旅行社采用的销售渠道类型。这里说的旅游中间商主要是指旅游批发商、旅游代理商、旅游零售商,还包括媒介及各种协会和组织。旅行社不直接与游客签订旅游合同或协议,而是通过各种中间商与旅游者签订旅游合同或协议,然后将游客转交给旅行社进行接待。如:某旅行社本身没有西藏旅游产品销售给旅游者,但其向某个在线网络旅游企业购买了该产品后,再销售给旅游者,最后把游客接待给这个在线网络旅游企业。

按照分销渠道所包含的中间环节数量来分类,含有一个中间机构的为单环节分销渠道,含有两个中间环节的为双环节分销渠道,含有三个及三个以上环节的为多环节分销渠道,也可分别称之为一级销售渠道、二级销售渠道、三级销售渠道(见图 2-8-1)。如:我国的国际旅行社通过国外的旅游批发商或旅游零售商销售其旅游产品时,旅行社和旅游消费者之间存在着环节的多与少,也就是分销渠道分类的标准。

零环节分销渠道:接待旅行社—旅游消费者

单环节分销渠道:接待旅行社—旅游批发商/旅游零售商——旅游消费者

双环节分销渠道:接待旅行社—旅游批发商—旅游零售商—旅游消费者

多环节分销渠道:接待旅行社—旅游批发商总代理—旅游批发商—旅游零售商—旅游消费者

图 2-8-1　旅游产品分销渠道

(资料来源:苏英,陈书星.旅行社经营与管理[M].北京:化学工业出版社,2011:116.)

3.两种销售渠道的比较

旅行社销售渠道的选择对于旅游产品的销售起着越来越重要的作用。在选择销售渠道前,要充分了解直接、间接这两种销售渠道各自的优缺点(见表 2-8-1)。在旅游市场中,通常客源地旅行社和经济发达地区的国内旅行社多采取直接销售渠道,旅游目的地旅行社会更多考虑间接销售渠道。

表 2-8-1　直接销售渠道与间接销售渠道的比较

类型	优点	缺点
直接销售渠道	简便:直接向旅游者销售产品,手续简便,易于操作。	市场覆盖面窄,影响力交叉,不利于扩大旅游产品的市场份额,旅行社不可能在所有客源市场开设网点。
	灵活:销售过程中根据旅游者要求对产品进行修改和补充。	
	及时:最新产品可及时送到旅游者面前,占领旅游市场。	
	获得信息:能获得较准确的旅游者和旅游市场信息。	
	成本低:减少中间环节,节省旅游中间商的销售费用。	
	附加值高:可推荐销售旅行社其他产品。	
	提升形象:有利于树立、提升旅行社形象。	
间接销售渠道	影响面广:拥有销售网络,能影响广大的潜在旅游者。	存在着一个或多个中间环节,导致销售成本高和提高旅游产品的终端价格,影响销售量。
	针对性强:旅游中间商了解旅游者需求,能有针对性推销。	
	销售量大:旅游中间商具有较强的招徕能力,能批量地购买和销售旅行社的产品。	

知识链接

中西方旅行社销售渠道之比较

北京众信国际旅行社股份有限公司独家提供

我国旅行社与西方旅行社,由于市场机制、旅游需求发展水平以及企业的自身实力和市场营销观念和手段的不同,导致在销售渠道上差异大:一、我国旅行社的销售渠道选择比较单一和狭窄,表现在国内业务一般采取直接销售渠道,但由于利用现代信息技术较少,直销力度效果较差,没有形成自己的竞争优势。在国际业务上采取间接的广泛性销售渠道,对于海外中间商有两种选择:一类是经营许多旅游目的地或者是兼营输出和输入客源业务的大旅行社;一类是专门经营中国生意的中小旅行社。但往往我们没有最佳的选择优势,对于这两种选择需要我们取舍得当。而西方旅行社的选择十分广泛灵活,它的旅游批发商选择销售渠道时十分谨慎,不断根据外部和自身的条件而变化,一般有实力选择最有利的零售代理商,而零售代理商的专业化经营也为供求双方同时节约了成本,同样具有选择的优势。并且较大的旅行经营商往往采取直接销售和间接销售并重的销售渠道策略。往往这些企业实力雄厚,直销效果较好。同时在间接销售上,销售方式也具有多样性,并且它涉及的中间商较多，关系较为密切，形成互相支持的优势。二、我国旅行社之间缺少良好的配合，它们之间缺乏双方合作销售的那种相对稳定的市场契约关系，呈水平一体化趋势，大多形成过度竞争的局面，使整个旅游市场呈现“小、弱、散、差”的特点，集中化程度不高。而西方旅行社之间的合作较为密切，以垂直分工体系为主，形成纵向一体化旅游企业集团。连锁旅行代理商的发展迅速，形成全方位的紧密联合。大的旅游批发商以其雄厚的资金技术优势，不断扩大自己的规模，形成生产、批发、零售一体化，形成自己的直销优势，从而控制整个旅游产品的销售渠道，实现销售渠道最短化。

因此，我国旅行社要实现渠道的优化、整合与提升，使之与市场经济发展相适应，与游客的多变需求相适应，与企业的发展目标相适应。具体对策如下：

第一，销售渠道的专业化。现在，国内旅行社在发展国内游时，多采取直接销售渠道，即自己调研、开发、销售旅游产品，这对于大型旅行社、旅游集团而言是可行的，但是对于众多中小旅行社而言，则需要花费众多人力、物力及财力。因此，对于众多中小旅行社而言，可以效仿西方旅行社走渠道专业化的道路，选取专业的中间代理商委托其进行销售，值得注意的是中间代理商选取应当经过严格筛选；将上游研发项目进行外包，减少旅行社的成本开支，或与其他旅行社合作，共同研发。

第二，扩展销售渠道宽度。渠道的宽度即是根据每一层级渠道中间商的数量来定义的一种渠道结构，受到产品的性质、市场特征、用户分布以及企业分销战略等多种因素的影响。旅行社扩展销售渠道宽度的方式主要有：通过自身实力的扩大，在不同的地域、城市发展门市，拓宽自身的销售渠道；与实力强大的中介进行联合，借用他们的销售渠道，如与携程网签订合作协议，依靠其销售渠道，但是要特别提醒的是这种销售渠道需要付出一定比例的佣金，比较适合缺乏资金、自己无法创建独立销售渠道的中小旅行社。

第三，拓展网上直销渠道。随着经济不断发展，科学技术不断进步，互联网已经走进千家万户，许多酒店纷纷采取网上预定销售，旅行社为了迎合这种变化，纷纷制作了本公司的网页。但是值得注意的是，大多数旅行社只将网页定位于介绍旅行社基本情况，而忽视了对网站的及时更新及产品销售。一方面，通过网上直销渠道能减少中间环节，利于旅行社利润的增加；另一方面，在网上销售的同时，应当注重加入体验元素，这与旅游产品的无形性、生产销售同一性是分不开的，通过虚拟旅游元素，使游客对旅游产品的感性认识增强，促使其将潜在旅游欲望转化为实际行动。

第四，树立营销战略观念。虽然我国旅游消费市场与国外旅游发达国家相比仍存在很大差距，特别是外商准入条件放开之后，对我国旅行社业将带来极大冲击，将改变我国旅行社业现有结构。因此，旅行社应当树立营销战略观念，用营销战略观念引导旅行社渠道的优化、整合与提升，坚定服务于消费者的思想，渠道的选择紧随消费者消费需求的变化。

当然，中西方旅行社在销售渠道上还是有一定相同点的：两者都是直接销售渠道和间接销售渠道并用，只是侧重点和收到的效果有差异而已；两者都希望达到销售环节最少化，并不断往这个方向努力着；不可否认，两者的销售渠道选择都受到了现代信息技术发展的影响。

西方旅行社的销售渠道发展趋势：一、随着旅游者需求的多样化和其本身的个性化，西方旅行社的销售渠道会不断随着这些变化而改变，在实力允许的前提下，旅游经营商以直销作为其最佳销售渠道，努力使其销售渠道最短化，直接为顾客提供服务，最大限度地满足顾客的个性需求。二、旅行代理商更多地会趋于连锁，以壮大实力，面对挑战，他们需要灵活机动，富有革新精神，跟紧时代步伐，充分利用新技术所提供的新的促销工具，以最佳成本和最佳方式为顾客提供服务，从而在竞争中保持优势。三、现代信息技术的发展，使得旅行社更多地会利用计算机网络来进行促销，销售渠道将更加的人性化，选择也将更为广泛。

中国旅行社的销售渠道与西方旅行社的销售渠道相比存在一定差异，但随着外资旅行社的加入，先进管理理念的引进，信息技术的发展，它的发展趋势为：一、随着旅行社集团化市场化的发展，我国旅行社将有实力放弃广泛性销售渠道策略转而采取选择性渠道销售策略，企业之间合作关系也会更为稳定。二、经过合理改进现有销售渠道，更多地利用先进的信息技术手段来实现销售渠道的最优化，逐渐实现销售环节最少化倾向和销售渠道的短宽化。

（资料来源：《旅行社》杂志. http://www.lxsnews.com/2012/0521/1242.html）

（三）旅游产品销售渠道的选择策略

旅游产品销售渠道的选择策略是指，在旅游市场中，旅行社为了实现销售目标，在面对直接和间接两种销售渠道时，如何选择、设计、组合出最优销售渠道的管理过程。旅行社对于旅游产品销售渠道的选择策略的出发点和目标点是要保证旅游产品能及时到达旅游目标市场，而且渠道效率高，销售成本少，能取得良好的收益水平。旅游产品销售渠道的选择策略，实际上包含两个层次的问题：一是选择直接渠道还是间接渠道的问题；二是两种渠道如何结合、组合的问题。在旅游市场中，目前形成了四种旅游产品销售的渠道策略供旅行社选择。

1. 直接销售渠道策略

直接销售渠道策略是指旅行社采取直接销售渠道向旅游者销售旅游产品的一种渠道策略。直接销售渠道的优缺点已在上述篇章中论述过。总之，其特点是中间没有销售环节，利润一概归己，在客源地和目标市场设立办事处、门市部或旅行社，会耗费较多的人力、物力、财力。由于与客源地和目标市场旅行社缺乏合作，容易树立更多的竞争对手。可供旅行社选择的间接销售渠道策略有以下三种。

2. 广泛性销售渠道策略

广泛性销售渠道策略是指旅行社以广泛委托各地旅行社及在线网络旅游企业或其他渠道的形式销售旅游产品、招揽旅游客源的一种渠道策略。在旅游市场中，具体表现为：经营国际旅游业务的旅行社通过旅游批发商把产品广泛分派到各个零售商，以便及时满足旅游者需求；经营国内旅游业务的旅行社广泛委托各地旅行社销售产品、招揽客源。广泛性销售渠道策略是一种以建立广泛而松散的销售网络为手段，扩大产品销售量的分销渠道策略。其目的是建立一个由大量旅游中间商组成的销售网络，故又称为密集型销售渠道策略。在这个网络中，旅行社与其合作伙伴达成协议，由后者向前者提供客源，前者根据协议和销售情况给予后者报酬。

旅行社采用广泛性销售渠道策略的优点有：其一，由众多旅游中间商组成的销售网络扩大了产品的销售覆盖面，有利于旅游者的购买，特别是在旅游业发达的国家和地区，人们外出旅游频繁，及时、方便地购买到旅游产品是一种需求；其二，旅行社由于有广泛的销售渠道，有利于加强同广大旅游者及潜在旅游者的联系，能树立起旅行社在广大旅游市场上

的形象；其三，由于旅行社在客源市场中有广泛的旅游中间商在销售自己的旅游产品，有利于旅行社发现理想的中间商进行选择再进行合作，即有利于旅行社降低经营风险。

旅行社采用这一策略也有如下缺点：其一，成本高。旅行社同客源地大量旅游中间商保持联系和业务往来，是以花费大量的通信费用和其他渠道、销售费用为代价的，提高了旅游产品的销售成本；其二，合作关系不稳定。旅行社与其旅游中间商之间不存在严格的相互约束关系，旅游中间商可以向同类旅行社的竞争对手提供客源。双方往往会根据各自获利的大小来决定是否继续合作，这样容易导致旅行社产品的销售量不稳定。其三，由于旅游产品过于分散和客户的流动性大，难以建立稳定的销售网，同时也给客户管理增加困难。

采用广泛性销售渠道策略的旅行社，一般是指实力强大、产品供应能力强、接待能力强的旅行社。适用于旅行社即将开辟一个新的旅游市场的阶段，适用于旅行社销售客源比较分散的大众旅游产品。

3. 专营性销售渠道策略

专营性销售渠道策略指旅行社在一定时期、一定地区内只选择一家旅游中间商销售本企业旅游产品的一种渠道策略，也称独家型销售策略。旅行社所选的旅游中间商通常是一家经验丰富、信誉高的旅游企业，作为旅行社在一个客源市场内的独家代理或总代理。旅行社只向该旅游中间商提供本旅行社的产品，该旅游中间商则只向本旅行社提供客源，双方均不能在当地同对方的竞争对手进行业务往来。

专营性销售渠道策略的优点如下：其一，销售成本低。由于旅行社只与客源市场内的一家旅游中间商产生业务关系，其通信、业务谈判等旅游产品销售方面的费用相对于广泛性销售渠道策略减少了很多，可以对旅游中间商活动费用和渠道费用进行控制，这些都有利于销售成本的降低。其二，合作关系稳定。专营性销售渠道策略对双方都有较强的约束力，彼此间的经济利益等利害关系比较一致，为了趋同目标，合作关系比较稳定，也容易激发中间商提高销售旅游产品的积极性和更好地为旅游者服务，也便于旅行社对旅游中间商的业务管理。

专营性销售渠道策略的缺点如下：其一，市场覆盖面窄。这种销售渠道策略要求旅行社在一个旅游市场内只能选择一个合作伙伴，无法与该旅游市场内的其他旅游中间商合作，旅行社产品的业务量、销售量直接受到合作旅游中间商经营能力的严格限制，不利于旅游产品的扩大销售；其二，风险大。采用专营性销售渠道策略的旅行社，完全依赖其旅游中间商在客源市场上销售旅游产品，一旦中间商选择不当或经营失误或发生变故，旅行社可能会蒙受一定的经济损失或失去一部分市场或失去全部客源市场，甚至全军覆没。

专营性销售渠道策略适用于旅行社开辟新市场之初或旅行社某种旅游产品在客源地客源不充足、游客较少之时，还适用于推销某些客源层比较集中的特殊旅游产品以及品牌知名度和美誉度高的豪华型旅游产品。如：目前我国经营妈祖旅游产品的旅行社面向台湾、东南亚等旅游市场提供的包价旅游产品，基本采用这一策略进行销售。

4. 选择性销售渠道策略

选择性销售渠道策略是指旅行社在一个旅游市场中选择少数几家不同旅游中间商作为合作伙伴进行销售的渠道策略。所选中间商通常是经济实力、组团能力、市场营销、市场声誉等方面都具有一定优势的旅游中间商。故，选择性销售渠道策略也称精选型销售渠道策略。如：凤凰旅游产品在张家界市场中，多由张家界环球国旅、张家界康辉旅行社两家旅行社进行销售。选择性销售渠道策略取了广泛性销售渠道策略和专营性销售渠道策略的长处而补其短处，这是一种较为理想的销售渠道策略，但其优缺点也是分明的。

选择性销售渠道策略的优点如下：其一，销售成本低。由于分销渠道中的旅游中间商数量较少，旅行社用于销售方面的成本较低，有增加旅行社利润的空间；其二，市场覆盖面宽。选择性销售渠道所接触的旅游者相比专营性销售渠道更为广泛，从而使得旅行社的旅游产品能够在既定的旅游市场中具有较宽的覆盖面；其三，合作关系稳定。选择性销售渠道中的旅游中间商同旅行社的业务往来比较多，双方在旅游产品经营、旅游市场开拓、旅游产品所产经济效益等方面有着共同的利益，因而双方的合作关系比较稳定，信任度相对较高，合作伙伴跳槽现象发生率不高。

选择性销售渠道策略的缺点如下：其一，实施难度大。大部分旅行社产品在市场中经常处于买方市场，旅行社寻找理想的旅游中间商伙伴难度相对较大；其二，具有一定风险。旅行社一旦对旅游中间商选择不当，不仅可能会影响到相关旅游产品的销售，还会造成丢失旅游市场份额和失去占领旅游市场的机会。

当销路稳定、利润增长时，旅行社通常会采用选择性销售渠道策略。另外，旅行社经营专业性强、成本较高的旅游产品时，也通常采用选择性销售渠道，如探险旅游、环欧洲旅游等。选择性销售渠道策略的成败关键还是旅游中间商的合作。对旅游市场中的不同旅游中间商，在合作前要多方面考察。对于合作中，发现那些信誉差、付款不及时、发团量有限、合作不好的旅游中间商，旅行社应与其终止合作。

信息链接

分析世博会门票销售的渠道有哪些？

一、世博会园区购买点

2010年5月5日起，可在世博会园区现场购买当日票和夜票。购票点分布在白莲泾、高科西路、长清北路、上南路、后滩、鲁班路、西藏南路、半淞园路、马当路、东昌路水门等十个出入口。

二、营业网点现场购买

由中国移动（服务热线：10086）、中国电信（服务热线：114）、交通银行（服务热线：95559）、中国邮政（服务热线：11185）提供的各网点销售平日普通票、平日优惠票、指定日普通票、指定日优惠票、3次票和7次票等六种门票。

三、上海世博会门票销售指定代理商

在中国香港、日本、中国台湾、中国澳门、澳大利亚、新西兰、美国、加拿大、新加坡、印尼、马来西亚、文莱、德国、瑞士、列支敦士登、法国、越南、泰国、韩国等19个国家和地区，由19家代理商提供个人门票销售和世博游团队组团服务。

(1)香港地区总代理：香港中国旅行社有限公司。

(2)日本地区总代理商：株式会社JTB。

(3)台湾地区指定代理商：台湾中国旅行社。

(4)澳门地区指定代理商：澳门中国旅行社股份有限公司。

(5)澳门地区指定代理商：新新丽华旅行社有限公司。

(6)大洋洲地区指定代理商：澳洲中国旅行社有限公司。

(7)美国地区指定代理商:恒信百利佳集团。

(8)加拿大地区指定代理商:天宝旅游公司。

(9)新加坡、印尼、马来西亚和文莱地区指定代理商:大通旅游(新加坡)机构有限公司。

四、世博游团票大陆指定旅行社

全国各省、区、市共设有47家世博游指定旅行社,销售普通团队、学生团队的世博旅游产品。

(1)北京:中国国际旅行社总社有限公司。

(2)四川:四川康辉国际旅行社有限公司。

(3)内蒙古:内蒙古中国旅行社有限责任公司。

(4)吉林:吉林省中国青年旅行社。

(5)安徽:安徽中国青年旅行社有限责任公司。

(6)福建:福建省中国旅行社。

(7)河南:河南旅游集团有限公司。

(8)广西:广西壮族自治区中国旅行社。

(9)江苏:无锡市中国旅行社有限责任公司;江苏海外旅游有限公司;江苏舜天海外旅游有限公司;苏州市科技旅行社有限公司。

(资料来源:http://www.chinanews.comexponews - 05-05/2262595.shtml.笔者略作修改)

二、旅游中间商的选择与管理

(一)旅游中间商的类型

目前,我国旅游市场中的旅行社在旅游产品销售渠道的选择上,广泛采用间接销售渠道。这就必然涉及对旅游中间商的选择与管理,而选择好、管理好旅游中间商直接决定着间接销售渠道策略的成败。旅游中间商是指介于旅游产品生产者与旅游消费者之间,专门从事销售旅行社产品的中介组织或个人,是旅游产品分销链条上的链接环,链接旅游产品的生产者和旅游消费者。在旅游市场中,根据旅行社企业的上下游关系和经营活动的时间先后,旅游中间商大致划分为旅游经营商、旅游批发商和旅游零售商三大类。

1.旅游经营商

旅游经营商是指以组合及批发包价旅游产品为主要业务,兼营旅游产品零售业务的旅行社。在旅游业中,旅游经营商相对于旅游批发商、旅游零售商是上游企业,它在深入研究旅游市场和准确掌握旅游趋势后,再根据旅游者的需求,设计和组合出各种包价旅游产品,直接或间接地出售给消费者。具体来讲,旅游经营商是指既通过自身的零售机构从事旅游产品销售,也通过其他旅游代理商或旅游零售商向旅游者销售其设计或组合的旅游产品的旅行社。旅游经营商一般具有经济实力相对雄厚、经营规模相对较大、优秀人才聚集相对较多、社会联系相对广泛等特点,它不仅同境外的旅游公司有业务联系,同境内特别是本地旅游批发商、旅游零售商等也保持着密切的联系。

2.旅游批发商

旅游批发商是指专门从事各种旅游产品的组合,然后通过零售商网络或航空公司向公众进行推销的旅行社。旅游批发商作为一个专门的销售企业,事先组合好完备的旅游产品，由其下属销售处或作为零售代理商的旅行社将旅游产品销售给团体或个体旅游者。旅游批发商在组合旅游产品时，通常以旅游市场需求为对象，从不同旅游生产者处购买大量的旅游产品，如旅游资源(景区景点)、交通运输、旅游饭店客房、旅游餐饮产品、旅游购物点等，然后把这些单项旅游产品或服务经过加工组合成各种不同报价的包价旅游产品，以一定的价格和一定的批量销售给下游旅游中间商，再由下游零售商等中间商转卖给终端旅游消费者。在旅游产品销售渠道中，旅游批发商上游连接着旅行社产品生产者，下游连接着旅游零售商或其下属销售处。

在旅游市场中，大部分旅游批发商是以自我为主导组合旅游产品，也有一些旅游批发商是直接从上游旅行社生产商处直接购买已经组合好的旅游产品。如：东南亚某家旅游批发商要经营我国华东包价旅游产品，首先由我国华东某家旅行社通过谈判将相互协商、相互认购且已经组合好的旅游线路卖给这家国外旅游批发商，再由批发商专门负责印发宣传资料给各个零售商，并委托零售商向旅游者出售，然后将各地零售商招揽的旅游消费者汇集组团，送达我国华东进行旅游。旅游批发商和旅游经营商的差别很小，在欧美一些国家，两者是等同的。两者的不同之处在于批发商不直接向旅游者出售产品，旅游经营商除了通过零售业务的中间商将旅游产品出售给旅游者外，还通过自我体系的零售网络直接向旅游者销售各种包价旅游产品。在我国，实力较强的旅游批发商销售产品和销售网络都较宽和广，实力规模较小的旅游批发商一般只经营特定旅游市场的专项旅行社产品，如休学旅游、亲子旅游、银发旅游等。

3. 旅游零售商

旅游零售商是指从事旅游产品零售业务，直接面向广大旅游者销售旅游产品和提供旅游咨询等旅游服务的组织或个人。其特征是从旅行社产品生产企业或旅游批发商处代理旅行社产品，再以零售价格出售给旅游者，故又称旅游代理商。旅游零售商作为旅游经营商或旅游批发商的下游企业，介于旅行社产品生产者与旅游者之间。它扮演着双重身份，既代表旅游者向旅游经营商或旅游批发商购买产品，又代表旅游经营商或旅游批发商向旅游者销售产品。它可以是独立的旅游企业，也可以是某一经营商或批发商的下属机构。

旅游零售商作为一个服务性企业，在销售旅游产品过程中，不会涉及购买旅行社产品的所有权，而是以销售额的一定比例返还的佣金或返利作为销售条件的。在实操中，旅游零售商不仅有权代表旅游经营商或批发商签订旅游产品买卖协议，而且有权制订与调整旅游产品营销组合方案。旅游零售商不承担因旅游产品销售不出去而产生的损失，其代理的积极性高低主要取决于从代理销售中所得到的佣金多少。在实操旅游市场中，大多数旅行社营业门店、经营网点或个人往往通过客人的需求，在旅游市场同业系统中去寻找能够提供相应旅游产品的旅行社产品生产者或旅游批发商，使之充当旅游零售商的角色。总体而言，旅游零售商一般组织规模小、网点广泛分布、网点人员少，既可以起到方便旅游者购买的作用，也起到将旅游者、旅游市场的变化等情报及时反馈给旅游经营商或旅游批发商的作用。

(二)旅游中间商的选择

旅游中间商作为旅游产品从生产者到旅游消费者的分销链条上的连接环，对于旅行社而言，能否选择到合适的旅游中间商关系到旅行社经营活动的成败。通常而言，旅行社选择旅游中间商的流程是：先明确自我的目标市场、建立销售网络的目的、旅游产品的需求状况和销售渠道策略；再通过查阅专业刊物、参加国际旅游博览会、派遣考察团、向旅游中间商寄送信息资料或旅游接待服务等渠道主动寻找旅游中间商，进行详细的调查、分析与质量评估，做到“胸中有数”；最后，待时机成熟时，向旅游中间商明确表明合作意愿。

但在旅游市场中，由于旅游中间商众多、类别不一，规模实力、地理位置、目标市场、营销实力、偿付能力、信誉程度及合作意愿等方面不尽相同，故从中选择适合的旅游中间商对于各旅行社而言，是一个重要的课题。一般而言，选择旅游中间商应考虑以下条件：

1.经济效益

旅行社是基于扩大旅游产品的销售和增加利润的目的而选择中间商，故能否以获得一定的经济收益是旅行社选择中间商的首要标准。一般而言，旅行社会通过评估中间商的单位销售费用、销售总额和利润率，估算出中间商的收益。若所评估的是从事零售业务的旅游中间商，所要考虑的就是对方所要求的佣金率或返利。当然，旅行社还会根据自我的实力，在利润大小和风险高低之间进行均衡。一般而言，风险与利润是成正比的。在相同利润条件下，风险最小的销售渠道往往是较为理性的渠道。选择成本相对较低、利润相对较大的中间商往往是旅行社的最高目标和最优理想方案。

2.经济实力

旅游中间商的经济实力主要包括其人力、物力和财力状况，服务质量，销售速度以及开展促销和营销工作的经验和实力等。在这其中，销售速度——中间商能否具有完善的销售网络和能否在较短的时间内把旅游产品销售给消费者，是考察和评估中间商最为重要的标准。当然，经营实力不能完全以企业大小这个权重来评判，应依据相关的统计数据和调查资料精心综合分析、评估，再结合自身的状况，排列出有关中间商的顺序。

3.业务依赖性

旅行社所选择的中间商，存在着经营某一类或多个旅游产品的可能性，造成了中间商对旅行社的依赖度决定了其本身努力的程度。例如：专营或主营我国旅游产品的国外旅游中间商，对我国旅行社具有相当的依赖性，故在推销我国旅游产品时就十分努力。英国促进旅行社、日中旅行社、日中和平旅游公司等就是典型代表。这些专营中国旅游产品业务的中间商大都是中小规模、经济实力不强、销售渠道不够宽、抵御风险能力较弱的旅行社，反过来也印证了其需要努力；同时经营多个国家旅行社旅游产品的海外旅游中间商，对某一旅行社的依赖性较小，但这类旅游中间商一般经济实力雄厚、商业信誉良好、销售渠道宽、抵御风险的能力比较强，也说明了其依赖性。

4.目标市场

旅行社在选择中间商时，旅游中间商的目标市场、客源群体必须与旅行社的目标市场相一致，而且在地理位置上应接近旅行社客源较为集中的地区。在我国，这种趋势表现为：北京、上海、深圳等经济比较发达的地区，组团社数量较多。桂林、三亚、杭州等风景优美或旅游资源较为丰富的地区，地接社的数量较多。在旅游市场中，由于激烈的竞争环境，有选择地进行旅游业务的经营成为一些旅行社的生存发展之道，而旅行社选择好与其有一致性的目标市场的中间商显得更为重要。如：经营教师、大学生旅游业务的批发商，在选择中间商时，通常会寻找主营教师、大学生旅游业务的零售商，且其位置处于学校较为密集的地方。

5. 商业信誉

商业信誉作为企业无形资产的一部分，包括知名度和美誉度。旅行社所选的中间商必须具有良好的信誉，这是旅行社与其合作的前提条件，也是旅行社防范自身经济利益不受损失的保证。重点从中间商的经营历史和履行合同的信誉方面着手了解，一般可从有关银行或咨询调查机构或同行中进行调查，摸清中间商在业务活动中是否守信用，有无长期拖欠应付款或无理拒付应付欠款的历史等。

案　例

中间商恶意拖欠

Q旅行社地处国际上较有影响力的旅游胜地，经过多年的经营，该社已具备了一定的经济实力，不少境外旅游公司都希望与该社建立业务关系。一家境外的K旅游公司却把恶意的眼光瞄向了Q社，经过一番"考察"后，与Q社签订了一份销售协议。根据这一协议，K旅游公司向Q社送团需预付定金、团到后结款。双方签约后，K旅游公司按协议不断小批量送团，在一段时间内K旅游公司显得十分"诚信"，并以此取得了Q社的信任。然而一段时间后，K旅游公司就以小批量形式拖欠但很快又结付团费，Q社也没有在意。随着送团规模的扩大，拖欠团费越来越多。为追讨欠款，Q社经理亲赴境外与K旅游公司进行交涉，对方早有应付的准备，Q社经理最终被K旅游公司以贿赂的方式拉下水，于是拖欠一发不可收，一个好端端的旅行社团被恶意拖欠而濒临破产。

（资料来源：李治. 旅行社经营与管理. 武汉：华中科技大学出版社，2010：110－111）

6. 合作意愿

旅行社与中间商的合作，是一个"你情我愿"双向选择的过程。因此，旅行社在选择中间商时，所选取的对象必须有合作的意愿、兴趣和诚意，才能彼此相互谈判、协作。哪怕旅行社所选定的中间商各方面条件都达到旅行社方的要求，而中间商没有合作意愿，就容易出现"一厢情愿"、望洋兴叹的状况。在旅游市场中，一些中间商是多家同类旅游产品的代理方，故合作诚意就显得更为重要。

旅行社选择旅游中间商，除了上述因素外，还需要从中间商所处的地理位置和旅行社自身的经营目标、竞争对手以及中间商的数量等方面考虑。总之，旅行社选择中间商既是旅游企业的战略决策，更是旅行社开拓分销渠道中的关键一环。只有综合考虑包括以上各方面的因素，做到知彼知己，才能找到匹配的旅游中间商。

（三）旅游中间商的管理

一旦选定销售渠道中的中间商成员，旅行社应该对它们进行持续的管理与激励，以保证它们处于最佳的工作状态。在管理成员的过程中，旅行社必须使中间商相信，作为紧密的经济利益和自我社会价值的实现是彼此通力可以合作取得的。旅行社对旅游中间商的日常管理包括建立客户档案、及时沟通信息、实行优惠激励、实施业绩评估和适当调整客户等五项内容。

1. 建立客户档案

旅行社建立完整的中间商客户档案（见表2-8-2），是日常管理中间商非常重要的步骤之一。客户档案可以按照旅游中间商的地区、类别、名称建立，在客户档案中需要记录每一个旅游中间商的历史和现状、输送旅游者的人数、频率、档次、付款时间、欠款情况等信息，并不断维护更新。旅行社通过对这些信息的综合分析和比较研究后，能够对不同的旅游中间商采取不同的对策。

表 2-8-2 某旅行社旅游中间商档案

中间商名称				注册国别	
法人代表		营业执照编号		业务联系人	
营业地址				电话与传真	
电子信箱					
与我社建立业务关系途径与时间					
我社联系部门与联系人					
客户详细情况					
备注					

（资料来源：李治.旅行社经营与管理.武汉：华中科技大学出版社，2010：112）

2.及时沟通信息

旅行社及时向旅游中间商提供各种完整、准确的旅游产品信息有助于旅游中间商提高旅游产品推销的效果。同时，可以从旅游中间商那里听取旅游者对旅游产品的意见反馈、了解新的市场需求，从而更新或设计更多适销对路、受欢迎的旅游产品。如：松赞干布迎接文成公主入藏之地——四川松潘古城，风景优美，民俗独特，但旅游者很少在此留宿，据成都当地地接社介绍是因为当地海拔较高而容易造成游客高原反应，住宿设施建设不到位，所以通常只做短暂停留。这种通过电话、网络、传真等方法的双向信息沟通方式，还可以起到加强人际交流的作用，深化了彼此的合作关系。

3.实行优惠激励

旅行社通过一定的、有针对性的优惠与激励来刺激旅游中间商的积极性。常用的措施有减收或免收预订金、降低成本价格、联合宣传促销、领队优惠等，最常见的优惠激励措施是折扣策略，即以经济手段鼓励旅游中间商多向旅行社输送客源、调节输送客源的时间或者及时付款，以避免不良债权的重要方法，主要包括数量折扣、季节折扣、现金折扣、同业折扣四个类型。以上四个类型的折扣策略在项目六中已讲述。

4.实施业绩评估

为了能和旅游中间商开展深入、有效的合作，旅行社必须定期检查与评估旅游中间商的业绩，然后根据业绩的评估结果做出相应的决策。评估的标准有旅游中间商的销售总额、销售增长率、旅游者数量、产品市场占有率、对旅游者的服务水平、付款状况、与旅行社制订的产品宣传推广计划的执行程度等。通过对这些信息进行评估，可以掌握每一位旅游中间商的现实表现及合作前景。除了以上体现经营能力的具体指标外，旅游中间商的评估指标还包括积极性和信誉两方面。

5. 适当调整客户

在对旅游中间商业绩评估结束后，对业绩好、贡献大的中间商给予优惠条件或奖励；对于表现不佳的中间商，旅行社应当给予帮助；对于实在无法改善的中间商，旅行社应该置换掉、调整掉，与之终止合作。旅行社除了因中间商业绩不佳或信誉不好而调整中间商客户外，下列情形之一，也需调整旅游中间商。旅游市场发生变化，如市场的供求关系发生变化及旅游市场的微观环境或宏观环境发生变化等；旅行社自身发生变化，如旅行社产品的种类和档次发生变化、旅行社开辟新的市场或扩大产品销售范围及旅行社的客源结构发生变化等。

三、旅游产品销售过程的管理

旅游产品构成复杂，品种繁多，每个团队路线、日程、内容和要求各不相同，还具有小额多批次的特点。一些旅游产品交易程序从开始销售到最后结清账目往往要经历数月甚至一年以上时间，其间可能会发生标准变化、汇率变动、价格变化、投诉索赔等情况，使得交易更加复杂。整个交易要经过许多次函电往返才能达成，且交易手续复杂。面对如此复杂的交易方式和过程，旅行社所生产、提供的旅游产品的销售方式和过程就更为复杂。故为了使旅游产品销售工作顺利进行，避免因销售工作不利而造成丢失旅游市场、旅游者和经济损失。旅行社作为一个服务性企业，对旅游产品销售过程的管理就显得尤为重要。基于企业管理的角度，旅游产品销售过程的主要管理内容有以下三部分：

（一）制定科学的销售工作流程

旅行社所提供的旅游产品有单项服务与报价旅游两大类，其销售过程也不尽相同。但是，一般来说，科学的旅游产品销售流程通常由确定目标受众、制定销售计划、组建销售队伍、选择旅游中间商、提供旅游咨询服务、签订旅游合同、信息反馈处理等主要流程。不同的旅行社针对不同的旅游产品，根据不同的旅游市场，制定的旅游产品销售工作流程也有差异，但只要遵循结构优化、权责分明、操作方便的原则就是科学的销售工作流程。下面以杭州某大型旅行社销售旅游产品的流程和标准为例（见图 2-8-2 和表 2-8-3）。

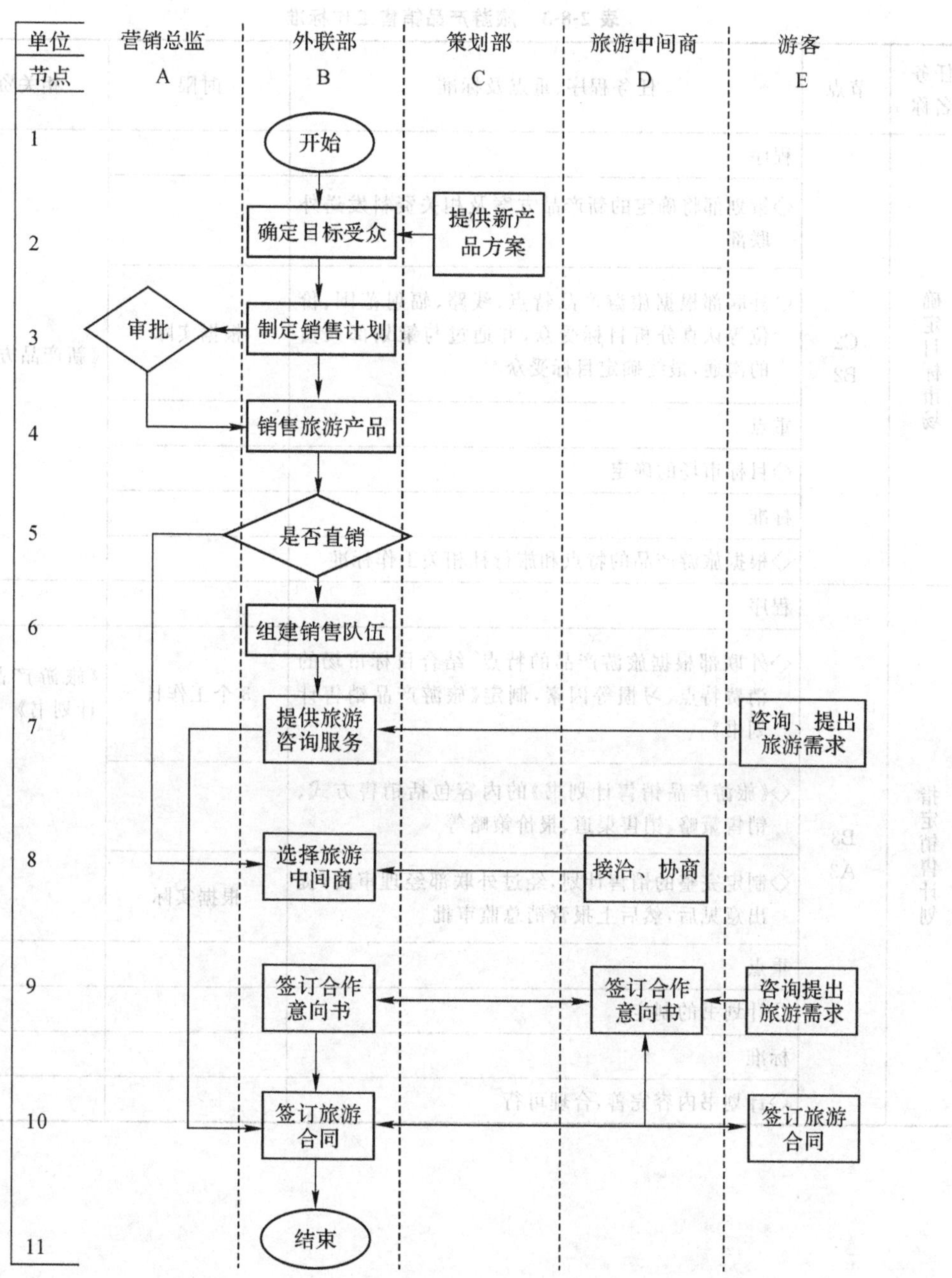

图 2-8-2　旅游产品销售工作流程图

表 2-8-3　旅游产品销售工作标准

任务名称	节点	任务程序、重点及标准	时限	相关资料
确定目标市场	C2 B2	程序		《新产品方案》
		◇策划部将确定的新产品方案及相关资料发送外联部		
		◇外联部根据旅游产品特点、线路、辐射范围、价位等认真分析目标受众，并通过与策划部人员的沟通，最终确定目标受众	根据实际	
		重点		
		◇目标市场的确定		
		标准		
		◇根据旅游产品的特点和旅行社相关工作标准		
指定销售计划	B3 A3	程序		
		◇外联部根据旅游产品的特点，结合目标市场的消费特点、习惯等因素，制定《旅游产品销售计划书》	3 个工作日	《旅游产品销售计划书》
		◇《旅游产品销售计划书》的内容包括销售方式、销售策略、销售渠道、报价策略等		
		◇制定完整的销售计划，经过外联部经理审阅，提出意见后，然后上报营销总监审批	根据实际	
		重点		
		◇计划书的制定		
		标准		
		◇计划书内容完善，合理可行		

续表

任务名称	节点	任务程序、重点及标准	时限	相关资料
旅游产品销售	B4 B5 B6 B7 B8 B9	程序		
		◇《旅游产品计划书》经过营销总监审批后，由外联部经理组织旅游产品的销售工作	根据实际	
		◇若是旅行社自行销售，则外联部组建相应销售队伍，或者将销售任务下发到个相关经营部门及门市，直接面向旅游需求者，进行业务洽谈、销售，为客户提供旅游咨询服务		
		◇若是选择间接销售，则外联部派员，收集旅游中间商的信息资料并对其进行评估，双方洽谈合作事宜；经过与中间商的接触，合作条件对比、信誉评估等工作流程后，选定合作的旅游中间商，在双方协商达成一致的意见后，签订合作意向书		
		重点		
		◇不同方式的旅游产品销售		
		标准		
		旅行社的相关规定；效果最大化		
签订旅游合同	B10 D9 E10	程序		《旅游合同》
		◇若是直销，则外联部人员(门市)与旅游需求者进行沟通、协调，最终签订《旅游合同》；按照合同规定提供优质服务	根据实际	
		◇旅游中间商通过自己的销售渠道进行旅游产品销售，为旅游需求者提供旅游咨询，经过双方洽谈协商，签订《旅游合同》，并根据与旅行社签订的合作意向书中的相关规定履行职责并进行结算	根据实际	
		重点		
		◇签订《旅游合同》		
		标准		
		◇依据相关法律规定及旅行社的相关规定		

（二）建立旅游销售合同制度

旅行社在管理旅游产品销售的过程中，除了制定科学的销售工作流程外，还需要建立、落实销售合同制度。它既是旅游产品销售工作的最终反映，更是旅游产品销售工作最终落到实处的保障之一。旅游销售合同是买卖双方为达成旅游交易所签订的协议或契约，是用来调整旅游经济关系的一种法律形式。它明确了合同双方的权利和义务，规范了旅游企业的经营行为，从根本上将旅游产品销售过程纳入法制化轨道。

基于旅行社角度，从广义上讲，旅游销售合同主要包括三大类：一是旅行社与旅游者就旅游接待服务内容和服务标准所订立的合同；二是旅行社与旅游中间商就旅游接待服务内容和服务标准所订立的合同；三是旅行社与旅游服务供应单位为确保旅游供应服务和供应标准所订立的合同。本章节主要探讨的是旅行社与旅游者所订立的旅游销售合同。

1. 签订旅游销售合同的一般步骤：

(1)销售人员对旅游产品、线路中的住宿、餐饮、交通工具、游览景点、旅游价格等项目、标准作细致的说明和解释。

(2)消费者有意愿与该旅行社合作，与销售人员进行充分协商，商谈出游的具体事宜。

(3)双方达成一致意见，经相关责任人批复后，销售人员领取旅游合同。销售人员在领取旅游合同之前，要熟悉国家旅游局的规范合同文本、当地旅游管理部门和工商部门制定的地方性旅游合同文本。要能够掌握合同的全部详细条款，并能深入浅出地解释相应法律、法规知识。

(4)本着双方自愿的原则，签订旅游合同。签订旅游合同时，需要如实告知旅游者所参加的旅游线路、出发及返程日期、团队人数、全程使用的交通工具、接待服务标准、对游客特殊要求的处理结果、证件(身份证、军官证、护照、户口本等)收缴最后期限、付款方式及时间、双方违约责任等，并得到旅游者的确认。签约时加盖公司印章及签写上经办人的姓名、旅游者签名及有效证件号码和联系方式。

(5)提醒购买旅游意外保险(客人自愿原则)，以做好风险防范，合同一式两份，将旅游合同副本交给游客，并同时附加盖公章的旅游行程。合同签订好后如需要更改合同内容，一定要有文字记录和旅游者签名。

(6)旅游者交纳旅游团款，旅行社出具正规的收款发票。

(7)销售部门或销售人员及时督促有关部门(计调、导游)落实旅游合同。

(8)旅游合同归档(每一份旅游合同应附有旅游行程复印件，客人签字的旅游出行须知，地接社或批发商的回复确认件，为客人购买的旅游意外保险的回复确认件；如果是出境旅游合同，还应视相关国家的签证须知加附客人收入证明等文件)。

知识链接

《旅行社条例》中有关旅游合同签订的规定

《旅行社条例》第二十八条规定：旅行社为旅游者提供服务，应当与旅游者签订旅游合同并载明下列事项：

(一)旅行社的名称及其经营范围、地址、联系电话和旅行社业务经营许可证编号；

(二)旅行社经办人的姓名、联系电话；

(三)签约地点和日期；

(四)旅游行程的出发地、途经地和目的地；

(五)旅游行程中交通、住宿、餐饮服务安排及其标准；

(六)旅行社统一安排的游览项目的具体内容及时间；

(七)旅游者自由活动的时间和次数；

(八)旅游者应当交纳的旅游费用及交纳方式；

(九)旅行社安排的购物次数、停留时间及购物场所的名称；

(十)需要旅游者另行付费的游览项目及价格;

(十一)解除或者变更合同的条件和提前通知的期限;

(十二)违反合同的纠纷解决机制及应当承担的责任;

(十三)旅游服务监督、投诉电话;

(十四)双方协商一致的其他内容。

《旅行社条例》第二十九条规定:旅行社在与旅游者签订旅游合同时,应当对旅游合同的具体内容作出真实、准确、完整的说明。旅行社和旅游者签订的旅游合同约定不明确或者对格式条款的理解发生争议的,应当按照通常理解予以解释;对格式条款有两种以上解释的,应当作出有利于旅游者的解释;格式条款和非格式条款不一致的,应当采用非格式条款。

2.旅游销售合同的签订要点

(1)明确酒店标准

旅游合同中应尽可能明确酒店的硬件规格及餐饮标准,将"住宿安排及其标准"细节化。

(2)明确交通工具

旅途中的每一段行程,明确约定交通工具的种类、档次或具备的功能。例如,约定大巴的品牌、型号、有无空调、多少座位等;约定航班时间、舱位等级。

(3)明确游览内容

旅游合同中应约定游览的景点数量及名称,标明门票价格、是否含二道门票、游览时间等。签订时还应将旅行社所做的广告、所提供的行程单等承诺作为合同的附件,以免产生纠纷。

(4)明确购物次数和每次购物时间

《旅行社条例》中规定不允许旅行社要求游客参加自费项目或强行购物,但实际情况中旅行社往往会向游客推荐一些"自费"或"自选"项目,这些推荐的内容和价格也必须在旅游合同中予以明示。购物方面应明确购物的次数、购物点名称和各个购物点的逗留时间。对于未在合同上明示,旅行社或导游在行程之外擅自增加的购物或游览活动,游客有权拒绝参加。

(5)明确观光娱乐景点及停留时间

旅行社门市工作人员应事先与旅游者说明旅游目的地有哪些观光娱乐点,是否自费项目,并如实介绍收费标准等。

(6)关注约定"补充条款"

旅游合同的最后往往会有"补充条款"一栏,以供双方对未尽事宜加以补充。需要约定补充条款的情形有:对于模糊不清、表述不明的条款要在补充约定中注明其真实意思;对于有特殊要求的游客,可就特别事项与旅行社另行约定补充条款,以作为合同的一部分,并将补充条款附于合同之后,表述要明确和翔实。

(7)明确旅游价格

签订合同时应明确旅游价格。旅游价格应尽可能地在合同上表达得具体、详细,要将各项交通费、各住宿点的食宿费用、景点门票费、导游费等如实地在合同上详细注明。对于旅游费用之外的各项费用，如燃油附加费、机场建设费、签证费、港务费、景区第二门票、古城保护费、环保车费、缆车费等也应要求旅行社在合同中明示。

案　例

某单位集体报名参加XX旅游团，签合同时在“乙方”的位置上填了“某某等26人”，但未在“补充条款”内注明26人的全部姓名。旅游结束后，其中一人要求赔偿，但是遭到了XX旅行社的拒绝，理由是质疑这位旅客是否在这26人之列。因为合同“补充条款”的不详细，该位游客只能“忍气吞声”，不能进行索赔。

（资料来源：韩振华.门市服务[M].北京：高等教育出版社，2010.）

（三）加强对销售人员的管理

任何一家旅行社针对旅游产品销售过程的管理，无论其销售流程和制度多么科学和完美，最终工作的完成都是依赖于旅行社销售人员或工作人员。故重视和加强对旅行社销售人员的管理，是任何一家旅行社必做的功课。一般而言，需要从以下四个方面着手努力：

一是要选择适当的销售人员，如派遣推销小组去日本寻找客户时，因日本人重视权威，可请一位行政领导带队，准备好合适、充足的销售资料以寻找合适的旅游中间商开拓发展旅游市场；二是通过培训不断提高销售人员的业务素质，以提高销售人员的业务技能和工作效率，培养他们良好的服务态度和工作责任心；三是明确业务人员的责权利；四是通过制度增强销售人员的责任心，并制定发挥销售人员积极性的措施，来提高旅行社产品的销售质量。

信息链接

旅游业销售人员的管理和培训

旅游业销售人员的现状

旅游业作为服务业中一个传统而又富有活力的产业，在国内近十几年来取得了突飞猛进的发展，其创造的利润及在服务业中占到的比重也在不断增加。它所体现的经典服务内涵，为经济及服务管理专家所推崇。然而从微观层面看，即使是服务业已相当发达的欧美国家，旅游业仍暴露出某些方面服务水平低下的迹象，在销售人员的管理制度方面不完善尤为明显。如何对其进行系统的管理和培训，从而进一步提升旅游公司销售人员的素质，让销售人员为公司更有效地推广产品，去真正满足现代旅游消费者日益复杂的消费需求，是现代旅游业需要重视的课题。

旅行社的业务实际上是组织旅游和进行旅游服务。旅行社本身是由数量众多的人员组成，分别担任计调、外联、票务、市场销售、门市接待、后勤服务、财务统计、专业和业余的导游及翻译等劳动服务工作。与其他行业类似，虽然旅游业的销售门槛较低，但是进入该行业容易，做精做全却不易。跟其他行业相比，其不同之处在于旅游业作为一种服务性行业很难有一个具体的鉴定标准，因为旅游业许多商品属于无形的体验，就决定了它没有一个数据化的依据去判定其标准，所以对旅游公司而言，就意味着想要获得成功，生产能力的管理和需求管理都是非常重要的，这就对旅行社组织销售人事的管理和培训提出了比一般

企业更高的要求。

实现营销目标，销售人员的管理和培训是关键

很多旅行社都是依赖销售团队向客户提供服务来维系生存和发展，销售团队的表现很大程度上决定了企业的发展。如何对其执行优胜劣汰的同时，又保持企业对员工的吸引力和凝聚力，对于任何企业来说都是一个难题。有一流的管理者，才有一流的旅行社产品销售人员。在合理化管理销售人员的过程中，不能采用放羊式管理，对于所有旅行社产品销售人员来说，每个固定的时间段都需逐级提交本周销售报告及下阶段的销售计划，并且能够按照计划完成旅行社产品的销售业务，使自己的客户满意，为公司创造最大化利润，则将是他及其服务的企业能否成功的基础。

由于旅行社内高层销售人员相对稳定，而低层销售人员的流动性很大，因此对低层销售人员进行培训也是相当重要的。目前有些旅行社对销售人员的培训主要集中在旅游产品专业知识以及基础的销售技巧上，当谈到旅行社的价值观时，则只是空洞地说一些放之四海而皆准的行为和道德准则，丝毫看不出来眼前所讲的和自己未来计划有什么关联。但经过培训后的旅行社销售业务员，可能会使用各种武器进行销售，但是他自己以及公司发展的方向又如何呢？我们应该增强与基层销售人员的沟通，让他们不但明白自己的销售状况，还清楚公司的现状以及长短期发展的方向，这样才能让这些员工更好地理解其个人的销售目标，为他们的成长创造条件。

销售人员技能上的培训主要是负责公司产品的销售及推广，根据市场营销计划，完成部门销售指标，开拓新市场，发展新客户，增加产品销售范围，对辖区市场信息的收集及竞争对手的分析，负责销售区域内销售活动的策划和执行，管理维护客户关系以及客户间的长期战略合作计划等。由于旅行社业务淡、旺季分明，因此在淡季要妥善安排销售人员的知识业务培训，旺季社里才有可能抽调更多的合格销售人员，扩大接待量。此项特点也为旅行社管理提出了新的要求：如加强公关，疏通渠道，争取旺季能获得更多的出票能力；而全年都应该见缝插针地组织销售人员摸情景点情况，设计开发新产品线路，加强对外促销宣传等。

建立完善的销售经营体系

旅行社本身基础脆弱，反应敏感，易受外界各方面环境变化的影响，而国际市场竞争的趋势又促使旅行社必须要迅速地向规模巨大化、市场多元化、资金雄厚化的强实力方向发展。这就要求旅行社管理必须强化，尤其是对销售人员的管理。对销售人员合理化管理及对其进行针对性培训，并建立健全的销售经营体系，将有利于旅行社各部门的有效运作。由此看来，旅游公司内部管理的完整性以及开发产品的及时性，更是企业利润增长的保证！

（资料来源：《旅行社》杂志. http://www.lxsnews.com/2013/0602/2802.html）

能力训练：旅游产品销售渠道的选择

训练目的：

掌握旅游产品销售渠道的类型

内容与要求：

以小组为单位，合理分工，模拟销售之前设计的旅游产品，确定销售渠道，画出该项旅游产品模拟销售的流程图。或者走访你所在城市的一家旅行社，调查该旅行社的某项旅游产品销售渠道有哪些？

思考题

一、名词解释

1. 旅游产品销售渠道

2. 旅游中间商

二、简答题

3. 旅游产品销售渠道有哪些选择策略？

4. 旅行社应如何加强对旅游中间商的日常管理？

项目九　旅游产品质量管理

学习目标

- 了解旅游产品质量的定义和评价标准
- 掌握旅游产品质量管理的实施和内容

导入案例

宁夏中国旅行社不拼价格比品质

来源：银川日报　2013-06-01　00:00

“旅行社专门配备了安全员，旅游合同签订规范，今年还专门成立了客户管理部……”宁夏中旅营销部负责人方慧说。作为宁夏旅行社的领军企业之一，宁夏中旅积极响应自治区《关于在全区旅游行业开展“旅游服务质量提升月”活动的通知》精神，通过内部的宣传组织、架构调整、人员安排等切实可行的工作，扎实开展旅游服务质量的提升。

“旅行社的核心价值就是服务，而在整个旅行社提供的服务当中，导游又是最关键的。”方慧说。每个进入宁夏中旅的导游都必须首先要认同中旅的服务和管理理念。据方慧介绍，宁夏中旅对导游的管理非常正规，每年会根据实际需要对导游进行培训，年终评先进并且给予奖励；每个月都有例会以及组团社反馈回来的服务质量回访。

除了进行入职培训以外，每一个进入宁夏中旅的新导游都会领到一本带团流程，社里要求，每次接团之前都要像备课一样，按照书上的步骤把所有流程梳理一遍。另外，每年旅行社还会请专家针对怎样提高服务质量进行讲座，带导游到主要的客源地考察，熟悉客源地客人的特点、消费观念等，以便于导游提供更有针对性的服务。

此外，宁夏中旅从住宿、车辆、大交通等各方面进行认真细致的采购、旅游产品的设计、宣传等，从今年年初开始推出了“台湾豪华团”“台湾穆斯林之旅”“尚品港澳7日游”“贵州纯玩之旅”等高端品质旅游团队，受到消费者的好评。宁夏中旅负责人说：“这些品质游线路，价格只比普通线路高几百至一千元左右，但客户享受到的服务却是完全不一样的。所以，提升旅游服务质量，不仅是对客户服务要好，更重要的是设计推出最优质的线路，让客户游有所值。”

（信息来源：银川新闻网 http://www.ycen.com.cn/content/2013-06/01/content_1274110.htm）

分析：旅行社的核心价值就是服务，通过内部的宣传组织、架构调整、人员安排等切实可行的工作，实现旅游服务质量的提升。

基本知识

旅游产品质量主要体现在无形要素方面，例如品牌、企业管理模式、销售网络等。对旅游产品来说，企业不仅对服务质量中的硬性指标负责，还要对服务的消费感受负责，而且功能性质量远比技术质量重要得多。

一、旅游产品质量的含义

对于旅游者来说，旅游产品质量的好坏源于整个旅游过程，旅游过程中各个环节的质量都同等重要。正是由于旅游产品的本质是一次经历，对于旅游产品的质量的评定并不完全取决于为旅游者提供产品及服务的旅游企业，最主要的在于旅游者根据自身感受来对其进行的评定。因此，旅游者的感受和评判标准非常重要，也就是说旅游企业要以满足旅游者的需求为第一要务。

一般而言，旅行产品的质量主要由三个方面的内容构成，即产品设计质量、旅游接待服务质量和环境质量。

信息链接

上杭新推四条夕阳红精品线路

（来源：福建旅游之窗　2013 年 08 月 06 日　11:55）

随着老龄化时代的到来和人民生活水平的提高及观念的转变，许多有钱有闲的老年人希望追求精神文化享受，把旅游活动作为晚年生活的重要内容，从而掀起了夕阳红旅游的热潮。近日，上杭县旅游局针对“银发族”旅游市场需求，结合“旅游服务质量提升年”主题，依托老年人综合服务社区，整合全县旅游景区、乡村旅游点、旅行社资源，推出红色朝圣之旅、绿色觅珍之旅、彩色客家之旅和多情乡村之旅四条夕阳红精品线路。红色朝圣之旅：古田会议会址（国家 4A 级旅游景区）—毛泽东才溪乡调查旧址（国家 3A 级旅游景区）—临江楼（毛泽东杭城旧居）—金秋公寓。绿色觅珍之旅：紫金公园—江滨公园—千年禅林西普陀—金秋公寓。彩色客家之旅：上杭瓦子街—客家族谱博物馆—文庙—江滨公园—李氏大宗祠—金秋公寓。多情乡村之旅：古田五龙农家乐—湖洋观音井百果园—临江添福山庄生态庄园—金秋公寓。

相关资料——金秋公寓位于上杭县城东北角，面临汀江，总投资 5.5 亿元，占地面积 220 余亩，拥有床位 2000 个，是一个高品质、创新型老年综合服务社区。金秋公寓以提供周到、体贴、细致服务为宗旨，给入住长者一个互相尊重、温暖和谐的家。社区内拥有餐厅、超市、医院、影院、泳池、网球场、棋牌室、安保系统等完善的生活配套设施、休闲娱乐设施和智

能化管理系统。所有设施均采用人性化无障碍设计建造，为入住长者提供量身打造的个性化服务。

（信息来源：中金在线 http://haixi.cnfol.com/130806/417,1979,15699536,00.shtml）

（一）产品设计质量

旅行社产品设计是保证其整体产品质量的基础。产品设计质量要保证旅行社所设计的服务产品，既在使用价值上满足旅游者的旅游需求，又在性能价值上一致。

（二）旅游接待服务质量

旅游接待服务质量是指旅行社的门市接待人员和导游人员提供的服务水平，它是旅行社产品使用价值的实现过程。旅游接待服务质量要保证购买旅行社产品的旅游者在旅游过程中获得物质方面和精神方面的双重满足。

（三）环境质量

环境质量包括硬件环境质量和软环境质量。硬件环境质量是指旅行社在接待旅游者的整个过程中，所利用的各种设施设备及其他辅助硬件项目的水平。硬件环境包括旅行社自身硬件环境和相关旅游服务供应部门的硬件环境。硬件环境质量，反映了旅行社为旅游者提供的各种旅游设施设备和旅游者生理需求满意度的关系。软环境质量是指旅行社内部各部门之间的协调和旅行社与相关旅游服务供应部门之间的合作水平，目的在于保证旅游活动能够顺利进行。

旅行社的旅游产品质量，根据旅行社企业服务的范围，分为狭义的旅游产品质量和广义的旅游产品质量。狭义的旅游产品质量，主要是指旅行社的产品开发设计质量和旅游销售人员与接待服务人员的服务质量。广义的旅行社产品质量，不但包括旅行社各部门的服务质量，而且还包含了旅游活动中涉及的要素供应商的服务质量。

二、旅游产品质量的评价标准

（一）旅行社内部评价标准

1. 旅游线路安排合理，旅游项目丰富多彩、劳逸程度适当，能够满足旅游者在旅游过程中游览和生活的需要；

2. 保证制定的旅游线路和日程能顺利实施，不耽误或不任意更改游程；

3. 保质保量地提供计划预定的各项服务，如保证饭店档次、餐饮质量、车辆规格、导游水平和文娱、风味节目等；

4. 保证旅游者在旅游过程中的人身及财产安全，保证其合法活动不受干预和个人生活不受骚扰；

5. 相关旅游服务企业服务人员的态度、素质、技能的保证。

（二）旅游者评价标准

1. 预期质量与感知质量

预期质量是指旅游者在接受旅行社提供的实际服务之前，对旅行社产品质量所产生的心理期望。感知质量是指旅游者在旅游过程中实际体验到的旅行社服务质量。预期质量与感知质量之间的比较结果是旅游者对旅行社服务质量进行评价的依据。对二者之间的差距进行分析有助于我们找到质量问题的根源。

2. 过程质量与结果质量

旅游者在评判旅行社产品的质量时，不仅要考虑购买该产品过程中旅行社所提供的服务是否令其感到满意，而且还要考虑在消费该产品后是否能够达到其预期的结果。尽管过程质量和结果质量对于旅行社的服务质量均十分重要，但是多数旅游者更加注重结果质量。因此，只有当他们认为结果质量高于过程质量，或者不低于过程质量时，才会对旅行社产品的质量感到满意。

3. 服务规范与服务质量

制定服务规范是实现旅游服务质量的前提。虽然旅游服务的无形性使规范的制定有一定的难度，但还是要尽可能地制定内容全面的、易于操作的服务规范以保证服务质量。

三、旅游产品质量管理的实施

旅游企业运营的核心任务就是尽可能地缩小实际服务质量与旅游者预期之间的落差。可以从四个方面入手考虑：

（一）旅游产品人性化

旅游产品人性化就是要求旅游企业提供以人为本的服务。在这里，旅游产品已不仅仅局限于有形产品，还包括无形的服务、管理等。这就要求旅游企业在旅游硬件和软件上本着以人为本的理念。

1. 硬件上，根据旅游者的不同需求提供相应的人性化的旅游设施。旅游硬件设施是人们用肉眼所能观看到的，而且是人们在最短时间内能对它做出反应的，也就是人们的第一印象。第一印象对于旅游者是重要的，它能决定人们用怎样的心态完成这次旅游经历。舒适、醒目的设施会给旅游者留下深刻的印象，也就预示着潜在的、长远的效益；相反，则会是短期的效益。在这里，旅游者的满意度取决于旅游者对硬件设施的第一美好印象，因此对旅游硬件设施要做长远的规划。

2. 软件上，根据旅游者的感受提供符合人性需求的无形的旅游产品(服务)。无形产品往往在提供服务的过程中易被忽视，但事实上，较之于有形产品，无形产品对旅游者更有深远的影响力，而旅游企业履行道德的行为是这些无形的旅游产品真正体现人性化的前提和必由之路。道德的行为具体表现为：对旅游者要诚实守信。对企业而言也是如此，企业的信誉是深入人心的广告，是不属广告的广告。企业信誉的建立和信誉度的不断增强靠的是产品质量，更要靠树立高质量产品的生产全过程的责任心，靠全方位的服务承诺的兑现。服务承诺是企业信誉的直接张扬，在激烈的国际经贸活动的竞争中，服务承诺是增强信誉度的重要举措。这里的产品即旅游产品，也就是旅游服务。因此，旅游企业要对旅游者坚决地履行其服务承诺，具体表现为旅游企业不降格服务，即不降低原来约定的等级标准；不擅自增减旅游项目；不延误游览日程和时间；不以次充好欺骗旅游者等等。对社会要有责任心。不要为了局部的利益而损害社会整体的利益。比如说生态环境问题，旅游企业不应为了自己的利益需求而破坏自然资源。

信息链接

价格战下，以贴心的人性化服务获得认可

（来源：杭州网　发布时间　2010-03-18）

新一轮的旅游旺季即将到来，随着人们出游次数的增加和旅游经历的不断丰富，对旅游产品和服务的要求越来越高。杭州假日旅行社副总经理张惠芬对此表示，在提高服务质量上，假日旅行社基本做到三步走：首先在预订旅游产品中换位思考，以游客的角度看问题，提供细致周到的最佳产品；根据导游特性分配针对不同消费群的旅游线路，服务更为人性化；最后是处理游客投诉方面，旅行社成立了客服部、质检部，并在旅程结束后一一进行回访，搜集游客反馈信息以便改进服务质量。更为人性化的服务不仅仅体现在提高导游素质、客户回访方面，张惠芬在采访中透露，很多游客对旅途中旅行社客服人员的慰问短信感觉很贴心，比如跟团出发前会收到旅行社对天气、发团时间等要素的提醒；旅行中会有客服短信询问导游服务、游客对旅途是否适应等，游客可以即时反映问题；而结束旅行时同样有短信问询游客对此次出团的满意度等。尽管旅游行业的发展存在着诸多不规范行为，价格战这类恶性竞争尤其不可取。但随着新的《旅行社条例》的实施，旅行社逐步将以产品的特色及品质服务来提升自身的竞争力，毕竟提升旅游服务质量不仅成为旅游业内的共识，更代表着广大游客的心声。

（信息来源：杭州网 http://travel.163.com/10/0318/17/622TTLTI00063JSA.html）

(二)建立相应的服务体系

包括服务环境、产品服务的设计、服务手段、服务管理体系、服务补救体系等。

1. 加强对旅行社遵守合同承诺的监控力度。对随意更改合同内容的旅行社予以重罚或追究领导责任，同时在全社会营造重合同、守信用的诚信环境。

2. 适时更新相关法律法规内容，强化现行法律法规的权威性。为有效治理不法行为，相关部门应对违规经营、收费混乱、欺客宰客、服务质量低等行为和现象加大处罚力度，必要时追究法律责任；另外，一些旅游管理方面的法规滞后于旅游市场的发展，使一些企业钻了法律空子，应适时更新旅游法律法规，将一些新情况补充或增加进去，使行政部门在处罚时有法可依，有据可查。

3. 提供标准化服务，强制实行外部认证体系。对服务质量、服务方式、服务效果和企业排名进行认证，对不同企业的同一服务项目依据服务的功能性、安全性、经济性等特征制定统一的质量标准。实行标准化服务不仅可以降低服务成本，还可以精简服务环节，提高服务效率和效益。这些标准在企业内部具有强制性，在外部则必须依法接受当地标准化行政管理部门、相关行业管理部门和消费者的监督，从而保证服务质量的稳定性和一致性。目前，我国有一些旅游企业已实行 ISO9001、ISO1400 等国际质量认证标准，但仍属于企业自愿行为，应当逐渐推进，由自愿实行转为强制实行，使企业建立起完善的标准化运营体系。

信息链接

上海旅行社试点服务标准化 游客不满意 可再玩一次

（来源：人民日报 2013 年 07 月 09 日）

近日，上海已有多家旅游企业试点旅游产品标准化。按照要求，旅行社须注明入住酒店的名称和价格、景点明细和费用、饭店名称和餐费，以及导游和旅游车的统一标准等。沪上最大旅行社之一的上海国旅近日决定从国内游线路开始，逐步推进旅游产品标准化；而在此前，大通之旅也推出了“先旅游，后付款”模式进行标准化试点。早在去年 9 月份，上海国旅国内游中心已经认识到标准化线路的重要性，并着手探索制定标准化旅游产品，首当其冲的是投诉重灾区——海南线路。这条作为产品标准化试点的海南“五星铂金海景 5 天度假游”，不仅明确注明了入住酒店的名称和价格、景点明细和费用、饭店名称和餐费，甚至还注明了导游和旅游车的统一标准。特别是，这些线路安排不再只局限于文字表达，而是被制作成了一册册精美的线路手册，图文并茂，一目了然。上海国旅表示，接下来，参加试点的旅行社将在海南、桂林、张家界、昆明等多条线路推行标准化产品，今后还将逐步扩展到出境旅游市场。上海国旅承诺，只要游客对此线路感到不满意，可以免费再玩一次。

（信息来源：人民日报 http://news.xinhuanet.com/local/2013-07/09/c_116454889.htm）

（三）在服务中控制服务质量

在旅行中难免遇到意想不到的事件，这就要求旅游企业有一定的方法控制服务的质量，采取一定的措施。

1. 对客户的抱怨做出快速反应

旅游服务人员应具有观察力，能预测可能引起顾客不满的情况，提前采取行动，将顾客的不满降低到最小的程度。诚恳主动地当场解决客户的问题是客户最需要的，可以有效减少客户的遗憾和抱怨，甚至为客户带来美好的体验。

2. 授权服务人员快速解决问题

服务人员常离开总部陪同客户旅游，应被培训并授权现场解决客户的问题以提高客户满意度。旅游企业对有效行使了授权的雇员还应给予相应的奖励。

3. 为顾客服务投诉开辟途径

抱怨的顾客往往是忠实的顾客。那些对企业沉默的顾客会对企业造成更大的损失，因为他们最容易转向公司的竞争对手。旅游企业应当给顾客提供便捷的投诉途径，这样既可能尽早发现服务质量缺陷所在，又可以及时纠正错误，并监督服务人员的工作。旅游企业应该把对顾客投诉的处理看成一次新的对客服务，鼓励顾客投诉。在旅游企业内部建立尊重每一位顾客的企业文化，并通过各种渠道告知顾客，企业尊重他们的权利。热线电话、投诉箱等都可以是有效的投诉渠道。

(四) 培养高素质的服务人员

1. 招聘具有服务精神的职员

乐于帮助他人、细心、喜爱社交等品质是服务精神的表现。招聘具有服务精神的员工是保证服务质量的必要步骤。研究证实每个人的服务精神不同，只有服务技能而缺少服务精神的雇员难以提供优质服务。

2. 加强员工培训

对各岗位员工定期进行培训考核，大力加强员工的服务观念和服务思想教育；普及开发与管理、生态保护、地理、历史、民俗、宗教等文化基础知识以及礼貌礼仪、政策法规知识；还应培养基本的口才(语言表达能力)等，使服务人员真正成"游客之师、游客之友"。

信息链接

企业要发展　先为员工"服务"

(第一旅游网：www.toptour.cn　发布时间：2012-08-27)

"如果不对旅行社的人才序列进行大的提升和换血，旅行社转型升级的道路就会非常艰难。"上海春秋国际旅行社(集团)有限公司总经理肖潜辉说。两年前，在他的提议下，上海春秋率先在行业内推出"培训生"制度，将招聘的对象锁定在刚出校门的高校毕业生。这项被称为"白纸招聘"的举措关注大学生的可塑性以及个人的实际能力，打破了旅行社行业由来已久的招聘"熟练工"的惯例。在水平分工体系的影响下，多数旅行社习惯聘有经验的员工，一个人承担组团、接待、结算等多项任务，降低了企业用人成本的同时，也容易使旅行社陷入"人在业务在，人走业务走"的被动局面。在春秋看来，"白纸"有着特殊的优势。他们进入春秋之后，可以从零开始接受系统的专业培训。"经验是可以积累的，素质高、能力强、心态好，才是选择员工首先要考虑的。"上海春秋集团人力资源部总经理孙文霞说，"春秋内部有着完善的垂直分工体系，完全可以按照自己的要求培养所需要的人才。"据肖潜辉介绍，以前，大学生是"招不进来，留不下来"，自从2010年春秋实行"培训生"制度以来，现在，春秋旅游的招聘对象主要是专科以上的大学生，学历不设上限，不限制专业，除了旅游管理、酒店管理等相关专业外，哲学、外语、计算机等专业的学生都可以进入春秋，这样的"不拘一格"吸引了很多优秀人才。作为上海春秋人力资源的战略性措施，培训生制度有着严格的体系框架。在经历了校园招聘、集中培训、基层实习、部门轮岗、集中考核、双向选择、定岗培养等"打磨"流程之后，这些"白纸"往往已能绘就美好的职业蓝图。"我们希望培训生在2—3 年的时间内成为副主管，3—5 年达到部门管理者级别，5—8 年就能成为公司中层管理者。"孙文霞说。据了解，目前，很多"培训生"已经走上了基层管理岗位，月平均收入可以达到 5000 元—6000 元，高于行业平均水平。"只有当好'伯乐'，重视企业新生力量的招徕和培养，才能提升员工忠诚度，保障春秋的发展基业长青。"肖潜辉指出，"培训生制度，能够使新进员工认同春秋的企业文化，同时春秋也能给予他们成长的空间。"

（信息来源：第一旅游网：http://www.toptour.cn/detail/info70737.htm）

四、旅行社质量管理的内容

旅行社质量管理，具体而言，是旅行社各个部门和全体员工同心协力，把服务技术、经营管理、数理统计等方法和职业思想教育结合起来，建立从市场调查、产品设计、制定标准，到计划执行及过程控制、检验、销售及信息反馈等，产品生产和销售全过程的质量保证体系。由于旅行社的产品质量，是对旅游者全过程服务工作的综合反映，涉及旅行社内部各部门及旅游要素服务提供商的每个服务人员，对管理的要求也就必须是全面的、系统的。主要体现在全面质量管理、全过程质量管理和全员质量管理 3 个方面。

（一）全面质量管理

旅行社全面质量管理，是指旅行社的一切经营管理活动都要立足于设法满足旅游者的需求。旅游者需求的多样性，决定了旅行社不能只注重满足旅游者物质方面或精神方面的需求。目前，中国旅行社业界普遍重视对旅游产品硬件设施达标的管理，只有少数旅行社注重对于导游和接待业务人员的管理；质量反馈仅限于掌握游客满意度，有的旅行社甚至将其变成了和组团社结算时的质量凭证，而没有考虑游客的真实感受；还有的旅行社用突击和搞竞赛的方式来进行质量管理，而忽视了对员工的素质教育。这种将质量管理工作流于形式的做法，对于旅行社企业服务质量的提高没有起到相应的作用。旅行社的全面质量管理，要求企业管理者从产品质量、服务质量和环境质量 3 个方面进行全面的考察，不但要制定可操作性强的企业内部服务质量规范，加强对员工质量意识和服务技能的培训，将质量管理落到实处，而且还要通过合同采购、定点抽查等有效手段，来保证"行、游、住、食、购、娱"六大旅游服务要素供应商的工作质量，保证全面质量管理的有效实施。

（二）全过程质量管理

旅行社的全过程质量管理，就是对旅游产品的开发、使用和反馈的全过程实施系统管理，即从旅行社企业与旅游者发生业务关系的"旅游前、旅游中、旅游后"3 个阶段入手，根据不同阶段的工作特点，实施不同的质量管理手段。游前阶段，重点是管理好旅游产品的设计、宣传销售和接待的质量；游中阶段，重点是管理好服务质量和环境质量；游后阶段，重点是做好旅游产品质量的检查与反馈，如让游客填写游客意见调查表。参考如下：

游客意见调查表

尊敬的游客：

欢迎您来到××观光旅游，为进一步提高我公司导游服务质量，提升企业良好信誉，为广大游客提供更周到的服务，请您真实填写以下意见表，以便我们及时了解情况、改进服务，谢谢合作！

地接社			团 号			导游员	
旅游时间			出游形式		散客□	团队□	
评价 内容	满意	较满意	一般	不满意	评 价 内 容	是	否
游程安排					导游是否佩戴导游证		
用餐质量					导游服务态度是否恶劣		
住宿安排					导游仪容仪表是否整洁得体		
车辆车况					导游讲解是否到位		
导游服务					导游是否有景点遗漏现象		
司机服务					导游是否有擅自变更行程行为		
总体评价					导游是否强迫购物或自费项目		
意见建议							

（三）全员质量管理

旅游业长期的实践证明，只有少数人参与的质量监督和管理工作，并不能从根本上解决服务质量的问题；只有当旅行社企业的全体员工从所在岗位出发，将质量管理的意识落实到每个部门、每个环节、每个岗位的服务工作中去，旅行社的产品质量才能得到有效的保证。由此可见，提高旅行社全体员工重视服务质量的积极性，才是企业质量管理的力量源泉。

五、旅行社的售后服务

（一）旅行社售后服务的内涵

旅行社的售后服务是指在旅游者结束旅游之后，由旅行社向客人继续提供的一系列服务，旨在加强同客人的联系并解决一些遗留问题。

美国《旅游代理人》杂志曾对一些游客不再光顾旅行社的原因作过统计调查，结果如下表：

表 2-9-1

不再光顾的原因	所占比例/%
客人投诉没有得到处理或没有得到令人满意的处理	14
其他旅行社提供了价格更低、服务更好的旅游	9
经朋友建议，转而订购了其他旅行社的产品	5
搬到别处住了	3
由于年老多病，丧偶等原因而放弃旅游	1
旅行社缺乏售后服务，顾客不再继续订购该旅行社产品	68

从表 2-9-1 中可看出，有 68%的人是因为旅行社缺乏售后服务而不再光顾，可见售后服

务对于旅行社销售是十分重要的环节。目前,西方国家都极为重视售后服务。

(二)旅行社售后服务的方式

1.问候电话

一般在客人返回后第二天起的一段时间里给客人打电话,主要询问客人对刚结束的旅游有何感受、意见和建议。这种问候方式的意义有三个方面:第一,可让客人感到受重视、受关心,从而产生对旅行社的好感;第二,可以从客人之中了解到许多非常有价值的信息。如对线路安排的意见,对导游人员的意见,对房、餐、车等的意见;第三,可以发现客人中存在的不满情绪,从而采取及时的补救措施,通过真心诚意的解决问题会进一步拉近旅行社与客人之间的关系。问候电话可以选择一些重要的客人进行联系。

2.意见征询单

类似一个问卷调查,可以给每一位客人寄发,调查项目设计要简洁明了,可以设计成全面的信息反馈表,也可以就一些单项问题作调查,要便于客人回答。为提高效益,最好附上回信的信封和邮票,也可考虑对寄回者发给小纪念品等。

3.书信往来

较好的做法是写亲笔信,所联系的客人无疑也是经过挑选的。书信往来的目的最终当然是为了销售旅行社产品,而那种只会不断寄广告宣传品的作法是不受欢迎的。

4.问候明信片

向顾客寄去一些明信片,比书信更省事。明信片上除送去祝福、问候等话语外,还附有旅行社最新产品介绍、联系电话等,以方便客人再次购买。

5.促销性明信片

旅行社工作人员在考察旅游线路过程中,每到一地都购买一些当地风景名胜的风光明信片,将这些明信片寄给预先挑选好的顾客。通过明信片向客人介绍该地的风景名胜,引发旅游兴趣。

6.游客招待会

选择恰当时机,召集一些老客户欢聚在一起,可以是宴请,也可以是茶话会、联欢会,或伴随风光风情音像片的欣赏等形式,这样便于旅行社与客户间产生面对面的销售活动。

7.节日祝贺

利用节日和客人的生日等,向客人道贺,加强往来,有利销售。

8.影印材料

向顾客寄送他们感兴趣的旅游胜地的报道、关于旅游的趣味性文章、一些重大的庆典及盛事的举办消息等,激发客人出游兴趣。

9.旅行社报

旅行社内部自编一些小报,根据情况每年出 2－4 期。其内容应丰富多彩,不要只做广告。

10.旅行社开放日

西方一些旅行社每年都举行一次旅行社开放日活动,届时有针对性地邀请一些客人到旅行社看录像、看图片展、座谈等,请一些有名望的顾客、旅游专家、飞机机长、新闻工作者、作家谈旅游集会,谈对本旅行社的感受,谈旅游中的趣闻等,为我们的企业做正面宣传。

思考题

1. 简述旅游产品质量的定义。
2. 旅游产品质量的评价标准是什么？
3. 旅游产品质量管理该如何实施？
4. 旅游产品质量管理的内容是什么？

模块三　旅行社的发团业务与管理

在进行发团业务时，旅行社的角色是组团社，即接受旅游者预订、与旅游者签订旅游合同、制定和下达接待计划并提供全程陪同导游服务的旅行社。旅行社的发团业务是指组团社将通过各种招徕手段形成的旅游团委托给指定的旅游目的地的地接社，并由其负责完成合同中所规定的旅行游览活动过程。

旅行社组团主要有以下两种类型：①散客拼团，是指旅行社通过广告等形式吸引散客旅游者来旅行社报名，达到一定人数后组成旅游团。当一家旅行社收的游客不多时，会和当地其他旅行社收到的游客一起拼团。有时还会异地拼团，在出境游中比较常见。②现成的团队，是指一个单位或者互相认识的一些人组成一个团队，然后委托旅行社帮其安排旅游活动。现在很多旅行社称之为"团组"业务，就是说团队是现成的，旅行社只要组织安排旅行游览活动就可以了。

本模块主要内容为旅行社发团业务中的四项工作：一、旅游者需求调查，旅行社在设计针对大众的旅游产品前要做好充分的市场调查，了解目标市场的需求偏好；二、门市接待，散客往往是到旅行社的门店咨询旅游产品信息、购买旅游产品并签订旅游合同；三、与地接社的合作，旅行社将组织好的团队发往旅游目的地，交给当地的接待社来完成旅游活动；四、团队的结账工作，团队旅游结束返回后，全陪导游就整个团队的花费进行结账工作。

项目十　旅游市场调查

学习目标

- 了解旅游市场调查的目的
- 掌握市场调查问卷设计的基本程序、内容和设计原则
- 能设计调查问卷并实施调查

基本知识

一、旅游市场调查的目的

旅游产品市场调查很重要。旅游产品市场调查是计调认识和了解产品市场的重要方

法，是旅行社产品开发、设计、生产和销售的出发点。通过对产品市场环境和游客消费行为的调查分析，取得市场营销活动的资料，进一步细化，就可以做出有关产品开发和设计、产品价格、销售渠道、促销策略等方面的营销构思，进而综合运用各种营销手段，制定正确的市场营销策略，使产品适销对路，在市场竞争中占据优势，取得好的经济效益。

二、旅游调查问卷的编制

（一）旅游调查问卷设计的基本程序

旅游调查问卷设计大致包括准备阶段、初步设计、试答和修改、定稿制作等几个阶段。

准备阶段，一是确定调查主题的范围和调查项目，分析相关资料；二是分析调查对象的社会特征、文化特征、心理特征等；三是在征求有关人员意见和分析第二手资料的基础上，确定问卷调查项目的实际需要。

初步设计，需要确定问卷的结构，拟定编排问题；确定每个调查项目的提问方式，详尽地列出各种问题；对各种问题进行检查、筛选、编排，检查每个问题及其答案选项是否必要、合理；考虑是否或如何向被调查者说明调查目的、要求、注意事项等，是否需要编码。

试答和修改，进行小范围的试验性调查，检查问卷初稿中的问题，掌握问卷对被调查者的适合程度及存在的问题，并对这些问题进行修改，进一步完善问卷。

定稿制作，将修改后的问卷制作成正式的调查问卷。

（二）旅游调查问卷的类型

依据调查问卷的使用方法、出题方式、发放方式、实现目的等，可以将其分为不同的类型（董明伟，2004）。

1. 依据问卷在调查中使用的方法，可以分为自填式问卷和访问式问卷。自填式问卷是由被调查者自己填写的问卷，多用于留置调查和邮寄调查。访问式问卷是由调查者按照问卷或问卷提纲向被调查者提问，并根据被调查者的回答填写问卷

2. 依据问卷的出题方式，可以将其分为结构型问卷、半结构型问卷、无结构型问卷。结构型问卷是指问卷的设计是有结构的，需要按一定的提问方式和顺序安排。无结构型问卷是指问卷中的问题只是围绕调查研究目的提问，没有严格设计和安排的组织结构。半结构型问卷是指结构型问卷和无结构问卷相结合的问卷。

3. 依据问卷的发放方式，可以将其分为留置问卷、邮寄式问卷、报刊式问卷、面谈式问卷、电话访问式问卷、网上问卷 6 种，其中前 3 类又属于自填式问卷，后 3 类属于访问式问卷。留置问卷是由调查者将问卷分发给被调查者，在被调查者填答完之后收回。部寄式问卷是将问卷邮寄给被调查者，要求其按要求填写并回寄给调查者。报刊式问卷是随报刊分发的问卷，要求报刊读者如实填写后寄给报刊编辑部。面谈式问卷是调查者根据问卷或调查提纲向被调查者提问，根据被调查者的口头回答填写问卷。电话访问式问卷是调查者通过电话对被调查者进行调查并填写问卷。

（三）旅游调查问卷的构成

旅游调查问卷通常包括标题、开头、被调查者基本情况、调查主题内容、编码、作业记录等部分（董明伟，2004；李亨，2005）。

1. 标题

问卷标题要能够概括说明调查问卷的主题，做到简明扼要，引起被调查者的兴趣。

2.开头

问卷开头主要包括引言和填写说明。开头部分宜短不宜长，应该力求简明扼要。访问式问卷的开头一般很简短，自填式问卷开头可以长一些，但也应该控制在300字以内。引言一般包括调查的目的、内容、实施调查的组织、调查结果的使用、保密措施，请求被调查者合作、合作的重要性，以及感谢合作等礼貌用语，力求得到被调查者的积极配合。如果有礼品赠送给被调查者，或被调查者有机会参加抽奖活动，也应该在这里说明。填写说明包括问卷的填写方法、填写要求、相关注意事项，也可以包括对相关概念的解释。

3.被调查者基本情况

被调查者基本情况是对调查资料进行分组统计、分析所需要基本数据，也就是被调查者的主要特征，如旅游者的性别、年龄、民族、婚姻状况、家庭人口、文化程度、职业、单位、收入状况、所在地区等；旅游组织或企业的名称、地址、经营范围等。

4.调查主题内容

本部分是调查问卷的主体，即最重要的部分，也是占篇幅最大的部分，由若干个具体问题组合而成。

5.编码

问卷中的编码是对问卷本身、问卷中的各种因素等赋予一定的编号，以便于计算机处理和统计分析。

6.作业记录

作业记录是为满足问卷调查实施管理和监督的需要，一般包括被调查者姓名或名称，调查者姓名，访问地点、访问时间。

调查问卷样卷

旅游市场调查问卷

尊敬的先生/女士：

您好！为了进一步了解旅游市场现状，我院社会调查课题组特组织了这次调查。非常感谢您的参与和支持，请您将填好后的问卷交回给我们的调查员。（您只需在相应的答案上打“√”或在“__”填上适当的内容即可，除注明外，均为单选。）

华中科技大学武昌分校经济管理学院社会调查课题组

A1 您喜欢旅游吗？

(1)非常喜欢　(2)喜欢　(3)一般　(4)不喜欢

A2 您目前旅游的频率？

(1)一年两次以上　(2)一年两次　(3)一年一次　(4)两年一次　(5)两年一次以下

A3 您最喜欢的旅游方式？

(1)自助旅游　(2)参加旅行团　(3)单位组织旅游　(4)自驾车旅游　(5)视情况而定

A4 您的旅游动机是？（可多选）

(1)纯粹喜欢某个旅游目的地　(2)单位集体出游　(3)受旅游广告宣传刺激　(4)家庭探亲访友需要　(5)休闲、疗养、身体健康原因　(6)增长知识　(7)宗教信仰需要　(8)商务旅游需要　(9)社会交往需要　(10)探险　(11)购物　(12)其他（请注明）________

A5 您外出旅游获得旅游信息的渠道有哪些?(可多选)

(1)电视广告 (2)广播 (3)报纸 (4)杂志介绍 (5)互联网 (6)旅游宣传册、画报 (7)旅游地图、指南 (8)旅游宣传、促销会 (9)通过旅行社咨询 (10)亲朋同事介绍、推荐 (11)其他(请注明)________

A6 您喜欢去的地方是(可多选)?

(1)名胜古迹 (2)名山大川 (3)园林景区 (4)海滨沙滩 (5)风俗民情 (6)高校校园 (7)江南古镇 (8)其他(请注明)________

A7 您目前旅游首选的交通工具是?

(1)飞机 (2)火车 (3)汽车 (4)游船 (5)徒步

A8 如参加自费旅游,您更倾向于住哪类酒店?

(1)五星级 (2)四星级 (3)三星级 (4)二星级 (5)经济型 (6)其他(请注明)________

A9 您在旅行途中关注的服务要素是?(限选三项)

(1)住宿 (2)餐饮 (3)交通工具 (4)导游 (5)购物 (6)娱乐 (7)其他(请注明)________

A10 您一般会选择在什么时候出行?

(1)周末 (2)五一小长假 (3)国庆长假 (4)春节 (5)个人休假(七天以内) (6)个人休假(七天以上) (7)其他时间(请注明)________

A11 在以往的旅游活动中,您花费最多的是?(多选题)

(1)门票 (2)吃 (3)交通 (4)住宿 (5)购买纪念品 (6)娱乐

A12 您认为阻碍您出游的最大问题是?

(1)资金不足 (2)闲暇时间不足 (3)不信任某些旅行社 (4)没有合适的出游伙伴 (5)旅游服务质量有待提高 (6)个人不喜欢参加旅游 (7)其他(请注明)________

A13 您 2009 年共出行______次,花费______元。

A14 2010 年计划的旅游出行次数是______次,已出行______次。

A15 您 2010 年旅游支出预算是?

(1)1000 元以下 (2)1001—2000 元 (3)2001—5000 元 (4)5001—10000 元 (5)10001 元—20000 元 (6)20000 元以上

A16 您希望下一次旅游的最佳旅游行程为几天?

(1)10 天以上 (2)8—10 天 (3)4—7 天 (4)2—3 天 (5)1 天 (6)无计划性

A17 您计划最近旅游意向是:

(1)武汉周边游 (2)国内短程游 (3)国内长线游 (4)洲内游 (5)洲际游

B1 您的性别是:(1)男 (2)女

B2 您的年龄是______岁,已退休______年;退休时的职称是______级。

B3 您的教育程度是:

(1)小学 (2)初中 (3)高中或中专 (4)大学专科 (5)大学本科 (6)研究生及以上

B4 您目前的月收入水平是:

(1)2000 元以下 (2)2001—3000 元 (3)3001 元—5000 元 (4)5000 元以上

C 您觉得目前中国的旅游市场如何？需要改进的是哪些方面？

____

____

____

____

非常感谢您的参与！

(四)市场调查问卷的设计原则

市场调查问卷的设计关键在于能否制定一份既符合调查的需要，又能获得足够、适用和准确信息的问卷。问卷设计不合理或不切实际，将导致所收集的信息资料有较大误差，降低信息数据的可信度，也会导致决策的失误。因此，调查问卷设计的科学与否，是计调能否通过问卷获得所需信息的关键所在。在设计市场调查问卷的时候应遵循以下原则：

1.主题明确

根据调查目的，确定主题，问题目的明确突出重点。

2.结构合理

问题的排序应有一定的逻辑顺序，符合被调查者的思维程序。

3.逻辑性

问卷的设计要有整体感，即问题与问题之间要具有逻辑性，即使是独立的问题本身也不能出现逻辑上的谬误，从而使问卷成为一个相对完善的小系统。

4.明确性

所谓明确性，事实上是问题设置的规范性。这一原则具体是指：问题是否准确，提问是否清晰明确、便于回答；被访问者是否能够对问题作出明确的回答等等。

5.通俗易懂

调查问卷要使被调查者一目了然，避免歧义，愿意如实回答。调查问卷中语言要平实，语气要诚恳，避免使用专业术语。对于敏感问题应采取一定技巧，使问卷具有较强的可答性和合理性。

6.长度适宜

问卷中所提出的问题不宜过多、过细、过繁，要言简意赅，回答问卷时间不应太长，一份问卷回答的时间一般不多于 10 分钟。

7.便于整理分析

成功的问卷设计除了考虑到紧密结合调查主题与方便信息收集外，还要考虑到调查结果的容易得出和调查结果的说服力。这就需要考虑到问卷在调查后的整理与分析工作。首先，这要求调查指标是能够累加，并且便于累加的；其次，指标的累计与相对数的计算是有意义的；再次，能够通过数据清楚明了地说明所要调查的问题。只有这样，调查工作才能收到预期的效果。

三、市场调查的实施

市场调查不是盲目进行的，而是有目的、有计划、有步骤、有系统地开展的活动。应做好两方面的工作：

(一)做好实地调查的组织工作

实地调查是一项较为复杂繁琐的工作。要按照事先划定的调查区域来确定每个区域调查样本的数量，访问员的人数，每位访问员应访问样本的数量及访问路线。同时，每个调查区域还应配备一名督导人员，明确调查人员及访问人员的工作任务和工作职责，做到工作任务落实到位，工作目标、责任明确。当需要对调查样本某些特征进行控制时，要分解到每个访问员。例如，某调查项目，调查样本1000人，计划调查男游客600人，女游客400人，则要求每个访问员所调查样本的男女游客比例都控制为3：2，从而保证总样本男女游客的比例。

(二)做好实地调查的协调、控制工作

调查组织人员要及时掌握实地调查的工作进度完成情况，协调好各个访问员间的工作进度；要及时了解访问员在访向中遇到的问题，帮助解决，对于调查中遇到的共性问题，提出统一的解决办法。要做到每天访问调查结束后，访问员首先对填写的问卷进行自查，然后由督导员对问卷进行检查，找出存在的问题，以便及时改进。

能力训练：旅游市场需求调查

训练目的：

能够进行旅游市场需求调查问卷的设计并实施调查

内容与要求：

本次能力训练的内容为调查了解我校大学生的旅游需求，包括三个过程：调查问卷的设计、调查的实施、问卷结果的统计与分析。要求：1.根据调查目的设计问卷中的题目，数量适宜；2.以小组为单位完成，每个小组调查30—50份，注意调查样本的选择；3.调查完成后进行问卷结果的统计并分析出我校大学生有什么样的旅游需求。

思考题

1.旅游市场调查的目的是什么？

2.旅游调查问卷设计的基本程序有哪些？

3.市场调查问卷的设计原则有哪些？

4.旅游调查问卷有哪几部分构成？

项目十一　门市接待服务

学习目标

- 了解旅行社门市的基本知识
- 掌握旅行社门市的业务

• 能够进行门市的接待工作

导入案例

这条线路很贵的

（来源：旅行社业务与管理[M],2009.）

李先生进入某旅行社门市，发现门市服务人员在玩电脑，过了5分钟都没人理睬他。李先生就自己拿了一些宣传资料看，当拿起一份“梦江南——云南昆明大理豪华9日游”产品宣传活页时，门市服务人员冷不丁地说了一句：“这条线路很贵的！”听了这句话，李先生顿时如吃了一只苍蝇一样，马上逃出了该旅行社的门市。

分析：该旅行社门市服务人员接待顾客时，存在两个明显的问题。第一，门市服务人员在李先生进入门市3～5分钟后，仍惜语如金，没有一句问候，让顾客感到被冷落，不受欢迎不受重视。第二，“这条线路很贵的”，门市服务人员是“此地无银三百两”的体现，首先暗示这条线路利润很高，性价比不合理；其次，这是一句挑衅语言，暗示顾客穷，买不起，极容易伤害顾客自尊，因此惹恼顾客。因此，旅行社门市服务人员的语言表达要注意掌握以下技巧：“坏话好说”、“狠话柔说”的技巧，使顾客心情愉快的技巧，化解矛盾的技巧，衬托渲染的技巧，善意幽默的技巧，成功推销的技巧。

（资料来源：李幼龙．旅行社业务与管理[M]．北京：中国纺织出版社，2009.）

基本知识

一、旅行社门市

在社会分工日益明细的今天，其专业性不仅表现在技术上，而且体现在市场的布局上。

就像一些大型超市一样，形成了一大批强大的专业卖场，并打出了自己的品牌、赢得了口碑。从而形成了人流量，带动了销售，这就是专业市场的最大好处。旅行社门市（《旅行社条例》中将旅行社的门市部或营业部统称为服务网点，本书中仍按业内习惯称之为门市）作为专业的旅游卖场，汇聚了大量的游客客源、旅游企业及旅游相关行业企业，将旅游行业进行细分，精致打造，为游客提供了专业的旅游服务。由于提供了强大的资源数据库、交易平台及多种游客出游必备的咨询服务功能，旅行社门市成为游客出游的专业咨询和指导场所，是旅行社展示、宣传及销售的最佳窗口及场所。旅行社行业和饭店餐饮行业一样，也是分为前区和后区的。处于旅行社前区最前沿的就是门市或旅行社前台（无单独门市的小旅行社）的工作人员。他们最早和旅游者接触，是他们把旅游产品的详细信息传递给旅游者，取得旅游者的信任，把产品销售给旅游者。可以说，没有旅行社门市销售人员，旅行社的产品销售和经济效益就会受到影响，从而最终影响到旅行社企业的可持续发展。

（一）旅行社门市的定义

1．国家旅游局颁布的《旅行社国内旅游服务质量要求》（1997年3月13日发布），1997年7日1日中对门市的定义，旅行社为方便宣传、招徕和接待国内旅游者而专门设立的场所。这个定义明确指出，旅行社门市主要从事“宣传、招徕和接待国内旅游者”的工作，并且要有专门的营业场所。

2.《旅行社管理条例实施细则(2001年)》中规定，旅行社门市部是指“旅行社在注册地的市、县行政区域以内设立的不具备独立法人资格，为设立社招徕游客并提供咨询、宣传等服务的收客网点”。这个定义强调了门市必须是“在注册地的市、县行政区域以内设立”，主要为设立社“招徕游客并提供咨询、宣传”等服务，是“不具备独立法人资格”的“收客网点”。

3.《旅行社出境旅游服务质量》(2002年7月27日发布，2002年7月27日正式实施)其中将旅行社门市(也称为营业部)界定为“组团社为提供旅游咨询和销售旅游产品而专门设立的营业场所”。该定义进一步明确了组团社门市是组团旅行社的衍生机构，其职能一是提供旅游咨询，二是销售旅游产品，并进一步强调门市要有专门设立的营业场所。

4.《旅行社条例(2009年)》中规定服务网点是指旅行社设立的，为旅行社招徕旅游者，并以旅行社的名义与旅游者签订旅游合同的门市部等机构。该定义中首次使用了服务网点这个词汇来代替旅行社门市，它代表旅行社与旅游者签订合同，方便游客在本地完成付款及合同签订事宜。条例中还指出服务网点的名称、标牌应当包括设立社名称、服务网点所在地地名，服务网点应当在设立社的经营范围内，招徕旅游者、提供旅游咨询服务。

综上所述，门市定义为：旅行社在注册地的市、县行政区域以内设立的不具备独立法人资格，为设立社招徕游客并提供旅游咨询、宣传，销售旅游产品等的服务网点(或营业场所)。这个定义首先明确了门市必须是“在注册地的市、县行政区域以内设立”；其次指出，门市主要是为设立社“招徕游客并提供旅游咨询、宣传，销售旅游产品等服务”；最后强调了门市是“不具备独立法人资格”的“服务网点”、“营业场所”。

(二)旅行社门市的特点

1.因为旅行社门市的地点大多选择在人流量密集的区域，可以省去大量的广告宣传费用，因此，旅游产品或服务的价格也具有一定的竞争性。

2.旅行社门市具有触摸自选性的特点，摆脱了传统的“你问我答”的单一服务模式。使消费者可以通过宣传资料、自助触摸屏和声像资料等现代电子产品，自由地查询旅游产品或服务，更加人性化，使消费者更加自主化。

3.旅行社门市具有互动性特点，销售人员和顾客面对面的交谈互动可以让消费者有宾至如归的感觉，提高了客人的信任度，并产生旅游消费欲望。

(三)旅行社门市业务

1.介绍旅游产品

旅行社门市人员最主要的任务是向访客介绍旅行社的各种旅游产品。主要包含以下两项内容。

(1)旅游目的地的有关情况。如主要旅游景点的名称、坐落地点、门票价格、开放时间；饭店、旅馆、市内交通等旅游服务设施的类型、价格；旅游目的地的民俗风情、当地居民的生活习惯、宗教信仰及其对外来旅游者的态度；旅游目的地主要接待旅行社情况。如拥有哪些语种的导游员、能够提供的旅游活动项目等。

(2)本旅行社业务范围内的旅游产品情况。如旅游产品的种类、价格；办理单项旅游服务的手续、费用；提供选择性旅游活动的内容、价格、出发日期及时间；本地区旅游服务设施的基本概况，如饭店、市内交通、地方风味餐馆的菜肴特点及其价格等；本地区主要旅游景点情况，如坐落地点、开放时间、主要特色、门票价格等；本地区主要娱乐场所、购物商店情况。

2.提供旅游咨询服务

旅行社门市人员在介绍旅游产品的同时还必须为游客提供咨询服务，热情为其解答各种问题。

信息链接

洛阳将在各旅行社门店设立旅游信息咨询中心

（来源：洛阳商报　2013年01月23日）

外地游客来洛旅游，对“吃、住、行、游、购、娱”不熟悉怎么办？记者昨日获悉，我市近期将在全市各旅行社门店设立旅游信息咨询中心（点），为游客提供帮助。据了解，旅游信息咨询中心（点）主要为游客和市民提供旅游信息等方面的服务。主要职能包括：信息问询，即通过现场服务、电话服务、网络服务等多种形式，为游客提供有关旅游活动的咨询服务；宣传窗口，即通过对我市旅游资源、旅游产品、旅游线路的展示介绍以及免费提供旅游资料和宣传品，让中外游客全面认识洛阳、了解洛阳；投诉接待，即接受游客投诉，并转交有关部门处理；应急援助，即接受旅游救助请求，并协助相关部门进行旅游紧急救助活动；意见收集，即收集游客对洛阳旅游环境、旅游产品等方面的意见和建议；商品展示。市旅游局有关负责人表示，各旅游信息咨询中心（点）将加挂统一的标志牌，全市旅游信息咨询中心（点）设立工作将于今年2月28日前完成。我市还将建设旅游公共服务系统，为各旅游信息咨询中心（点）提供来源统一的旅游信息。此外，我市还将设立旅游集散中心，对各旅游信息咨询中心（点）收集到的问题进行汇总，对旅游资源进行统一调配。

（信息来源：河南频道 http://henan.china.com.cnnewscity/201301/V34128TN5N.html）

3.销售旅游产品

当旅游者决定购买时，门市接待人员应及时为旅游者办理有关手续。如，请旅游者出示身份证件，并进行认真检查；询问旅游者支付旅游费用的方式；及时通知旅行社有关部门或人员提供接待服务。

4.签订旅游合同及相关内容

旅行社门市应当依法与旅游者订立书面旅游合同，其目的是维护旅游者和旅游经营者的合法权益。在与旅游者签订旅游合同时，门市接待人员一定要将合同的主要事项清楚地告知对方。

浙江省国内旅游合同范本

甲方（旅游者）：＿＿＿＿＿＿＿＿

□本人□法定代表人：＿＿＿＿＿＿＿＿

□身份证□护照□营业执照号码：＿＿＿＿＿＿＿＿

地址：＿＿＿＿＿＿＿＿

邮政编码：＿＿＿＿＿＿＿＿

联系电话：＿＿＿＿＿＿＿＿

委托代理人：＿＿＿＿＿＿＿＿

乙方(旅行社):________________

注册地址:________________

旅行社经营许可证号码:________________

营业执照号码:________________

邮政编码:________________

法定代表人:________________

委托代理人:________________

委托代理机构:________________

注册地址:________________

营业执照号码:________________

法定代表人:________________

根据《中华人民共和国合同法》和《浙江省旅游管理条例》及有关法律法规的规定,在平等、自愿、公平协商的基础上,甲乙双方达成如下协议:

第一条 旅游时间

旅游时间为______日游,共______晚______天。自______年____月____日______地点出发至______年____月____日____地点结束。

第二条 旅游价格和支付时间约定

甲方参加本次旅游共________人,总金额为(________币)________元整。包括:交通费(不含机场建设费、机场的行李超重费)、餐费(若在飞机上用餐,则不另外安排用餐)、住宿费(不含酒店内各种酒类、饮料、洗衣、通讯等费用)、门票费(不含园中园门票)、导游服务费及________费。

甲方应当按下述第____种方式将旅游费用直接交付乙方或汇入乙方指定的银行________(账户名称:________,账号:________)

1.一次性付款________________;

2.分期付款:______年____月____日前支付总金额的____%,计(________币)________元整;______年____月____日前支付总金额的____%,计(________币)________元整。

3.其他方式________________。

甲方在支付全部旅游费用后,乙方应当出具旅游发票。

第三条 旅游有关事项的约定

1.游览景点包括:________________________。

2.住宿饭店标准:________________________。

3.平均每天安排购物不超过________次,每次购物时间不超过________分钟。

4.交通工具包括:

□(1)飞机,起止地________________;

□(2)火车:□空调□无空调,□软卧□硬卧□软座□硬座,起止地________________;

□(3)汽车:□大型客车□小型客车,□空调□无空调,起止地________________;

□(4)轮船:□空调□无空调,□软卧□硬卧□软座□硬座,起止地________。

5. 甲方参加乙方安排的自费娱乐项目包括:________(每人____元)、____(每人____元)、______(每人______元)。自费娱乐项目总金额为(________币)________元整。

6. 乙方应根据本合同制定明确具体的旅游行程,作为本合同附件在出发前________日交给甲方。

7. 导游服务内容包括:________________________。

8. 乙方提供的服务应符合国家标准和行业标准的规定。

乙方与本次旅游有关的广告、宣传制品视为本合同的一部分,对乙方具有约束力。

第四条　甲方的违约责任

1. 逾期付款的违约责任:甲方逾期付款不超过____天的,自合同规定的应付款限期之第二日起至实际付款之日止,甲方应当支付逾期应付款的利息,利息按银行同期贷款利率计算。甲方逾期付款超过____天的,合同终止。甲方应当支付旅游合同总价10%的违约金。

2. 逾期提供有关材料的违约责任:甲方未按约定时间提供有关真实有效的材料,造成乙方无法办理相关手续的,应当承担乙方已支付的直接费用。

3. 擅自变更行程内容的违约责任:甲方未经乙方同意,中途擅自离团不归的,不得要求乙方退回未完成行程的直接旅游费用,给乙方造成损失的,应承担赔偿责任。甲方未按合同规定,擅自改变住宿饭店、餐饮、交通工具及购物地点的,费用自负,并不得要求退回相关旅游费用。

第五条　乙方的违约责任

1. 乙方擅自减少旅游景点的,每减少一个景点,应当支付旅游合同总价5%的违约金,并退还所减少景点的全额门市票价。

2. 乙方擅自增加购物地点和自费娱乐项目的,每增加一处购物地点或自费娱乐项目,应当支付旅游合同总价5%的违约金,并承担自费娱乐项目的直接费用;擅自延长购物时间的,应当支付旅游合同总价1%的违约金。

3. 乙方擅自改变住宿饭店,应当支付旅游合同总价1%的违约金;降低住宿饭店、餐饮和交通工具标准的,每降低一项,应当支付旅游合同总价5%的违约金,并退还降低标准的门市差额。

4. 乙方导游在旅游行程期间,擅自离开旅游团队,造成甲方无人负责的,乙方应当承担甲方滞留期间支出的食宿和其他必要的直接费用,退还未完成的行程费用并支付全部旅游费用一倍的违约金。

第六条　终止合同的违约责任

本合同生效后,甲、乙双方任何一方因不能成行要求终止合同的,应当提前________天通知对方。违约方在规定时间通知对方的,应当支付旅游合同总价________%的违约金;违约方未在规定时间通知对方的,应当支付旅游合同总价一倍的违约金。一方直接经济损失超过对方支付的违约金时,直接经济损失与违约金的差额部分由对方据实赔偿。

第七条　旅游安全责任

旅游中因甲方或第三人的责任而造成甲方的人身伤害或财产损失的,乙方应当协助处理，但不承担赔偿责任。

乙方在旅游安全事故前对可能发生危险的情况已向甲方作出明确警示并采取了防范措施的，乙方可以减轻或免除责任。

第八条 争议的处理

本合同在履行中发生的争议，双方应协商解决，协商不成的，双方可以向有管辖权的旅游、工商行政管理部门申请调解。甲乙双方也可以按下述第____种方式解决：

1. 提交________仲裁委员会仲裁；

2. 依法向人民法院起诉。

甲、乙双方对旅游服务质量发生争议时，可以以旅游质量监督管理部门出具的服务质量鉴定意见作为处理争议的依据。

第九条 本合同未尽事宜，由双方另行约定，并签订补充协议。

本合同及其附件和补充协议均为本合同的组成部分。

第十条 本合同经双方签字之日起生效。

第十一条 本合同及其附件共________页，一式________份，具有同等法律效力。甲方______份，乙方________份。

甲方(盖章)：______________

委托代理人(签字)：________

________年________月____日

乙方(盖章)：______________

委托代理人(签字)：________

________年________月____日

附件《旅游行程》

团号：______________

导游姓名________导游证号码________联系电话________

第一天：(______月______日)出发地点______________

游览景点______________________________

交通工具______________标准______________

用餐标准(早)________(中)________(晚)________

住宿地点______________标准______________

购物地点______________费娱乐项目______________

第二天：(______月______日)出发地点______________

游览景点______________________________

交通工具______________标准______________

用餐标准(早)________(中)________(晚)________

住宿地点______________标准______________

购物地点______________费娱乐项目______________

第三天：(______月______日)出发地点______________

游览景点______________________________

交通工具______________标准______________

用餐标准(早)________(中)________(晚)________

住宿地点________标准________

购物地点________费娱乐项目________

第四天：(______月______日)出发地点________

游览景点________

交通工具________标准________

用餐标准(早)________(中)________(晚)________

住宿地点________标准________

购物地点________费娱乐项目________

第五天：(______月______日)出发地点________

游览景点________

交通工具________标准________

用餐标准(早)________(中)________(晚)________

住宿地点________标准________

购物地点________费娱乐项目________

备注：旅游时间超过九天的，乙方按照上述规定，制订具体行程。

一、本合同文本是根据《中华人民共和国合同法》和《浙江省旅游管理条例》及有关法律、法规制订的示范文本，供合同双方当事人使用。

二、本合同适用于国内旅游。

三、为体现合同双方的自愿原则，本合同文本中相关条款后都留有空白行，供双方自行约定或补充约定。

四、本合同文本□中选择内容、空格部分填写及其他需要删除或添加的内容，双方应当协商确定。□中选择内容，以划√方式选定，对于实际情况未发生或双方当事人不作约定的，应在空格部位打×，以示删除。

五、本合同的乙方必须是持有《旅行社经营许可证》和《营业执照》的企业。委托代理签订合同的，应当具有委托书。

六、甲方在签订合同前有权要求乙方出示本合同提及的乙方有关证书、证明文件和旅游管理规定。

七、本合同条款由浙江省旅游局、浙江省工商行政管理局负责解释。

二、门市的作用

随着我国国内经济的持续发展，百姓生活水平的进一步提高，旅游逐渐成为大众的日常消费，通过旅行社门市组织的大众旅游活动将持续增加。具体而言，门市的作用主要体现在四个方面。

(一)门市是旅行社的形象、窗口、广告

1. 门市是旅行社的形象

门市是旅行社的第一线。门市及门市服务对于整个旅行社的经营具有重要意义，发挥着重要的作用。门市是旅游者与旅行社第一次面对面亲密接触的地方，是旅行社给旅游者

留下第一印象的地方。门市服务的好坏，直接影响到旅游者对旅行社的评价，旅游者经常通过门市来了解旅行社的整体水平。因此，门市是旅行社的形象代表，是旅行社的窗口，是旅行社的广告。

2.门市是旅行社的窗口

门市是旅行社的窗口，是因为旅游者通过门市可以了解旅行社的整体水平。门市设计大方活泼，门市装潢新颖别致，门市环境亲切宜人，门市工作人员训练有素，旅游者跨入这样的门市，会有一种怎样的消费心理呢？更何况，旅游产品是一种无形的服务产品，服务产品购买风险的难以把握，使得旅游者总是本能地去寻找、判断购买风险高低的外在因素。于是，门市的名誉匾额、设计装潢、宣传资料等的有形展示，门市工作人员的微笑、礼仪礼貌、产品介绍、信息沟通等无形服务就成了这种判断的最好依据。

3.门市是旅行社的广告

旅游者对旅行社在报纸、电视、网络等媒体所做的广告以及人员销售，一定程度上存在着"防御心理"和"抵御心理"，旅游者对旅行社所宣传的服务理念、服务质量等的真正认知，并不完全来自媒体广告和旅游营销人员，换句话说，在旅游者主动消费意识没有形成之前，在没有主动要求提供服务之前，他们对旅行社企业"形象"的认知并不在意。而门市作为旅行社与旅游者接触最频繁的部门之一，旅游者自跨进门市的那一刻起，他所受到的接待、所享受到的服务，所体验到的一切，就成了评价旅行社最充分的"佐证"。

（二）门市服务可以促进旅行社产品的销售

优质的门市服务，温暖人心，使人感动，它是销售的促进剂，可以提高旅行社产品的销售量。《哈佛商业杂志》中一份报告指出："再次光顾的顾客可以为公司带来25%～85%的利润，而吸引他们再次光临的因素中，首先是服务质量的好坏，其次是产品木身的品质，最后才是价格。"

案　例

从门市部到体验店 不仅仅是"服务旅游"

（来源：法制晚报(北京)　2013-07-23）

如同当前极为流行的"苹果"体验店一样，售卖的除了手机、电脑、PAD等系列高科技产品之外，越来越多的是为"苹果"消费者提供如在线服务、配件搭售等综合性的增值服务。不夸张地说，"苹果"体验店提供的是一站式"苹果"生活方式解决方案。在陈小兵的战略布局之中，凯撒旅游的二代门店就是要为游客提供一站式旅游生活解决方案。从其已经开设的"一号店"布局，可以窥探出二代店未来的规划令人放心。内部设计上融入了较多的年轻、时尚元素，家具均选择明亮的白色系，并在不大的店铺内展示出丰富的文化、旅行内容，"在店铺深处，还通过声光电等方式呈现、展示未来旅行中的新奇内容，让客户感受一次超越时间和空间的体验。"

作为旅行社产业链条中最直接面对终端消费者的展示窗口，凯撒旅游二代店几乎完全承载了传统旅行社门市部的业务范畴：旅游线路陈列、旅游产品展示，接受旅游产品报价咨询、预定和收款……但与传统门市部委身于街边"小门脸"截然不同的是，凯撒旅游二代门店从选址、店面设计、客户感受等方面，已经有了天壤之别。

更为关键的是，凯撒旅游二代门店还提供了旅游线路产品之外的不少衍生服务。在已

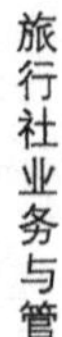

经开业的"一号店"内,就陈列了不少印有凯撒旅游蓝色LOGO的旅行箱;这些做工精细的"凯撒牌"自主品牌旅行箱,售价在四五百元,型号各异,在展示标签上清晰地标明了哪一款产品适合3—4天的短途旅游、哪一款适合10天以上的长线旅游……

(信息来源:网易 http://news.163.com/13/0723/18/94G73EVD00014Q4P.html)

(三)优质的门市服务可以为旅游产品增值

旅游产品作为服务产品,其特点是缺乏所有权性,因此市场上同类产品比比皆是。要对大同小异的旅游产品进行增值,和别的旅行社产品形成差异,有两次机会:一是门市直接面对旅游者时,门市业务人员的销售服务过程;二是旅游开始,导游人员提供的导游服务。如果门市业务人员为游客提供了高质量的服务,那么旅游者就会带着对旅行社的美好印象开始旅游活动,从而为导游员接待工作的顺利开展奠定了基础。

(四)优质的门市服务可以提升旅行社的核心竞争力

在国内,旅行社"弱、小、散、差"的行业特征已经讲了10多年,但至今改变不多。国内旅行社对开发新产品的积极性并不高,市场上70%的旅行社做的是观光产品,抢的是全包价观光旅游的生意。所以,一方面是观光市场"肉搏式"的激烈竞争,另一方面是一些细分市场的不饱和。现在可以用3句话来概括国内的旅游市场:产品同质化,市场同源化,竞争价格化。为了与大多数旅行社的同类产品有区别,有的旅行社打出这样的促销口号:"相同产品比价格,相同价格比质量,相同质量比服务。"确实,没有什么比提供优质服务更重要的了,没有什么比提供优质服务更能提升旅行社的核心竞争力了。

三、门市接待员的接待规范和业务素质

(一)门市接待员的接待规范

1.门市是旅行社的窗口,直接负责旅行社产品的售前服务,应给顾客留下一个良好的印象,并激发顾客的旅游愿望。

2.门市销售人员以及值班人员必须在公司咨询电话响铃三声内接起。接电话后问好:"您好,XX旅行社(旅游公司)为您服务。"

3.顾客走到前台咨询,必须起立招呼:"您好,请问有什么可以帮助你?"接受咨询过程中,必须态度热情,有问必答,并站在客人的角度为客人提供建议,有不明白的事立即请教其他同事,或者留下客人联系电话并通知相关业务人员与客人联系,严禁以"不知道"回答。

4.尽量留下客人的联系电话,对客人的咨询进行登记和跟踪询访。挂电话之前,必须感谢客人的咨询:"谢谢您的咨询。"

5.根据客人的需要与相关业务员沟通。客人登记报名,注意索取所有客人必须登记的资料,同时告知客人旅游目的地的气温等基本情况,对客人进行相关提醒。

(二)门市接待员的业务素质

1.精通旅游产品知识

门市接待人员首先应具备的业务素质是精通旅游产品知识,熟悉产品的内容及什么时候、以什么价格能够获得这些旅游产品。另外,门市接待人员还应该能准确地判断各种旅游产品的质量,并了解各种旅游产品的特色。

2.了解游客需求

门市接待人员必须能够全面地了解游客的需求。为此，旅行社的门市接待人员必须掌握旅游心理学方面的知识，同时具备良好的提问能力和倾听能力，能够从旅游咨询者的回答中抓住问题的实质，发现游客的真正需要。

3.洞悉竞争对手的弱点

旅行社门市销售员在推销旅游产品之前，除了对自己的产品有很深的认识外，还应充分了解竞争对手的产品及销售情况。如果他对竞争对手的销售状况及弱点有很好的了解，在争夺客户时就会得心应手，比较容易抓住销售机会，反之不但争夺不到竞争对手的客户，还会让他们对自己的产品产生怀疑，影响公司的形象。有一位经理曾经说过：我不相信单纯依靠推销术被动竞争能做好生意，但我相信禁止我的推销员讨论竞争对手的情况是极大的错误。由此我们可以看出掌握竞争对手情况的重要性。掌握对手情况主要是掌握对手的售后服务和发展速度怎样，产品的真正价格是多少，对手在销售中的弱点等。

4.善于推销旅游产品

门市接待人员必须具备较强的产品推销能力，在旅游咨询者的咨询过程中，积极主动地向旅游者介绍本旅行社的旅游产品，并善于抓住稍纵即逝的机会，引导旅游咨询者购买。

5.具有较高的文字水平

在旅行社门市接待过程中，接待人员除了回答旅游咨询者提出的各种问题并提供咨询意见和建议外，还要填写各种表格和起草各种业务文件。因此，门市接待人员应具有较高的文字水平。

能力训练：旅游门市接待服务

训练目的：

能够通过门市接待服务练习，更好地掌握门市基本业务和服务技能

内容与要求：

在教室模拟旅行社门市接待服务（有条件的学校可以让学生到学校实习基地旅行社门店，做一天门市接待员）。学生分成几个小组，每个小组的成员分别扮演门市接待员和旅游者，门市接待员针对不同类型（犹豫型、挑剔型、价格异议型等）的旅游者提供旅行社门市咨询服务并进行旅游产品的销售。

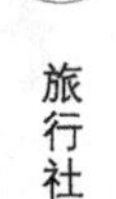

思考题

1.旅行社门市的定义是什么？

2.旅行社门市的特点和业务是什么？

3.旅行社门市的作用是什么？

4.作为门市接待员，需要具备怎么样的业务素质？

项目十二 组团社与地接社的合作

学习目标

- 掌握组团社选择地接社的方法和双方的联络往来
- 了解组团社对地接社的管理
- 能够拟写团队计划通知单和变更通知等文件

导入案例

某旅行社组织了“蓝天号旅游专列昆明5日游”活动,参团人数逾千,是旅行团里的“巨无霸”。然而这个团的组织接待却漏洞百出,游客怨声载道。首先,无端耗费时间。由于此团人数很多,抵达昆明后,仅来火车站接客的大客车就达20多辆,团队又要求统一行动,因此光编队过程就耗费了一个多小时。而且,大型车队行驶起来很慢,比正常行车需多花半个小时,导致游览景点的时间大大缩短。其次,吃饭也成了大问题。在“七彩云南”吃自助餐时,因人太多而不得不分两轮轮换吃,而且,由于安排不当,用餐的场面混乱,排在前面的客人乱哄哄地抢饭、抢菜,浪费惊人,而排在后面的客人却无碗可拿,无饭可吃。再次,旅行社组织工作漏洞大。团队到达滇池边的某文化城住宿时,居然有两三百人安排不上铺位,第二天又因为旅行社与接待单位闹矛盾,团队被迫搬出文化城,被安置在位于远郊且达不到二星级标准的疗养院……

分析:大型团队的接待最考验旅行社的接待能力、经验和办事效率,旅行社对团队的食、住、行、游、购、娱等方面都必须通盘考虑。作为组团社,既要考虑己方的组织能力,又得考虑合作伙伴即地接社的综合实力,稍有考虑不周,整个活动质量便受影响。

基本知识

地接社即地方接待旅行社,是接受组团社的委托,按照接待计划委派地方陪同导游人员,负责组织安排旅游团在当地参观游览等活动的旅行社。组团社也就是组织旅游团出去旅游的旅行社,要组织旅游者到各个地方去旅游,就要和不同的地接社合作,因为地接社对当地最熟悉,能给游客提供性价比更高的服务。

一、选好地接社的重要性

旅游团能否按计划顺利完成旅游活动,在很大程度上取决于旅游目的地接待社的接待情况。由于游客是和组团社签订的旅游合同,整个旅游活动中他所接触并了解的只是组团社,所以游客会把他对旅游活动的全部感受都加诸到组团社身上。如果游客对旅游活动感到满意,那么他会对组团社大加称赞,并会成为该组团社的回头客且介绍更多的亲友来报名旅游;但如果游客对旅游活动感到不满意,那他也会把一切都怪罪到组团社头上,甚至以后都不再购买该组团社的旅游产品。因此,选好地接社对于组团社来说十分重要,地接社服务的好坏直接影响组团社的声誉和客源。

案 例

地接社违约组团社承担责任

阿不都沙拉木

2008年8月，张先生一家三口和乌鲁木齐某旅行社签订南疆八日游旅游合同。按行程规定到喀什旅游时，应到高台民居参观游览，但作为地接社的喀什某旅行社在没有告知游客的前提下，擅自改变旅游线路，未按合同规定带领游客参观高台民居，只参观了小街道及民居，参观时间不到10分钟，导游就急着带领团队去购物点，对此游客不满，向新疆维吾尔自治区旅游执法总队投诉。

经新疆维吾尔自治区旅游执法总队调查核实，确认游客反映的问题属实。经过调解，根据《旅行社质量保证金赔偿实行标准》第六条第一款，导游擅自改变活动日程，减少或变更参观项目，旅行社应退还景点门票、导游服务费，并赔偿违约金的规定。组团社乌鲁木齐某旅行社和地接社喀什某旅行社及导游向客人书面道歉，乌鲁木齐某旅行社退还游客高台民居的门票费、导游对该景点的讲解费及相应违约金，合计210元。

分析：在本案中，游客的不满主要针对地接喀什某旅行社，但游客是和乌鲁木齐某旅行社签订的旅游合同，因此损失应由组团社承担，过后组团社可以再向地接社追究。造成这类事件的根本原因就是地接社不按合同内容认真操作，由此可见选择一家服务好的地接社的重要性。地接社服务好，游客、组团社都欢喜；地接社服务不好，游客不满意，组团社也要受牵连。

（信息来源：中国旅游新闻网 http://www.ctnews.com.cn/zcfg/2009-04/20/content_621497.htm）

二、地接社的选择

组团社应根据旅游团的标准和要求，有针对性地在旅游目的地众多的旅行社中进行比较，选择既能够圆满地完成旅游计划，又能取得良好经济效益的地接社。组团社在选择地接社时，应注意考察以下几点：

（一）旅行社的合法性

组团社在选择地接社时，要考察该旅行社是否按照合法程序设立，有无旅游行政主管部门颁发的旅行社业务经营许可证，旅行社的注册资金多少，证件是否齐全，质量保证金是否缴纳等。还要明确该旅行社的性质、业务范围和许可证期限，导游人员是否为持证导游员，是否遵守旅游行业相关政策法规和惯例等情况，以免错将旅游团队交给非法经营的旅行社，从而导致游客利益得不到保障，或者使组团社经济利益受损。

（二）旅行社的经营管理模式

组团社应注意考察地接社采用何种经营管理模式。管理模式先进的旅行社，经营管理目标明确，在管理上实行负责制，有良好的激励机制、人性化的经营理念、良好的公众形象、蓬勃发展的朝气和潜力。而有些传统的旅行社，基本上是吃大锅饭，做多做少都一样，优秀的没有奖金，没完成任务也不用受罚，员工的积极性不高，领导也是频繁更换，整个旅行社处于半死不活的状态。另外，有一些私人承包的“野马”式旅行社，他们只是出钱租用某旅行社的名号，在经营管理上没有科学性，目光短浅，为了短期利益互相压价，随意增加旅游项目，乱收游客费用。对这类旅行社，组团社更应避而远之。

(三)旅行社规模大小

一般说来，规模较大的旅行社在资金、人才、管理等方面，比规模小的旅行社更有优势，在旅游供给方面有更大、更成熟的网络，在业务操作方面更先进、熟练，效率更高。因此，选择规模较大的旅行社可以更好地保障游客利益，更让人放心。但是，规模小的旅行社也有自身的优势。如，经营方式比较灵活，在价格、线路、服务等方面可回旋的余地更大。而且，选择地接社也是一个双向选择的过程。有时，一家组团社看上了某家地接社，但这家地接社可能因为种种原因而不愿意与该组团社合作。因此，选择地接社时，不能只盯着规模大、实力强的旅行社，而应根据组团社自身的实际情况来选择合适的地接社。

案　例

旅行社规模的大小，真能决定接待质量吗?

1999世博园那一年，到昆明旅游的人数非常之多，用一昆明地陪导游的话来说，叫“人满为患”，尤其是在交通票务方面，给当时的昆明造成了很大的压力。如，某一夏令营旅游团到昆明游览常规线路“昆明—大理—丽江”。在昆明前往大理的火车票没有搞定的情况下，一个比较大的地接社接了这个团。于是该地接社安排师生们乘坐汽车卧铺去大理，老师们不同意，认为乘汽车卧铺不安全，为此，一直僵持到很晚，师生们才不得不乘汽车卧铺离开昆明。回到居住地后，该旅游团与组团社就协议上是乘坐火车卧铺去大理一事争论。最后虽然解决了，但组团社却失去了该客户。

同样是上述线路，同样是该组团社，这次把团队交给了一家比较小的地接社。一个20多岁的女经理，同样的事情发生了。在团队从大理返回昆明的火车票没有全部弄到的情况下，该地接社提出了几种方案让客人选择。一是一半坐火车，一半坐汽车；二是全部坐汽车回昆明，到昆明后增加一晚的住宿。该旅游团选择了后者，抵达昆明后，经理专门到客人下榻的宾馆等候，时间已过晚上12:00了，让客人非常感动。

分析：同样的事情发生在不同的旅行社，其结果是完全不同的。有时候，小旅行社更加重视每个旅游团的操作与运行，而大旅行社则由于业务太多，忙不过来，无法重视每一个团队，尤其利润不高的团队。所以，旅行社的规模与服务质量不一定成正比。

(四)旅行社接团记录

组团社可查看地接社的接团记录，从这些记录中了解地接社的接团经验、对各线路的熟悉程度、服务质量、游客评价、奖惩情况，以及是否严格按照组团社拟定的接待标准和计划向旅游者提供服务、是否有良好的信誉等。通过对这些情况的了解、把握，组团社可以从中挑选出接团经验丰富、熟悉接待线路、服务质量优、游客评价高、重合同讲信用的旅行社作为地接社。

(五)旅行社报价

组团社在选择地接社时，还要考虑地接社的报价。地接社的报价直接关系到组团社的成本和经济效益。产品价格关系旅游者的切身利益，同时关系旅行社的收益。但是关注价格应当避免关注总报价，而忽略报价中包括的项目。不能将报价作为衡量旅游产品好坏的唯一标准，也并不是报价越低越好，前提是必须保证旅行社的信誉不受损害。

（六）其他因素

组团社应尽量选择对自己业务依赖性强的地接社。有些地接社专门从事某项业务，一般来说，这种旅行社很认真负责，也能够以专业的操作为组团社完成接待任务；而有的旅行社则经营很多项业务，对某一组团社的依赖性非常有限，故合作的积极性也很一般。在选择地接社时，还应注重合作的长期性，以追求长期的最大经济效益为目标。有的地接社一开始并不能很好地完成接待任务，但有合作诚意，有发展潜力，就应考虑将其发展为合作伙伴。

总之，组团社对地接社的选择应该慎之又慎，一个好的地接社不仅能为游客提供良好的服务，还能为组团社获得良好的声誉和回头客源；而地接社选择失误，则会导致游客和组团社的利益都受到损害。

信息链接

业内人事谈地接社的选择

人物1：做组团多年，要找一个好地接社，说实话，并不是一件容易的事情。如果是老关系户，一般都没有太大问题（除非他不讲信用，拿老关系开刀，不过今后也别指望有业务了）；如果是新线路新地接社，团队一出发，我心里就有点担心了，地接社一般不会理解这种心情，他们总是一句话：交给我们做，放心、没有问题，保证您团队的质量。呵呵，要是团队出了问题，我们只能欲哭无泪了。

人物2：选择地接社我以为首先要看这家旅行社的实力，有实力的地接社一般软硬件都不错，且有信誉保证。不过，如果组团社一味只顾自己赚钱，不讲质量，一般肯定选择没有实力的小社，因为小社的地接价都很低。

人物3：哪家地接社都无所谓，因为现在的地接社都非常注重做团质量，当然第一次合作是有点不放心。

人物4：我觉得关键还是在"人"，就是要看对方的业务水准、能力，这些在前期订团的时候就可以看出端倪。好的地接操作人一般的常态是：事无巨细都会详细了解、安排，某些你的疏漏也会指出（你也可以故意留个破绽，试试他）。再好的硬件，没有精干的人员，也是白搭。这个和打仗一个道理，光武器先进是没用的！

人物5：我同意!!! 并且我在做地接的时候就一直是这样做的！尽量为组团社降低成本！好的地接社是首先考虑组团社的利益，为组团社预定好的房、餐、车等，重要的是做好服务和接待工作!!! 并不是一味地想着我要海捞一把！

人物6：担心是有道理的，但是小社或第一次合作的社应该会做得不错，因为合作好一次还有下次嘛！难道干的都是一锤子买卖？万事开头难。

人物7：老关系稳当，但是不一定是最好的，还要适时地开发几个新的合作伙伴，以应不时之需。

人物8：我来说一句吧，大社有大社的优势，小社有小社的强项。旅游是服务行业，首先第一个需要保证的就是服务质量。没有质量，再低的价格也只能赚到一次生意；再好的服务质量如果没有合适的价格，也就失去了竞争优势。做旅游就是在做人。我们专注每一个团队，注重每一份行程。

（信息来源：你我他 http://www.niwota.com/submsg/611690/###）

分析：从以上业内人士的分析中我们可以看出，选好地接社很重要，但是也很不容易。老关系户、新合作社、实力强的、实力弱的各有利弊。但最重要、最根本的一点是，地接社要能够保证服务质量。

三、地接社的管理

组团社与地接社之间的合作不是一次性的，所以建立长期、稳定的合作关系就要对地接社进行必要的考察、维护和管理。

（一）地接社的考察方式

1. 发团考察

发团考察是一种很实际也较常用的考察地接社的方式。通过实际的合作，可以获得切身的体会，获取可靠的第一手资料。对地接社的人员素质、办事效率、服务水平、接待网络等有实际的接触和了解。

2. 实地考察

组团社也可委派本社经验丰富、资历较深的工作人员赴目的地实地考察，走访当地各旅行社，进行比较分析，挑选当地满意的地接社，建立合作关系。

3. 参加旅游行业组织，建立广泛的合作网络

参加旅游行业组织，如旅行社协会、旅行社联合体、旅游交易会等，建立广泛的合作网络。

（二）地接社的调整

组团社选择好地接社后，并不等于万事大吉。随着以后各种情况的变化，如组团社经营范围、旅游目的地发生变化，或者因为地接社报价偏低、服务质量下降等，需要对地接社进行调整。组团社采取的主要措施有：

1. 建立地接社档案库

组团社可以建立各个目的地的地接社档案，内容包括旅行社的性质、业务范围、注册资金、联系方式、规模、接待能力、导游人员数量、语种等，还要及时补充新的信息，如接团情况、近期业绩等。当组团社将团发至某地时，可直接从该旅行社档案资料中进行比较选择。这是一种高效的管理方式。

2. 地接社的调整

对于列入档案库的地接社，当发现其不适应新的接团要求、游客投诉较多、效率低下时，组团社要及时与其终止合作关系，寻找新的地接社，“不要在一棵树上吊死”。对于新开发的旅游目的地和旅游产品，组团社要及时补充和发掘新的合作伙伴。

（三）发团时的规模效益

案　例

四川有一家名牌旅行社素以严格管理著称，在选择地接社和住酒店方面要求较高。但前几年团队发往外地后，未能引起地接社的重视，经常出现质量问题。组团社的主要领导亲自去外地地接社拜访，将方方面面意见集中起来，原因很简单：发团作业人员出于种种原

因，把团交给三四家地接社接待，由于团量不集中，而且价格上也无多大优惠，哪家都不重视。后来这家旅行社改变发团方式，把有限的团量集中起来，每地只发给一家或两家地接社，而且一给就是一年，如果没有重大质量事故，第二年接着发。这样做的结果是，这家旅行社的团到哪里都是当地地接社的重要客户，领导十分重视。由于团队质量得到了保证，游客很满意，组团社组团也容易了。而地接社担心团被其他地接社挖走，所以更加小心谨慎，质量越做越好，团队增加了，价格还主动优惠，形成了良性循环。该旅行社从规模效益中获利，坚持每地只选1—2家旅行社作为发团对象。

从上面的案例中我们可以看出，在任何一个旅游目的地，组团社都应把团队集中发往少数几家地接社，不能广撒网，这就是发团时的规模效益。

四、组团社的发团作业流程

从收到旅游团一直到团队旅游结束的整个过程中，组团社要做很多工作，称为旅行社的发团业务。包括旅游接待计划的制定、与地接社的洽谈、对旅游团旅行游览全程的质量监督和旅游结束后的总结等。下面以上海某旅行社为例来展示组团社的发团作业流程。

（一）组团社预报计划

组团社收到旅游团并初步确定团队出游计划后首先要联系各地的接待社，向地接社以传真形式预报计划，紧急情况也可先用电话预报，后发传真。预报的目的，是为了提前通知地接社做好相关准备，将此团纳入该社的接待计划，及早订房、订票。预报应尽可能在团队到达前30天发出，并请接待社确认行程及价格。预报内容包括：团号、旅游团队人数、团员构成情况（性别、年龄、民族、有无特殊客人）、抵离时间、旅游线路、交通工具要求、食宿标准和要求等；特别应标明离开的交通工具、车次、航班等，并要求地接社在3—5天内予以回复。

成都＊＊旅游公司：

我社组织SSS-C-130518团一行33＋2人（中宾）计划于2013年5月18日乘K290次于20日上午11:22抵成都。请按常规行程安排去峨眉、都江堰游览，并请预订5月23日（星期四）上午K923次硬卧35张去重庆。此团系重要客户，请务必保证晚上硬卧离蓉。另：此团5月20、21日宿峨山大酒店，5月22日一晚宿成都大酒店，请代订标准房16间加一床和全陪房一间。正式计划及旅客名单后发。

谢谢合作！

祝贵公司昌盛！

上海＊＊旅行社业务部＊＊＊

2013年4月15日

（二）地接社书面确认

地接社在收到组团社的预报计划后，应在最短的时间内给予书面回复，要对预报的内容逐一加以确认，最重要的仍是机（车）票落实情况，因为机（车）票的预订在时间上需要一定的提前量，特别是旅游旺季需要提前得更多。还需要组团社尽早发来游客的名单和详细资料，因为机票、火车票的购买都需要游客的身份证信息。

上海＊＊旅行社业务部＊＊＊先生：

贵社发来 SSS-C-130518 团一行 33＋2 人(中宾)预报收悉，已按计划订妥去渝 K923 次 35 张硬卧票和指定酒店。请早发名单。

谢谢关照！

成都＊＊旅游公司计调部＊＊＊

2013 年 4 月 18

由于团队计划预报较早，情况很可能会发生变化，因此组团社与地接社之间就需要不断发出传真更改。如果旅游行程或旅游人数有变化，组团社应及时书面告知地接社，并要求对方书面确认。

重要更改 1：

重庆＊＊旅行社国内部＊＊＊小姐：

您好！我社组织的 SSS-C-130518 团一行 33＋2 人(中宾)原报 2013 年 5 月 23 日乘 K923 次上午＊时＊分发车抵渝，有误，现应乘 K927 次 2013 年 5 月 23 日下午＊时＊分发车，于 5 月 24 日上午＊时＊分抵渝，请予更改，并准时接站。

不便之处请原谅，收到后请予回复确认。

上海＊＊旅行社业务部＊＊＊

2013 年 4 月 20 日

重要更改 2：

成都＊＊旅游公司计调部＊＊＊小姐：

我社 SSS-C-130518 团一行 33＋2 人(中宾)，原订 5 月 18 日乘 K290 次赴成都，现因出票问题，名单上 3、4、9、10 及 13、14 六位游客和一全陪改乘 5 月 19 日(星期日)SZ4502 航班抵蓉，预计 13:55 抵成都双流机场，请派车及导游接机，并安排食宿。

给贵社增加麻烦，请原谅。谢谢合作！

上海＊＊旅行社业务部＊＊＊

2013 年 4 月 24 日

(三)组团社发送正式计划

团队预报计划以后，经过组团社与地接社双方多次更改确认后，在基本内容，如人数、日程均已确定的情况下，应该在团队到达第一站前 10－15 天内，将正式计划传真至各地接社。正式计划应以公司正式文件的形式打印、盖公章，它既是地接社的接团计划，也是其结算收款依据，应力求准确。一般在正式计划发出以后，不应再有大的变更。发送正式计划应附上回执，以便各地接社寄回，确认收到无误。

上海＊＊旅行社　　　13 发第＊＊号

成都＊＊旅游公司、重庆＊＊旅行社国内部、武汉＊＊旅行社国内部及本社接待、财务各部：

现将我社组织的 SSS-C-130518 团一行 33＋2 人(中宾)计划发给贵社，请贵社接计划后按约以内宾标准团接待。订妥车、船票，按计划内容安排游览，并做好上、下站联络。如有更改请立即通知我社和下站地接社。团款已按约预汇80%，差额部分由全陪现付结清。此团系重点团，请各社予以关照！

谢谢！

祝合作成功！

日程安排、注意事项、游客名单、回执等见附件。

上海＊＊旅行社

2013年4月28日

正式计划中应包含以下内容：①旅游团的名称、团号、组团社的名称以及全陪的姓名、联系电话；②团队行程和各项服务的标准、特殊要求；③团队客人资料（姓名、性别、年龄、国籍、身份证号或护照及签证号码等）；④各站接待社名称、联系人及联系电话。随正式计划一同发出的还应有各地接社的注意事项、费用结算方法说明、回执和旅游团委托协议书。

（四）地接社再次确认

在收到组团社发来的正式计划后，地接社应首先给予回复确认，然后按要求安排好各项旅游服务，形成一份详细完整的接团计划书，并盖章确认，反馈给组团社。一般情况下，地接社在发出确认函后，接团计划不再更改。若遇特殊情况，计划有所变更，则要及时以传真的形式告知组团社，以最后的传真为准。

（计划回执样本）

上海＊＊旅行社：

贵社发来SSS-C-130518团计划收悉。我社将按贵社计划接待此团。

此致

敬礼

成都＊＊旅游公司

2013年5月1日

有时在旅游团队临行前还可能会有突发情况，如果对团队的行程有影响，组团社应尽快通知各地接社，以便尽早安排相关事宜。

紧急通知：

成都＊＊旅游公司、重庆＊＊旅行社国内部、武汉＊＊旅行社国内部及本社有关各部：

非常抱歉，我社组织的SSS-C-130518团名单中27、28两位客人因家中主要亲属生病住院，不能参加此团，请取消这两位游客的一切车、船票和住房。请各社关照，尽量减少损失，如产生必需之费用请报我社，由我社承担。

谢谢！不便之处请谅解！

上海＊＊旅行社业务部

2013年5月17日

（五）监督控制

在游客的旅游过程中，组团社要做好旅游活动的监督控制工作。首先，派全程陪同导游员作为组团社的代表对旅游团负责并与导游保持密切联系，及时关注相关信息；其次，监督地接社是否按照合同约定的标准提供服务；最后，遇到突发事件，要多方协调，排除困难，确保旅游活动顺利进行，如确由不可预见因素引起旅游活动中断或计划更改，要配合地接社做好游客的思想工作，并按有关规定处理后续事宜。

（六）团队结束后工作

1. 处理游客遗留问题，做好售后服务

旅游团旅游活动结束后，组团社要及时处理好旅游团遗留的问题，游客投诉的处理、遗失物品的归还、游客意见表的发放等。组团社的售后部门人员可采用电话访问、寄送贺卡、发送电邮、登门拜访等形式，感谢游客对本次活动的支持，并表达继续合作的意愿。对特别重要的客人，可在其生日或其他纪念日、节日送去祝福，并经常保持联系，在公司重大活动时邀请他们参加，及时向他们提供旅行社的最新线路信息，以增进与游客的感情，争取良好的口碑和回头客。

2. 财务结算工作

财务结算包括组团社与全陪导游内部账目的结算和组团社与地接社之间的团款结算。组团社内部结算只需全陪导游按照团队的实际花费填好报销单，然后去计调和财务部门核实，在出团前领取的团款中扣除（多退少补）即可。组团社与地接社之间的结算一般采取三次支付的方式：预付、现付和最后付清。预付是在团队出发前所付的款项，主要用来订机票、火车票等；现付是指全陪导游在旅游过程中现场支付的款项，如餐费、住宿费、景区门票费等；最后付清是指在团队旅游活动结束后，组团社应根据与地接社之间的协议，在规定时间内付清所有款项。但是现实中由于组团社与地接社之间缺乏良好的信用机制，结算方式一般只采取两次支付，即预付和现付。

3. 总结工作

每次旅游活动结束后，组团社都应综合游客的反馈意见、全陪导游人员的汇报和财务部门提供的盈利情况，对整个发团过程进行一次认真的总结和分析，为日后的发团工作提供借鉴和参考。

五、组团社与地接社的关系

（一）相互协作、互惠互利

组团社一般情况下只有通过与旅游目的地的地接社的合作，才能圆满地完成旅游产品的销售。因为，地接社对当地旅游景区（点）、交通、食宿等要素更加熟悉，也能很方便地以更优惠的价格购买到这些旅游服务。所以，组团社通过地接社来组织和安排旅游者在旅游目的地的旅游活动，能减少组团社的负担，便于组团社的操作。而接团活动，也是旅行社经营业务的重要组成部分，地接社通过这种接待活动获取利润。组团社和地接社之间的精诚合作，能使旅游团的计划旅游活动顺利、有序完成；反之，则有可能引起争议和矛盾，影响旅游活动和游客的利益。因此，组团社和地接社之间是一种协作和互惠的关系。

信息链接

地接社和组团社如何实现共赢

无论地接社、组团社都应始终坚持诚信至上、诚恳做事、诚心做人。做旅游是交人也是交心。用我们的真诚去换取真心。那如何实现双赢呢？在实际做团的过程中，其实组团社和地接社都想实现利润最大化。这是无可指责的，但如何实现呢？

一、地接社报价时，速度要快，因为一般组团社在询问价格时，都是有客人在咨询，组团社也想在第一时间给客人报价。

二、地接社报价时，要切合当地的实际情况，不要以为只有报价低，组团社才会选择自己，实际不是这样。

三、组团社在选择地接社的时候，也不会选择报价高的。成本太高，不好给客人报价，容易丢团，所以地接社在报价时，也可多报几个价格，同样的线路，不同的标准下，车、房都是有差异的，让组团社有个选择的范围。

四、在给组团社做行程报价的时候，尽可能把行程做详细，如有可能，再把返程大交通的航班或车次列出，并注明时间。通过以上做法，会给组团社留下非常好、非常深刻的印象，当团队确定以后，就会首先想到你，这样合作的机会就会很大，只要用心去做就可以达到共赢。

（信息来源：http://www.17u.com/blog/article/63438.html）

（二）监督和被监督的关系

组团社通过出团计划书与地接社之间约定有关接待事项。如，交通工具的选择、食宿标准、线路中所包含的游览景点，以及付费方式等。因此，地接社在团队接待过程中要受到组团社的监督和约束，不能随意更改事先约定的有关接待事项。否则，组团社可根据有关约定扣减团费或通过法律手段解决问题。

案例 1

组团社要做好对地接社接待服务的监督工作

①陕西 A 旅行社向成都 B 旅行社发了一个 22 人的团队，旅游安排由成都 B 旅行社在合同中明确规定为……住三星级标准间，空调车接送……但在后来的旅游活动中，住宿及交通工具皆未按合同规定安排，游客极为不满。在游程中，全陪几次打电话与 A 旅行社联系。A 旅行社同成都 B 旅行社交涉未果。后来，A 旅行社扣除其 20% 的金额，并相应给游客一定的赔偿，总经理亲自出面道歉，使游客在精神和物质方面都获得一定的补偿，维护了旅行社的形象。

②由陕西 H 旅行社组团的 22 人前往四川旅游，四川 K 旅行社做地接工作。但当该团于早晨 7:05 到达成都火车站时，K 旅行社无人接团。全陪打电话给地接社，15 分钟后来了两位工作人员，但没有车，于是决定打的送客人先去饭店吃早餐，费用由地接社承担。由于人多，下车后，两位工作人员挨个付车费，忙乱中，忽略了走在前面的车，导致司机与客人发生争吵，全陪出面调解，并付了车费，但司机仍出言不逊。为此，客人十分生气，气氛紧张，工作人员再次上前调解。至于漏接的原因，地接社称组团社传真有误，而组团社则认为地

接社对传真理解有误。

分析：1. 组团社与地接社之间的权利与义务由合同规定。

2. 组团社与地接社之间也有一个特殊的营销关系和质量监督机制。

3. 地接社应特别注重履行协议，并特别注意接待质量。

4. 组团社应慎重选择地接社。

5. 组团社与地接社之间的文件往来应规范、无歧义。

案例 2

地接社对组团社的考察能忽略吗？

A 旅行社计调人员李小姐接到外省 S 旅行社打来的长途电话，其在电话中称自己有很多家国外客户，客源较多，想与 A 旅行社合作，将团队交给 A 旅行社接待。对方还留下了自己的姓名、通讯地址及联系方式等。李小姐想：目前客源不多，送上门的客人为什么不接呢？何况对方还留有姓名、地址等。于是就接受了对方的接待计划。开始合作时比较顺利，接完团后 A 旅行社财务部将账单发给 S 旅行社，S 旅行社也较快地将款项如数汇来。但双方合作一段时间后，问题出现了：A 旅行社的账单转去很长时间，却一直没有收到 S 旅行社的汇款。几经核查，才发现对方当事人是个人承包了这家旅行社，承包期满后早已离开该社，目前该社又换了新的承包人。A 旅行社与新承包人多次交涉，要求结账，但新承包人根本不管原来遗留的账目。这样就造成了 A 旅行社接待的这些团队的账款无法结算，成为“死账”，使旅行社蒙受了巨大的经济损失。

分析：地接社与组团社合作时，通常都是组团社监督地接社的接待服务质量，但反过来，地接社也要对组团社做好监督和把关。地接社应对组团社的情况进行了解，选择合法经营、市场信誉较好的组团社，优化账款的支付方式。不能贪图小利，更不要因前期合作较好而放松警惕。

信息链接

外地组团社与地接社起纠纷　引桂林旅游界群起维权

http://www.gxnews.com.cn　2005 年 05 月 26 日 03:35

新桂网－南国早报记者 秦艺洲 唐晓燕

5 月 17 日，南京组团社与桂林地接社发生团款纠纷，导致百余名游客游览行程被中止一事，经本报报道后引起强烈反响。5 月 24 日，桂林市国内旅行社协会召集桂林部分旅行社研讨，寻找解决组团社和地接社团款纠纷这一“顽疾”的办法。

欠款事件频频出

事件一：2004 年 11 月，桂林某旅行社接了一个唐山来的旅行团，组团社付了 80% 的款后，剩余的约 1.5 万元承诺在该团临走时全部付清。可在离开当天，款项迟迟未到位。地接社害怕团回去后，团款会“一去难复返”，于是采取不给返程车票的方式，要求组团社付清欠款。组团社出具一张银行卡，当面取出 5000 元钱交给地接社，并把卡和密码留给地接社，请他们明天自己把剩余的 1 万元取出来。感觉到对方付款的诚意，地接社交付了车票，让游客顺利返程。但当他们第二天去取钱的时候，却发现卡被冻结了，取不出钱，了解后才发现，组团社在头天便以挂失的形式冻结了这张卡。

事件二:2005 年 5 月 17 日,由于组团社南京市黄河旅行社不付钱,不打欠条,地接社桂林市桂海旅行社无奈中止游客最后半天的游程,不提供返程票。在双方旅游局紧急协调下,100 多名游客才得以如期返程。

被欠团款数百万

桂林市国内旅行社协会会长、桂湖旅行社有限责任公司董事长刘桂民说,他 1988 年从事旅游,当时国内旅行社还无拖欠款现象,直到 1994 年才有此事。许多组团社都欠过他所在旅行社的团款。有一年,他为了追讨团款,与律师飞到青岛,几经周折,团款虽拿到手,可他也花了上万元成本,得不偿失。据他了解,外地的组团社欠桂林国内旅行社的团款已达数百万元。

桂林另一家旅行社老总说,当前,地接社已成了旅游界的弱势群体。旅行社要交给旅游局质量保证金,可这笔钱在旅行社之间发生经济纠纷时是不能动的。他建议旅游部门增加质量保证金的赔付功能,今后只要有起诉,当地旅游局就可从质量保证金中划账,这就可约束组团社不敢轻易欠款。

另一家旅行社负责人说,国家旅游形势已大变,但相关法规却滞后。国家旅游管理相关条例已实行了近 20 年,都未改动过,应尽快出台新的相关法律法规。旅游合同范本要进一步规范,现在更多旅游合同中规定的是应该怎样做,而没有规定做不到该怎么办。他认为,目前先付款后接待很难做到,可以边付款边接待,游一段向对方要一段的费用,这也就相当于是先付款后接待了。

与会的旅行社负责人初步达成共识,今后不再接南京黄河旅行社的团。同时,要将近年来严重拖欠桂林各旅行社团款的外地旅行社名单在媒体上曝光。

专家:不付款不接待

桂林旅游高等专科学校导游系主任周刚刚指出,组团社拖欠地接社的团费,是旅游界的“老大难”问题。很大程度上,大旅行社的合作是凭信誉在做团,不少旅行社是今年做团,拿的却是去年对方付的团费,没一定资金垫付能力的旅行社是很难支撑下去的。桂林以地接为主,受组团社的“气”在所难免。他认为,组团社不先付款,地接社就不接待。这个过程在最初实施时,也许会比较艰难。

桂林市旅游局法律顾问苏明伦说,目前我国的相关旅游法规还不是很健全,像这样的纠纷,更多适用的是《合同法》,其中有一条规定提到,如果合作一方有可能违约,另一方可停止合作;而另一条又规定,如果一方违约,另一方应采取措施,防止损失扩大,否则,扩大部分的损失由扩大方负责。也就是说,真要打起官司来,这两条规定,不论对地接社还是组团社,胜负都是各占一半。他建议双方旅行社签订合同时要注明:将来发生纠纷处理,交由合同履行地司法机关处理。有了这一条,地接社与组团社打官司,地接社会主动一些。他建议桂林国内旅行社协会全体成员签名向中国国内旅行社协会提交行业自律公约,今后可根据公约,以协会名义起诉某一家旅行社,维权将省不少事。

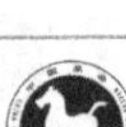

主管部门:还是要沟通

桂林市旅游局行业质量科况科长说,该局很快会写出相关意见呈报国家旅游局,建议各省旅游部门不要偏袒所属地违规的旅行社。而针对桂林的主要客源地,该局在近期内会对其进行工作拜访,通过沟通与交流,增进感情,方便以后处理相关事宜。

桂林市旅游质量监督所副所长吴健认为,有些组团社经常以游客反应接待服务质量不好等为借口，造成双方相互扯皮，恶意拖欠团款。要改变这种现状，专靠对那些恶意拖欠团款的旅行社进行曝光，他认为存在一定弊端。

他同时强调，组团社团款不到时，如果对方事先也在合同上写明了“违约责任”，地接社可拒绝接团，旅游主管部门应支持这一做法。

（资料来源：广西新闻网 http://www.gxnews.com.cn/staticpages/20050526/newgx4294d380-378885.shtml）

（三）可以相互转化

在前面已经讨论过，组团社和地接社是相对而言的，同一家旅行社，既可做发团业务成为组团社，也可做接团业务成为地接社。一般说来，经济发达的旅游客源地的旅行社主要角色是组团社，而旅游资源条件比较好的地区的旅行社主要角色是地接社。但这不是绝对的，组团社和地接社不是截然分开的，而是可以相互转化的。

能力训练：拟写发团计划和变更通知

训练目的：

能够运用所学知识实际操作向地接社发送团队计划和变更通知

内容与要求：

1. 南京 A 旅行社计划于 2013 年 5 月 1、2 日组织 30 名南京居民来湖州进行两日游，要求湖州 B 旅行社安排湖州市区一天、安吉一天的游览活动，其中住宿要求三星级宾馆，其他按标准等级接待。请代 A 旅行社预报计划。

2. 对上述旅游团，湖州 B 旅行社给安排了一家三星级宾馆，但是现在游客对 A 旅行社说想要住四星级宾馆，而且由于一对夫妇临时决定要带个孩子，要在房间内加床。请就该情况代 A 旅行社向 B 地接社发一份变更通知。

注意书写格式的规范、语言通顺无歧义以及礼貌用语的使用。

思考题

1. 选择地接社时应从哪几方面进行考察？
2. 简述组团社的发团作业流程。
3. 组团社与地接社的关系是怎样的？

项目十三　团队结账工作

学习目标

- 掌握旅行社全陪导游的报账程序和报账制度
- 了解旅行社应收账款的管理

● 学会填写导游报账的相关单据，能够完成团队报账工作

基本知识

一、导游报账程序

导游报账程序见图 3-13-1。

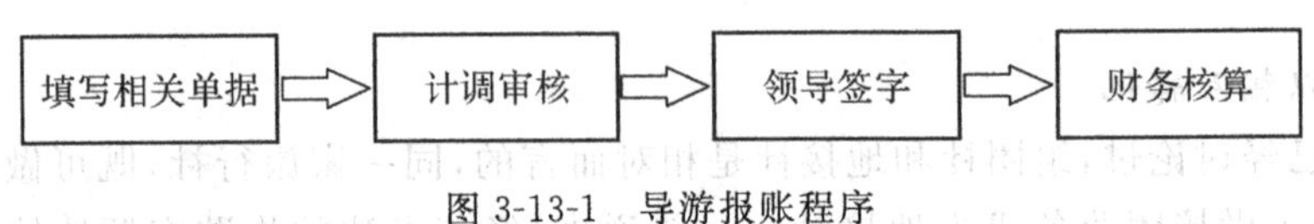

图 3-13-1 导游报账程序

(一)填写相关单据

一个团队旅游结束后，全陪导游应在规定时间内到旅行社完成旅游团的结账工作，报账时导游需按要求填写相应单据并签字。单据表格无统一版式，每个旅行社都会根据自己的需要和喜好设计不同的表格，以方便旅游团的结账工作。

1. 团队报账单

团队报账单(表 3-13-1)就是一个旅游团队基本花费的明细表。导游要把团队食、住、行、游等方面花费表述清楚，相应费用的发票凭证整理清楚后粘贴在报账单背面，以便财务核算。如实际花费与计划有变的，需在备注栏中说明清楚。

表 3-13-1 团队报账单

成都中国旅行社(川锦假期)

导游费用拨款结算单

日期： 编号：

总社计划号		国籍		组团社		成人： 人
旅行团(者)名						6—11 岁儿童 人
旅行等级		全陪		地陪		2—5 岁儿童 人
团队到离时间	2011 年 月 日—2011 年 月 日					
拨款项目	费用结果 (RMB)			导游挂资		
门 票						
房 费						
餐 费						
车 费						
导 服						
晚 会						
					总收入：	
					总支出：	
					毛利：	

2.差旅费报销单

大部分旅行社对于导游的带团津贴都是采取随团结账的形式，所以导游在报账的时候还要填写“导游差旅费报销单”(表3-13-2)，以领取带团津贴。

表 3-13-2　差旅费报销单

杭州友达旅游有限公司

地址：杭州市西湖区学院路130号610室　座机：0571-89738072　传真：0571-85422558

差旅费报销单

部门：　　　　　　　　　　　　　　　　　　　　年　　月　　日

经理：　　　　　　会计：　　　　　　主管：　　　　　　出差人：

月	日	地点 起	地点 讫	车费	餐费	住宿	其他	合计	说明	备注
旅费总额				暂支旅费额				应付(收)额		

3.其他表单

有些旅行社要求导游报账时携带“游客意见表”(表3-13-3)和“导游工作小结”(表3-13-4)。导游应在团队行程结束前请游客填好“游客意见表”，如果游客对导游服务不满意，甚而有投诉现象，旅行社会相应减扣导游部分或全部带团津贴，甚至罚款。“导游工作小结”主要用来了解导游带团的执行情况，特别是对于新导游来说，有助于其分析问题、总结经验、提高带团技能。

表 3-13-3　游客意见表

友达旅游 YOUDA TRAVEL

杭州友达旅游有限公司

地址 杭州市西湖区学院路 130 号 610 室　　座机:0571-89738072　　传真:0571-85422558

游客意见反馈表

团队编号		团　号		目的地	
旅游时间		出游形式	散客 □	团队 □	

评价 内容	好	较好	一般	差	评　价 内　容	是	否
游程安排					是否签订旅游合同		
用餐质量					是否有被强迫购物或自费项目		
住宿安排					是否有景点遗漏现象		
车辆车况					导游有否索要小费和私拿回扣		
导游服务					导游(领队)是否佩戴导游证(领队证)		
司机服务					旅游过程中是否有安全提示		
总体评价					是否会再次选择本社旅游		
意见建议							

全陪导游(领队)签名:　　　　　　　　　　地接导游签名:

表 3-13-4　导游工作小结

杭州友达旅游有限公司

地址 杭州市西湖区学院路 130 号 610 室　　座机:0571-89738072　　传真:0571-85422558

导游工作小结

出团日期		团　号	
人　数		目的地	
带团小结	(带团主要情况、存在问题及改进方向)		
计调 初审意见	(团队操作情况、存在问题及改进方向)		
总经理 审核意见	(总体评价)		

（二）计调部审核

导游将填写好的相关表格和出团任务书（方便计调核对账目）一同交给负责该团队操作的计调人员审核。计调人员应根据出团任务书细心核对各项费用是否符合计划并计算正确，审核无误后签字确认。如有计划外开支，计调人员要审核其是否合理、必要以及是否得到了领导批准。

（三）领导签字

计调审核签字后，导游携带团队报账单及差旅费报销单找领导签字，一般为旅行社主管财务工作的总经理。

（四）财务核算

计调、总经理签字后，导游最后到旅行社财务部门找工作人员核实报销单据和发票，此时应提供出团前领取备用金的借据（表 3-13-5），多退少补。也就是说，如果备用金大于实际花费，则导游应退回剩余款额；如果实际花费大于备用金，则旅行社应补给导游。之后导游领取带团津贴，真正做到"一团一清"。

表 3-13-5 借据样本

借　　据

年　月　日

兹因________________________________		借到
人民币（大写）：	￥：	
此　　据		
	借款人	签名（盖章）

二、导游报账制度

除了按照规定程序进行报账外，导游还应做到及时报账。旅行社一般会要求导游人员回团后几天内必须向财务报账，逾期者将会受到处罚。如遇节假日、连续出团及其他特殊情况的可顺延。导游在报账时费用要如实申报，不得虚报或假报，不得报团队之外的费用，违反者也会受到处罚。

信息链接

江西九江假日国际旅行社有限公司
导游报账规范

1. 报账前请导游带好门票、发票、返单，如果没有带，报账员将拒绝给其报账。
2. 导游凭第一张报账单报账，即写了签单号及借款金额的计划单。
3. 借团款金额导游如不确定可与出纳核对后填入报账单。
4. 返单上请导游写好自己的名字。
5. 请按范本填写好组团社名称、人数及团号。
6. 导游没有现付，但是签了单的金额一定要填上，签单的酒店或宾馆名称也要填写清楚；

机场大巴统一报44元/人;如果因为导游不写签单金额,漏算成本,此费用将由导游承担。

7.公司所带门票导游要报入团队报账单里,金额填入签单栏,门票多出需退回。

8.导服、加点、进店的金额请导游填入相应位置,加点进店的金额务必保证其真实性,一经查出虚报,需承担相应的责任。

9.现付给司机的车费,请导游向司机索要收条,以便维护自己的利益。

10.粘贴各票据时请按以下次序贴好,门票贴在最下边,门票上面贴车票,发票贴在最上边,贴门票时左上角需留出一定的位置,以便装订。

11.即日起每团的水费正常标准统一为1元/瓶,特殊团队最高标准为1.5元/瓶,如有超出,超出部分需相应部门(导游或计调)承担。

12.如果是从公司带卡的,报账时请填写好卡的银行名称,报账金额填入签单栏。

江西九江假日国旅财务部

2012.6.20

三、旅行社应收账款的管理

案 例

客户团款迟迟收不回,怎么办?

年底了,2007年的战役即将收尾,刚刚松了一口气,可是让财务将应收账款报来之后,刚刚放松的思绪不由得才下眉头,又上心头。公司应收账款仍有60万元之多。今年公司在应收款问题上力度很大,可是仍然防不胜防。我们规定:1.团队出发前必须付清全部团款,如是大客户特别客户不能付清必须经总经理签字同意之后方能签订合同,并注明余款付款方式及付款时间。2.谁经手业务谁负责收款,收不回来不发奖金。不过一笔一笔看来,并没有死账呆账。基本上全是单位欠的。司法局、地税局、土地局、邮政局、银行、学校等等,近期公司已成立催账办,由专人负责,可是效果仍然不太明显。大致分为以下几种:

(声明:我们的团队质量没有任何问题)

1.死拖型。例如某办公室主任老是说最近忙、最近忙,下周、下周再下周。说实在的,我已要了不下10次,实在不好意思再去了。

2.推托型。例如某局长说:我们的资金被冻结了,最近什么钱都拿不出来,只能等什么时候解冻什么时候拿了。

3.无奈型。例如某局长说:我们有钱,可是要省局批准后专款专用,省局不批我们有钱没法动。

4.矛盾型。例如某局,局长批了,办公室主任批了,分管财务的副局长就不批。

5.无赖型。所有领导都批了,可是会计就是不给,就是没钱,等着吧!

大家都知道,既然能做下来这些单位,肯定关系不错,好多单位领导在出团前拍着胸脯保证:到家就给,不会欠你们钱!可是到家就变样了。要钱的滋味真的很不好受。真是无奈。有时我们气得说,款不付清的团不做。可是面对老客户大客户,款不付清还能真的不做吗?

(资料来源:旅交汇 http://www.17u.net/bbs/show_4_688495.html)

分析：旅行社的应收账款，如果拖欠时间长、数额大，将会给旅行社的经营带来很大压力，一方面是流动资金的需求，另一方面是银行贷款的高额利息。所以旅行社一定要做好应收账款的管理工作，事先制定好付款政策，事后要有相应的追偿措施。对于惯于拖欠款的大客户，在报价时就要考虑到拖欠产生的相应成本。

旅行社的应收账款主要有两种：①旅行社除了在营业厅接收散客出游之外一般情况下需要开拓一些大型企业客户，这些大型企业为了给员工提供较好的福利政策，以体现企业的凝聚力，一般都会定期组织员工外出旅游，而旅行社为获得客源，同时也为了体现自己的实力和信誉，往往会采取先旅游后收款或先预收部分款，待旅游结束后，无质量问题再结清尾款的办法，从而形成旅行社的应收账款；②外地旅行社（简称组团社）组团到本地来旅游，交本地旅行社（简称地接社）接待，组团社往往让导游带部分备用金，先预付一些门票费、住宿费及交通费，余款待旅游行程结束后再结清。有的时候组团社会借用各种理由，比如住宿不达标、餐饮不卫生、旅游车不够档次等，拒绝全部付款，更有甚者恶意拖欠，形成旅行社与旅行社之间的应收账款。加强应收账款管理，旅行社应采取以下措施：

（一）加强业务部门销售环节的管理

因为旅行社业务部门直接同客户打交道，对客户比较了解，站在销售的角度加强旅行社应收账款的管理更具现实意义，可以从源头控制应收账款的发生及扩大。业务部门销售环节应收账款的管理应从以下几方面着手：

1. 配合公司制定的信用政策，做好挂账客户的资信调查工作，了解客户的财务状况、经营能力、以往的业务记录、付款信誉等是否符合公司的规定。

2. 对应收账款落实责任到人，各业务人员经办的业务各自负责并与其收入挂钩，对于逾期未能收回应收账款的业务部门和相关人员，旅行社应当在内部以恰当方式予以警示，接受员工的监督。对于造成坏账损失的，应按照内部管理制度扣减其奖金乃至处分。

3. 建立挂账审批制度，强化销售管理。所有的挂账业务均需经过有审批资格的相关人员审批后方可执行。

4. 根据资信调查结果确定挂账金额的大小和期限的长短。比如旅行社规定当年应收账款的回收率为90%，则应确定各个挂账客户的最大挂账金额并予以分配落实，以便随时查看挂账金额有无超过，同时规定挂账的期限一般不超过三个月。

5. 每笔挂账业务应及时进行确认核实并及时上报财务部门进行核算入账，防止应收账款的盲目扩大。

6. 挂账时应签订书面的挂账协议，协议内容包括：挂账限额、挂账期限、有效期、挂账年底清账、逾期不还的处理办法，以便为以后出现纠纷时提供法律依据。

（二）制定正确合理的信用政策

旅行社应收账款的增加与减少，取决于旅行社执行的信用政策及其执行情况。当信用政策宽松时，应收账款和旅行社的业务量往往增加，一方面导致团队毛利增加和市场占有率的扩大；另一方面也容易造成应收账款回收的费用及坏账损失的增加。当信用政策紧缩时，一方面可以减少回收应收账款的费用开支及坏账损失的风险；另一方面却不利于团队毛利增加和市场占有率的扩大。为此，各旅行社应从自身所处的市场条件及客户的资信状况出发，制定适当的信用政策。

制定适当的信用政策实际中运用最多的为信用五法：

①品德：满足信用义务的品质，最佳测试工具是客户以前的付款记录；

②能力：目前的收入满足信用义务的能力，主要通过查看客户的收入情况或现金流量情况来评价；

③情况：宏观经济及行业情况对申请人信用的影响；

④抵押品：不付款状况下能收回的抵押品；

⑤资本：如果需要，用现有的资产满足信用义务的能力，可以通过察看净资产，即所有者权益净值来评价；在实际运用中对新客户应进行充分的资信调查，设法了解其资产状况，以便决定是否对其提供信用，对已经建立起来的客户，视其在公司客源中所占的比例及付款信誉决定对其是否提供信用或缩减信用范围、规定信用条件等。

（三）完善旅行社应收账款的内部控制制度

旅行社要贯彻执行不同的职能分别由不同的人员和部门负责，建立岗位和人员负责制，做到责任明确、分工具体、各司其职，以此互相监督应收账款的回收和清理工作。具体应做到以下几点：

1. 应收账款的挂账单位的审批应高度集中，业务部门应写明挂账单位的名称、挂账金额、挂账期限等报公司主管领导审批，同意后方可挂账，否则应予以现收。

2. 业务部门应根据旅游接待计划书上的内容，及时编制应收账款结算单或报价书。

3. 财务结算人员凭业务部门转来的结算单或报价书，对照旅游计划、协议及相关价格进行审核，审核完毕后予以确认，并将此账单传真对方单位予以确认，盖章回复后方可入账。

4. 应收账款的收款及开票工作应由出纳人员办理，并将收款凭证交会计人员记账，以便及时清理已收到的应收账款。

5. 对应收账款产生的坏账，应及时报批处理，报批处理时应注明单位、金额、坏账原因及坏账的项目等，报批权也应高度集中，已转销的坏账也需在备查簿中登记，使其处于财务控制之下。

6. 应收账款的回收工作应具体落实到人，谁销售做团谁负责回收应收账款。

（四）加强会计核算和监控工作

1. 旅行社会计核算主要是计算团队毛利及管理好往来账，更重要的是应收账款的管理。所以应按照客户单位设应收账款台账，详细反映各业务部门及各个客户应收账款的发生、增减、余额及每笔账龄等财务信息。

2. 对挂账业务及时进行会计核算，定期编制应收账款净额表，包括团号，金额，挂账期限，销售人员及须抵冲的应付账款。并每月将此报表反馈给各业务部门及有关人员，同时上报主管领导，以使其对应收账款引起足够的重视。对应收账款做账龄分析，结合协议内容，提请有关部门和人员采取相应的措施，减少坏账的产生。

3. 财务结算人员定期及时向挂账客户寄送对账单和催交欠款通知书。对未超过期限的，须经常予以核对双方往来账，主要是获得双方销售人员确认、财务认可盖章的确认书，作为双方对账的原始凭证，为以后收款提供依据。对超过期限的挂账客户，在发出对账单的同时，分发催交欠款通知书，及时催收欠款，各销售人员应积极配合财务人员做好此项工作。

4. 及时对应收账款进行清理工作。通过对应收账款的账龄分析结合挂账客户的基本情况，有针对性地督促财务和销售人员加紧催收，特别是一些信誉较差、欠款时间较长、金额较大的客户。

5. 每年年终时，必须安排专人全面清查应收账款，并与债务人核对账户余额，并收回款项。对收不回来的应收账款，分析原因，提出建议，报告公司领导按内部规定予以财务处理。

（五）制订合理的收款政策

旅行社应按照旅游市场和企业自身的状况科学地制订应收账款的收款政策，确定合理的程序和方法。一般来说，最好信用客户按协议付款，而且付款迅速，不用催收。少数挂账客户将被证实是赖账之徒，收回欠款的可能性非常之小，如何成功地与介于这两种客户之间的信用客户打交道是制订合理的收款政策的关键。收款过程所要遵循的一系列特定步骤，取决于账款账龄期限、欠款数额的大小以及其他因素。典型的收款过程可包括以下步骤：

1. 传真：是无声的催收方法，表示友好的提醒，如果还未付款再发，措辞可变为严厉一点。

2. 电话：是有声的催收方法，在发出最初几次传真后使用，如果有困难，可以提出折衷办法，付一部分款比一点都不付要好。

3. 上门催收：是面对面的催收方法，在传真和电话催收无果情况下，只能派出销售人员及财务会计上门催收，一般来说，效果较好。

4. 诉讼程序：如果以上都不能催收到款，且数额相当大，可以采取必要的法律行为，前提是此笔债务必须经过双方确认盖章认可。

以上不难看出，收款过程本身是成本付出过程，从上到下成本费用的付出越来越高，所以催收应收账款的过程应有的放矢、因地制宜，制定出行之有效的方法来。

综上所述，要及时收回和减少应收账款的根本出路是旅行社必须加强市场调查，增加旅游产品的品种，强化企业的经营管理，生产出能让旅游者满意的产品来，扩大销售渠道，增强竞争力，争取采用现销方式销售产品。同时应加强内部管理，运用合理的信用政策及收款政策来管理应收账款。

信息链接

××旅行社财务管理制度

一、对财务人员的要求

1. 所有参与财务管理的人员要有高度责任心，工作认真负责，按章办事。

2. 总经理审批一定要严格控制在年度预算范围内，如果因特殊情况超出必须经总经理同意方可执行。主管会计要及时做好各项报表和账目，现金会计每周六要及时准确地把收支情况报给主管会计，并要谨慎审核各项开支，实行钱账分开。

3. 现金会计和主管会计一定要配合好，所有账目要每月一结，每月一公布，做到账款相符，不得拖延。

4. 任何人不得擅自挪用公款，不得损公肥私，一经发现处以1000元—10000元的罚款。

二、办公室开支审批

1. 所有办公室开支要先做出预算，报总经理签字批复后凭借条从现金会计处借款，凭发票报销。无批条擅自开支的不予报销，由个人自理。如总经理不在单位时，必须经电话征求同意后方可执行。

2. 办公开支500元以上必须经总经理签字同意，若时间紧急且有人外出必须电话征求同意后方可执行；500元以下(含500元)由副总经理签字。

3. 各位员工的开支要及时报给总经理签字后到财务处报账。

4. 所有报销单据一律粘好，干净、利落、美观。

三、团队账目审批

1. 所有团队、散客一经签订合同，应及时把所收团款交到财务部，不得个人保留团款，一经发现处以100元—1000元的罚款。

2. 原则上团款专款专用，导游外出带团需从财务部借款时，现金会计必须查看该团团款回收情况，以计调部出具的预算单上所需金额为准借出费用。如需垫款必须经总经理同意签字，以保持公司正常的现金流量。

3. 所有团队的支出一律由计调部出具团队预算单，并签字后报给财务部，财务部要严格审核各项开支是否在预算内、各种票据数字是否吻合且有效后，方可予以报账。

4. 所有团队团款出团前付80%，余款在团队返回后三日之内必须全部结清，出现呆账、坏账追究责任，谁造成的损失谁负责；散客出团前必须全部交清费用，否则不予发团，特殊情况须经总经理批准后方可。

5. 所有团队在报账时必须有合同、计调部预算单、行程、报销清单、意见反馈表、导游日志，并装订成册，缺一不可，否则不给予报账。

四、业务经费开支审批

1. 公司所有因业务需要的开支必须事先征求业务副总同意后方可支付，否则公司不予报销。

2. 业务副总审批时必须严格把关，根据团队竞争情况灵活把握，节约一切不必要开支，把业务经费控制在年初预算内，单团经费原则上不超过该团毛利润的10%，并且单团单列。

3. 业务经费包括：请客、送礼、乘车费、团队加酒水等其他开支。

4. 总经理对业务经费进行监督。

五、门市部

1. 门市部的所有团队收入一律及时汇到财务账户上，不得擅自保留团款和挪用团款。

2. 门市部的所有开支一律列好所需开支清单并用传真方式传至总公司处，经总经理批准方可支出，财务把所需费用汇至其门市部账户上，然后凭发票报账。

3. 门市部每月来总公司报2次账，并汇报门市部的近期情况。

六、工资、奖金、出差补助

1. 员工当月工资于次月25号发放，门市人员工资由财务部直接汇至门市部账户上。

2. 业务奖金一旦团款全部收清，立即发放，门市的业务奖金由财务部直接汇至其账户上。

3. 出差时需通知业务经理和办公室，经同意后方可，出差补助由总经理签字后报给财务。

4. 下乡镇跑业务时，费用一律列入各自团队的经营费用当中。

七、财务部与计调部的合作

1. 财务部与计调部之间要协作共进，互相帮助，共同把公司的核心工作做好，为公司的

其他工作做好后勤工作。

2. 计调部每天下班之前把当天所出团队的情况报给财务部，以便财务及时掌握所出团队的情况，并做好团款的预支。

能力训练：填写导游报账单

训练目的：

学会填写导游报账单

内容与要求：

根据下面的出团任务单填写导游报账单。

杭州友达旅游有限公司出团任务单

团　　号	HZYD-20130727		团队性质	成人
线路名称	上海热带风暴水上乐园＋长风海洋世界2日游		客户人数	45人
客户名称	杭州＊＊＊公司		客户电话	15888888888
接团时间	2013年7月27日		接团地点	杭州大厦
回程时间	2013年7月28日		散团地点	杭州大厦
领款金额	2万元整		实际人数	
行程内容	发票抬头请开：杭州友达旅游有限公司			
行程备注	见行程单			
全陪导游	张＊：13999999999	地接导游	葛＊＊：13777777777	
用车安排	杭州＊＊＊＊汽车服务有限公司			
	49座旅游大巴车			
景点安排	7月27号上海热带风暴世界：150元/人(11:00之前入园) 7月28号上海长风海洋世界：70元/人，1m－1.4m的小孩：45元/人			
	(上海长风海洋世界若有任何问题请和此景区经理联系：13900000000)			
用餐安排	27日晚餐，餐费：35元/人			
	具体怎么用餐请跟全陪商量			
住宿安排	上海北外滩东信大酒店			
	地址：上海虹口区惠民路36号(酒店费用：180元/间)			
其他安排	全程无购物！			
行程预算	17000元			
导游领物品	导游旗一个。 导游签字＿＿＿＿＿＿			
相关责任人	责任OP：苏＊＊　车调OP：王队长　责任外联：余＊＊			
	导游如遇突发事件，需能联系到相关责任人			

续表

备注：	1. 计调确认以上安排准确无误，并与当团销售确认，将团队注意事项告知导游。 计调盖章签字： 2. 计调团队操作完成后，出团单交予导游前，须经主管确认。 主管审核签字：

导游报账单

组团社：　　　　人数：　　　　导游：

项目	费用	签单
门票		
住宿		
餐费		
车费		
加点		
备注项目		

计调审核：　　　　财务审核：

思考题

1. 导游报账有哪些程序？
2. 导游报账时都要填写哪些单据？
3. 旅行社应收账款的管理有哪些？

模块四　旅行社电子商务

学习目标

- 理解旅行社电子商务的含义
- 掌握旅行社电子商务的功能
- 掌握旅行社电子商务的发展措施和趋势

信息链接

《中国旅游电子商务发展报告》

2011 年 9 月 14 日，由中国旅游研究院主办、搜狐旅游频道协办的《中国旅游电子商务发展报告》学术成果发布会在京举行。来自中青旅、携程旅行网、去哪儿网、海航旅业、逸游网等旅游业界代表应邀出席，并就中国旅游电子商务发展进行了专题研讨。新华社、经济日报、中国旅游报、中国旅游网、《旅行社》杂志等媒体机构代表也参加了发布会。

《报告》研究成果显示，2010 年中国旅游电子商务（基于互联网平台的在线旅游业交易）市场规模达到 2000 亿元人民币，占整体旅游收入份额将近 15%。在旅游市场持续扩容和信息技术广泛应用的双重推动下，不同类型、不同模式的旅游电子商务主体得以快速发展。从目前走势看，尽管旅游电子商务在局部领域显示了垄断竞争的迹象，但是总体而言，这一市场还未进入分层竞争与分类竞争的成熟阶段，而且更多地体现为对传统旅游市场份额的渗透。

《报告》从市场环境、业态主体和宣传营销等方面分析了近年来中国旅游电子商务发展情况。报告还指出了旅游网络营销的新动态：微博成为旅游网络营销新媒介和网络团购成为旅游销售新渠道。

（信息来源：新浪网　http://travel.sohu.com/20110916/n319596638.shtml）

分析：科技应用是旅游现代化的必由之路。中国旅游现在已经进入国民消费为主的大众旅游发展的新阶段。在这个阶段上，一个典型的特征不是用百分之百的力量让 5%的人群满意，而是用百分之百的力量让 95%以上的人达到基本满意，适应老百姓的需求，用市场化的手段为多数人服务，这就要求我们充分运用科技力量为旅游业服务。同时，随着自助游的增长和科技日新月异的进步，旅游业态创新正在处于加剧的进程当中。

基本知识

一、旅行社电子商务概述

电子商务是利用计算机网络进行的商务活动。20世纪90年代后日益成熟的现代信息技术逐步渗透到人们生活中的每一个领域，以计算机网络技术为基础的电子商务也从单纯的网上发布信息、传递信息到在网上建立商务信息中心，从借助于传统贸易手段的不成熟的电子商务交易到能够在网上完成供、产、销全部业务流程的电子商务虚拟市场，从封闭的银行电子金融系统到开放式的网络电子银行，电子商务在各行业中的应用可谓如火如荼。旅行社电子商务则是旅游电子商务的一个重要组成部分，其市场发展潜力巨大，具有诱人的发展前景。

(一)旅行社电子商务的定义

电子商务通常是指在全球各地广泛的商业贸易活动中，在因特网开放的网络环境下，基于浏览器或服务器应用方式，买卖双方不谋面地进行各种商贸活动，实现消费者的网上购物、商户之间的网上交易和在线电子支付以及各种商务活动、交易活动、金融活动和相关的综合服务活动的一种新型的商业运营模式。

广义上讲，电子商务是指通过电子手段进行的商业事务活动。通过使用互联网等电子工具，使公司内部、供应商、客户和合作伙伴之间，利用电子业务共享信息，实现企业间业务流程的电子化，配合企业内部的电子化生产管理系统，提高企业的生产、库存、流通和资金等各个环节的效率。

狭义上讲，电子商务是指通过使用互联网等电子工具(这些工具包括电报、电话、广播、电视、传真、计算机、计算机网络、移动通信等)在全球范围内进行的商务贸易活动。是以计算机网络为基础所进行的各种商务活动，包括商品和服务的提供者、广告商、消费者、中介商等有关各方行为的总和。人们一般理解的电子商务是指狭义上的电子商务。

旅行社电子商务是指旅行社建立并实施一整套的、基于互联网技术的、有着规范的业务流程的在线旅游中介服务体系。

(二)旅行社电子商务的交易模式

旅行社电子商务系统的主要表现形式为旅行社网站，包括网页、旅行社内部管理系统及外部协作平台或网络。最常见的旅行社电子商务交易有B2C、B2B、C2B、C2C模式。

1.旅行社对旅游消费者的电子商务(B2C)

旅行社对旅游消费者的电子商务，即旅游电子零售。旅游者通过远程搜索、预订旅游产品，减少了时空带来的信息不对称。目前最广泛应用的旅游电子商务之一就是通过网络进行订房、订票，比如大众熟悉的携程网预订机票和酒店业务。随着经济和社会的发展，旅游者对个性化旅游产品的需求越来越强烈，个性游和度假休闲游将成为国人旅游的趋势。因此，旅行社在网站上提供品种多样、类型丰富的旅游产品信息，包括具体行程和价格，并且具备在线咨询、在线预订和支付等功能，更好地满足了人们的个性化需求。同时，利用24小时的呼叫系统来支撑全国的预订服务体系，大大降低了服务成本。

2.旅行社对旅游企业(B2B)

旅行社对旅游企业的电子商务，泛指旅行社与旅游企业之间的购买、销售旅游产品以及交换服务与信息的过程。包括旅行社向酒店、餐馆、其他旅行社、景点、车队等旅游企业采购旅游服务以及与其建立良好关系，客源地组团社与目的地地接社之间的委托、支付关系等等。各类旅游企业之间存在着复杂的代理、交易、合作关系，而B2B的实现大大提高了旅游企业之间的信息共享和对接，提高了整个旅游业的运作效率。

3.旅游者对旅行社的电子商务(C2B)

旅游者对旅行社的电子商务，泛指旅游者在专业的旅游网站、门户网站旅游频道提出需求，若干旅行社通过竞争来满足旅游者的需求，或者是由旅游者通过网络结成群体(团购)与旅行社讨价还价。通过这个虚拟的开放平台，旅游者上网直接发布需求信息。旅行社查询后双方交流，自愿达成交易。这是一种达成旅游者需求的个性化服务，能很好地满足顾客、丰富产品。目前有些旅行社已经实行该模式，旅行社网站有一个板块是"团队询价"，有意向出游的消费者可以在网站上填写好出游的各项要求，留下联系方式后，等待旅行社与消费者洽谈。

4.旅游者对旅游者的电子商务(C2C)

旅游者对旅游者的电子商务，这种交易方式在我国还处于起步阶段，主要是旅游者通过网络平台来销售自己的产品，可以是交通票、旅游纪念品、旅游线路行程、旅游经验等。在所花费用较少甚至是免费的情况下，不受地域、时间限制地向全国各地及世界各地的旅游者进行销售。该模式在国内还处于原始或者萌芽状态。

(三)旅行社开展电子商务的意义

信息链接

中国旅游电子商务成为"王的盛宴"

2013-09-16 18:27　中国网

9月6日，第四届中国桂林国际旅游博览会旅游信息化发展论坛在桂林国际会展中心举行。在论坛上，桂林市工信委和工信部电子情报所联合发布了《中国入境旅游电子商务发展白皮书》(以下简称"《白皮书》")。

《白皮书》指出，经过十几年的发展，我国旅游电子商务市场竞争日益激烈，阿里巴巴、腾讯、百度、Expedia等互联网巨头纷纷加入竞争，形成了携程系、阿里系、腾讯系、百度系、Expedia系和中国电信系等六大巨头，它们是旅游电子商务市场最重要的力量。如下表所示。

中国旅游电子商务六巨头的业务分布

派系	在线预订	比价搜索	在线支付	资讯点评	APP
携程系	台湾易游网 松果网 铁友网 途家网 订餐小秘书			驴评网 中国古镇网	快捷酒店管家 非常准
阿里系	淘宝旅行	一淘酒店	支付宝航旅(原)	穷游网	

续表

派系	在线预订	比价搜索	在线支付	资讯点评	APP
腾讯系	QQ旅游 艺龙网 同程网		财付通航旅	旅人网	
百度系		去哪儿网		百度旅游	
Expedia系	艺龙网	酷讯网		到到网	
国电信系	号百商旅				

中国旅游电子商务的未来竞争将更多体现在六大巨头之间，中小旅游电商的发展空间受到挤压，细分化成为重要趋势。

（信息来源：中国日报网 http://business.chinadaily.com.cn - 0916/1341837.html）

分析：如今，网络旅游代理商发展如火如荼，占据了网上旅游市场的绝大部分，以后可能还会继续扩大，这对传统旅行社是很大的威胁。所以旅行社要积极与网络旅游代理商竞争，发展旅行社电子商务，充分发挥线上线下互补的优势，争取更广阔的旅游市场，避免市场萎缩。

电子商务与旅行社业务的结合，代表着未来旅行社业发展的一个主要方向，它将会极大地扩大旅游产品的消费需求，改变旅行社业的运作方式，提供旅游者与旅游产品供应商直接交易的经济模式。因此，将电子商务应用到旅行社行业具有十分重要的意义。

1. 树立企业形象

在现代旅游市场竞争中，良好的企业形象对旅行社的生存起着至关重要的作用。旅行社通过在国际互联网上建立自己的网站，可以把企业自身的优势充分地展示出来，把企业的管理、经营理念和策略向公众很好地进行宣传，为顾客提供受欢迎的旅游产品和优质的服务。同时，利用电子商务充分了解顾客，加强与顾客的沟通，与旅游者建立良好的合作关系，这一切都将在公众中留下深刻的印象，从而树立起旅行社的良好形象。

2. 降低运营成本

互联网研究与发展中心发布的《CH 中国电子商务指数报告》测算结果表明，电子商务比传统交易方式节省 11.61％的费用和 9.34％的时间。对于旅行社而言，最大限度地降低运营成本是提高竞争力的重要策略。通过电子商务方式可以降低旅行社的交通与通讯费用、减少企业办公费用和人工费用支出，从而大大地节约生产成本。

3. 改变传统促销方式，提高营销效益

旅行社企业营销活动实际上是一种信息收集和传递的活动。信息化对于提高旅行社营销效益有着直接、明显的作用。网上促销的宣传面广泛、网页设计图文并茂、表现手法灵活、内容容易更新、成本低廉，而且可以与上网者进行双向信息交流，以满足不断变化的市场需求。因此，可以随时给用户提供最新、最实用的旅游信息，以便吸引更多的旅游客源，提高营销效益。

4. 适应现代旅游者散客化和个性化浪潮

传统旅行社凭借其占有的旅游产品信息，向旅游者出售包价或半包价旅游产品，旅游者在旅游产品购买和消费的过程中，只能被动地接受旅行社对市场要素组合之后形成的“旅游成品”，很大程度上抹杀了旅游者的个性需求。互联网技术的广泛运用，使这一涉及面广泛、需求复杂的个性化旅游产品得以实现。旅行社可以利用因特网向旅游者分类提供超大量的旅游信息，旅游者在网上查询自己感兴趣的有关旅游产品各类要素的信息，旅行社提供必要的组装指导服务，就可以形成因团而异、因人而异的时尚旅游产品。

(四)旅行社开展电子商务的方法

目前，旅行社开展电子商务主要有三种方法：

第一种方法是和携程、途牛、同程这种在线的OTA或者一些团购平台签约合作，成为他们的产品提供商。这种方法的好处是投入成本低，关联业务，能够快速部署；缺点是没有品牌展示机会，利润较低，竞争激烈、资金周转压力大。这其实是一种伪电子商务，因为落实电子商务的主体，并不是旅行社本身，而是这些合作平台。

第二种方法是选择成熟旅游平台开网店。比如淘宝旅行网，这种方法的好处是开发周期短，能够快速实现，而且投入低、流量高、快速享受平台红利，较容易赢得消费者的信任，转化情况比较理想；缺点是品牌独立性不强，用户需与全平台共享，而且有各种平台的进入门槛和规则限制。这种方法其实只能算电子商务的简单入门，也不是真正的电子商务。

第三种方法是自建网站+渠道推广。这个方法的好处是可以自创品牌或者延续品牌，并且可以展开自有用户积累；缺点是需大量资金注入和人力投入，开发周期长，并且可能还要忍受前期流量低、转化低的开局情况。但即使如此，目前看来这才是真正的旅行社电子商务形式。

(五)旅行社开展电子商务的步骤

如上所述，真正的旅行社电子商务是通过旅行社自己建立的网站来开展的，在建立好网站后，最重要的是进行网站推广和维护，让网站能够真正发挥作用。

1. 建立旅行社网站

实力雄厚的旅行社拥有一个自己的电子商务开发团队，当然是最好的。但是作为中小旅行社假如没有能力去组建一个自己的开发团队，则可以选择外包的形式去做好网站，重要的是，要对自己业务有清晰认识。

首先确定网站结构，根据旅行社的主要业务对网站进行功能分区，每个区域再具体分类。确定好结构后，开发团队能更清晰和快速地开发半成品，即完成内容管理、订单流程、产品管理以及客户管理等功能。通过产品管理来建立库存，通过内容管理来发布产品信息，通过订单流程获取用户订单，进入客户管理来落实服务和建立档案。旅游网站最基本的作用是实现产品的展示，那么，当网站建立后就需要按图索骥将每一个分类丰满，先建立一个优秀的录入规范，标准化的产品信息能减少客户的询问，更能提高客户信任，这是一个需要花时间用心做的工作。

2. 推广网站

对于中小旅行社来说，在没有很强的经济实力的情况下，可以采取一些廉价的推广方式，譬如花时间培养网站的自然排名，去当地门户网站和讨论版发布免费的分类信息，去尝试联合本地热门商户做广告置换或投入等。所有利于自己的推广方式都可以做，但注意要结合自身实际情况，假如之前旅行社硬广告已经持续投放一段时间了，那就不要因为有了网站而放弃这个途径，纸媒在小城市还是受众面最广的宣传方式。

面对火热的微博、微信营销，旅行社的使用也要有所选择，比如，旅行社的市场范围如果是区域性的，则最好是参与本地微博的讨论。无论微博还是微信，建议中小旅行社在使用时要具有亲和力，去获取用户的情感和青睐，而非冷冰冰的营销。旅行社不要单纯追求线上营销，还需要去做一些参与性的活动，与用户交流，提高品牌知名度，从中获得更多的用户，而且这部分用户的信任度会很高，因为他看见了真实的旅行社，而不是在网线另一端的“奸商”。

3.维护网站

网站运行过程中，还需要根据时下热点和趋势给网站注入更多的新鲜元素。在管理网站时，不仅要注意网站前端有多美，内容有多精彩，也要注意提高后台的工作效率，才能适应电商的环境。如建立产品管理方案，对产品进行分类，把握好每一个关键元素；建立客户档案，对客户的预订和签约信息进行简单的分析，不仅可以适当营销，更能够获得流量和产品的优化建议；建立团队协作体系，要有一个简单的协作规范，打造一个一站式的服务体系。

案 例

**旅行社电子商务平台网站建设方案

一、网站建设宗旨

电子商务网站建设是计划在互联网上建立起一个以产品展示为中心，携带树立企业形象、服务高水平的企业性平台网站，并能通过文字、照片、海报等形式向来访的意向性客户介绍、展示产品。通过互联网的高效传播性来宣传企业形象，从而吸引更多客户，为企业带来更多效益，同时也带来更多新客户。

本方案旨在通过网站展示达到三层目的：目的一，树立起可信任的企业形象；目的二，打通外界与企业的联系；目的三，建立起新型的网络交易平台。

二、建设方案设计

在写方案过程中充分考虑到旅游行业自身的特性，并综合建站前的市场分析，网站在布局上追求清晰明了，干净简洁，颜色追求统一，充分展示企业形象及提高产品销售，同时将最吸引客户的信息或产品放在主页明显的位置，尽量在最短的时间内吸引客户的注意力。主要分为栏目名称、栏目内容、技术实现手段和页数组成。

三、建设解决方案

1.通过旅游资源简介、地方文化展示及民族背景以及当前旅游景区景点情况描述，全面展示地方形象，这对于外界了解平台信息的基本情况非常重要。

2.用大量的图片直击式来表达经营的主体内容。

3.规划旅游产品展示，从而提高销售。

4.留言板功能的设计目的都是为了能多收集一些潜在客户名单。留言板可以留下对企业、对产品的意见，这些意见可以发送到网站管理员的E-mail信箱中。

5.新产品订阅是为了方便一些不是很经常上网的客户，由于他们不能经常上网查看网站上的产品变化，通过新产品订阅方式将最新产品信息发送到客户的E-mail信箱中是一种比较方便的方法。而且通过这种方式可以得到客户对哪些产品感兴趣的信息，以方便业务员有针对性地进行跟踪，既可以寻找到新客户，又可以方便与老客户沟通。

6. 网络通讯功能可直接与在线销售人员联系，随时随地地方便服务。

四、后台管理系统设计框架

后台设计及维护：

(1)由于网站上的产品比较多，而且产品需要经常地更新变化，所以本方案为系统管理员提供产品类别管理，业务员管理，提供市场产品维护的功能等。鉴于此维护工作量非常大，建议企业最好安排专人维护。

(2)订阅管理：可以在后台查看所有订阅公司新产品的客户名单，这些客户作为公司的潜在客户，除了可以定期将新产品的信息自动发给他们之外，还可以把这些客户自动发给系统管理员，由系统管理员发给相关的业务员进行跟踪；此外还可以自己增添订阅对象，一般自己增添的订阅对象都会是自己的已有客户，这样，当自己有新产品推出的时候，总是会第一时间通知到这些客户，也是提高客户服务质量的一种手段。

五、网站建设项目内容

模块名称	功能描述
FLASH 动画首页	打开时进入的第一页。首页作为体现公司形象的重中之重，也是网站所有信息的归类目录或分类缩影。
页面美工设计	所有加载入网页的图片全部需要经过再处理，美工制作可将图片扬长避短。
内容制作	网站内容管理系统，将分类后的本地数据进行系统化、标准化发布到网站上，是对网站内容进行添加、修改或删除的中央处理程序。也是网站的基本架构。
产品发布展示系统	建立网上产品展示厅，不限量动态发布产品图文信息。产品图片自动生成缩略图，并自动添加水印效果。
电子商务功能	高端商务功能，除支持现场购物外，还可支持支付宝、网银等网上订购支付。
客服即时通(38kf)	类似于QQ等网站客服与访客即时交流的工具，无需在本地安装任何程序或插件。
交易发布系统	不限量动态发布、展示案例。自动生成图片缩略图，自动在图片上添加水印。
客户关系订单管理	将往来客户信息及意向客户信息记录在案，可供后台调阅。
新品订阅	订阅动态发布的公司产品信息资料。
在线评论系统	用户可对站内发布的产品、案例、文章等各种图文信息在线发表评论。
留言板系统	完善的留言管理系统，管理员可对网友或会员的留言进行回复或删除。
信息检索系统(搜索和过滤)	提供方便、高效的查询服务，查询可以按照分类，关键词等进行，也可以基于全文内容的全文检索。支持对任意字段的复杂组合检索；支持中英文混合检索；支持智能化模糊检索。
自助友情链接系统	前台可自由申请，管理员通过后台进行审核和推荐。
在线调查系统	客户调查是企业实施市场策略的重要手段之一。
电子邮局系统	以自己的域名为后缀，可同时开设10个邮箱。
访问量统计系统	实时统计网站访问量计数器
顶级域名	一个国际或国内英文域名注册及解析服务，独立控制面板，可自助解析。
虚拟主机空间	支持ASP/PHP/FSO/Jmail等(说明：空间不够可另行升级)
网站推广	

(信息来源：百度文库 http://wenku.baidu.comview74c1ca144431b90d6c85c7e4.html)

知识链接

旅行社电子商务网站建设、优化的技巧

来源：向国旗在线　作者：旗行天下　2011-05-04　16:56

1. 简洁、专业：一个杂乱无章的页面，首先访问者，潜在客户都没耐心多停留，如何能留住潜在客户。专业：比如我是做广西旅游接待的，我的页面主要就应该定位于广西的旅游资料，别弄得全国的都放上来，结果给人感觉什么都在做，毫无特色。

2. 简单、易用：在设计网站时候，要考虑到用户习惯，一个不易上手的网站不 能留住你的潜在客户。现在很多旅行社的网站连搜索功能都没有，有的有了也是很笼统，客户很难搜索到自己想要的东西。栏目架构简单，明了。

3. 购买方便：有的旅游网站，在客户看好了，填了一堆东西要确认了，提示要注册，就是要注册，也尽量做得简单，收集个邮箱和手机、称呼就够了，有的网站做得像查户口似的，谁有耐心慢慢填写呢。最好是可以直接预订，自动注册，这样的用户体验更好。订单操作步骤，最好是3步之内完成，太多步骤，客户很难操作。

4. 促销与功能实现：简单的促销功能、会员可以用抵用券支付部分，积分兑换或者是定时折扣。

5. 会员系统：简洁易用的会员系统。方便管理资料，财务，订单。

6. 支付手段：尽可能地应用第三方支付，如支付宝、财付通之类，让客户能放心支付，增加网站信任度。

7. 网站内容：网站内容多为客户着想，想其所需。一个全站复制，不用心制作的网站，怎能吸引客户。

8. 评价交互系统：一个真实的会员评价交互，给其他潜在客户看到一些真实的东西，更加增加信任度。

9. 在线客服系统：简单易用的在线客服（即时邀请聊天）系统结合 QQ、MSN 等 IM 在线沟通，营销更加方便。

10. 400 电话：给外电客户一个实惠的沟通条件，增加网站信任度。

（信息来源：站长网 http://www.admin5.com/article/20110504/338357.shtml）

二、旅行社电子商务的功能

（一）旅游产品宣传功能

旅行社网站最基本的功能就是旅游产品的介绍和宣传。用户往往是因为有了旅游的初步想法，但没想好去哪，或者确定了旅游目的地想查找最佳线路而打开旅行社的网站。所以旅行社的网站一定要有丰富的旅游产品，行程、景点、价格等尽量介绍详细，图文并茂（如图 4-1、图 4-2、图 4-3）。旅游产品要分类清晰，便于用户查找。

国内游
北京 海南 云南
厦门 桂林 张家界
九寨沟 长江三峡 重庆
出境游
泰国 欧洲 美国
普吉 香港 巴厘岛
日本 韩国 马尔代夫
夏天做个漂流族! 199元起
金秋北京飞高五日 3380元起
港澳半自助5天游 4300元起

【十月线路】张家港永联农耕园+莲花岛品蟹休闲二日游
体验农耕园，慢品金秋蟹!
最近发班：10-19，10-19　全部日期

【九月线路】住山上酒店360° 玩转黄山、古徽州品质三日游
可观日出，此线路黄山山上游览时间较充裕，精华景区基本上都能游览到
最近发班：09-24，09-27　全部日期

【十月花博】常州花博会观光一日游
一日看尽天下花
最近发班：10-01，10-02　全部日期

【十月独家】游沙家浜、观芦荡烽火、逛国际服装城一日
最近发班：10-13　全部日期

图 4-1

首页 周边 国内 港澳台 出境游 自助游 团队游 常州地接
热门分类： 桂林 厦门
旅游线路关键字或
旅游产品分类
周边旅游目的地
国内旅游目的地
出境旅游目的地
自助旅游目的地
邮轮旅游目的地
寻路三晋 初访龙城 盛世三晋 智慧之旅 清虚澹泊
山西纯玩双飞5日
2,680 元/起
黄金周 双卧6日游
日本六日游 港澳五日游 韩国之旅 山西六日游 北京五日游 张家界之旅 浙江遂昌游

图 4-2

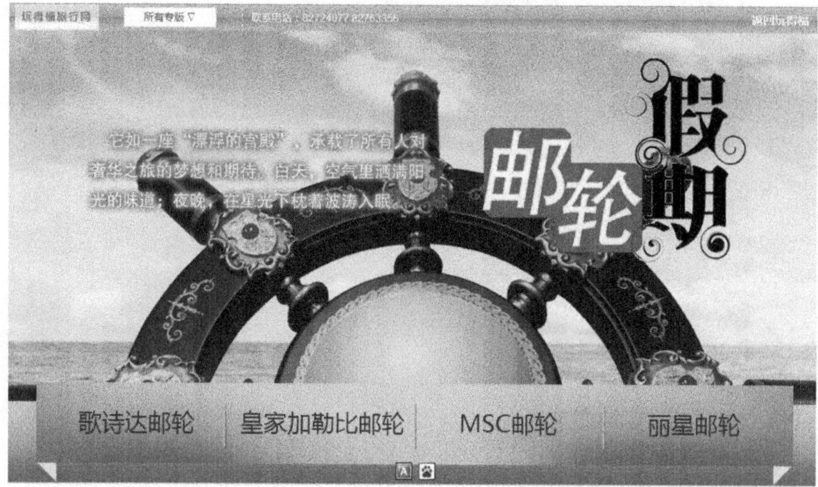
所有专版
它如一座"漂浮的宫殿"，承载了所有人对
奢华之旅的梦想和期待。白天，空气里洒满阳
光的味道；夜晚，在星光下枕着波涛入眠。
邮轮
假期
歌诗达邮轮 皇家加勒比邮轮 MSC邮轮 丽星邮轮

图 4-3

(二)旅游信息咨询功能

当用户对旅游产品的介绍有不清楚的地方或者没有找到合意的旅游产品或者想了解其他旅游资讯时,他可能会想要咨询旅行社,这时旅行社一定要有一个即时应答系统,能够马上回答用户的疑问(如图 4-4、图 4-5、图 4-6)。如果用户的问题得不到及时的解答,他很可能就去找其他的旅行社了,那么无形中旅行社就少了一个客户,所以这一功能很重要。

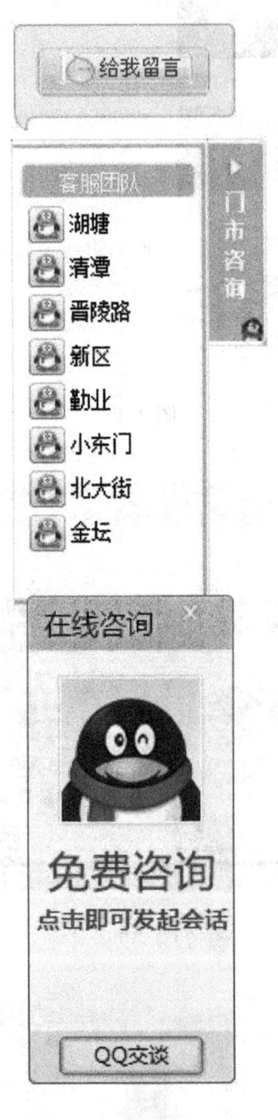

图 4-4

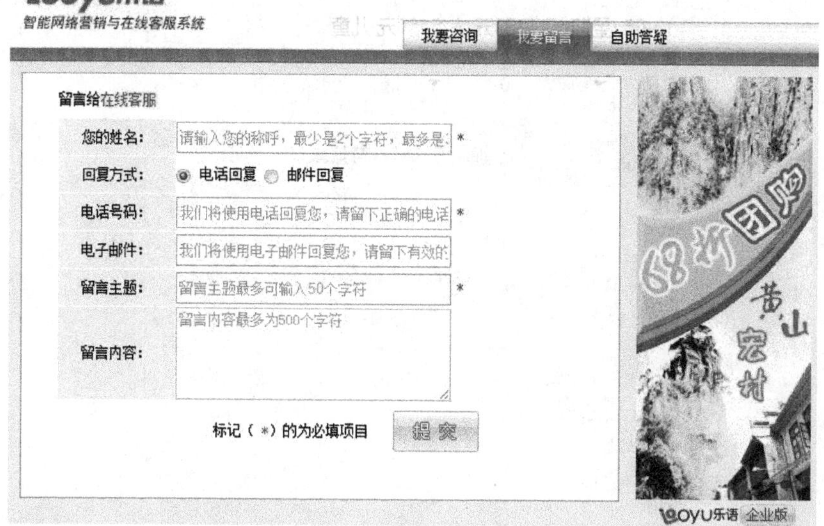

图 4-5

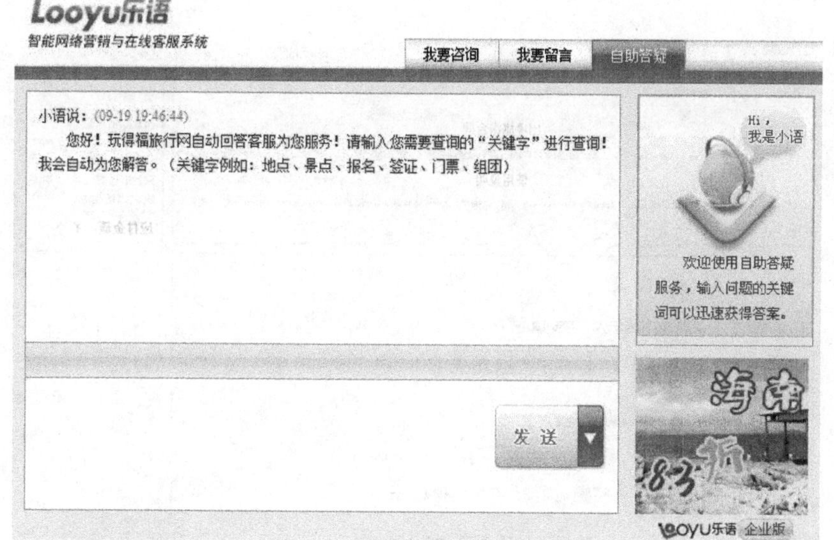

图 4-6

（三）网上旅游产品订购

当用户找到了满意的旅游产品后，他不必跑到旅行社的门店去购买，而是可以直接在旅行社的网站上在线订购，只需简单的注册，然后按照流程填写购买的基本信息，签订电子合同后提交即可（如图 4-7、4-8），非常方便。

图 4-7

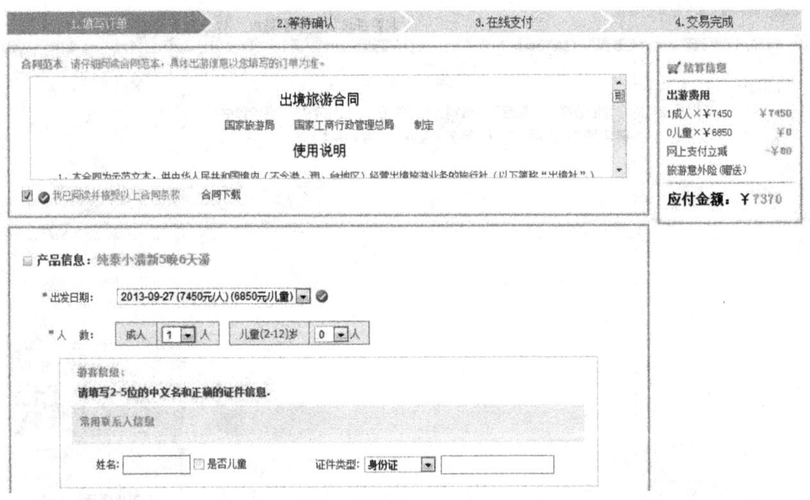

图 4-8

(四)网上旅游消费支付

在旅行社的网站上订购了旅游产品后可以直接在线支付，所以一直到出发去旅游，客户都不必登入旅行社的门店一步，轻松在网上完成整个旅游产品的购买过程。在线支付方式有很多种，比如支付宝、信用卡、网银等(如图 4-9)。

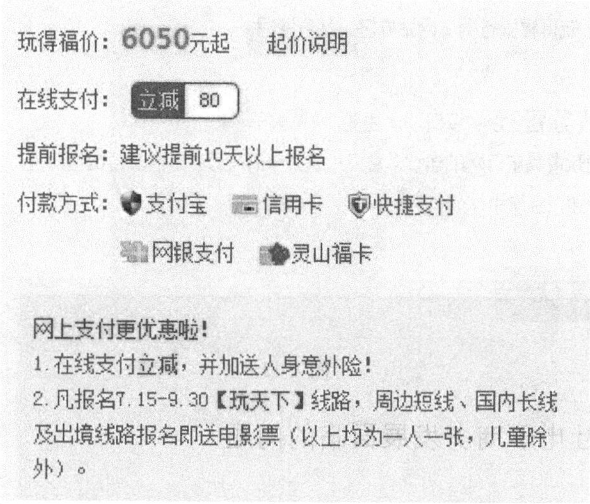

玩得福价：6050元起　起价说明

在线支付：立减 80

提前报名：建议提前10天以上报名

付款方式：支付宝　信用卡　快捷支付

网银支付　灵山福卡

网上支付更优惠啦！

1. 在线支付立减，并加送人身意外险！

2. 凡报名7.15-9.30【玩天下】线路，周边短线、国内长线及出境线路报名即送电影票（以上均为一人一张，儿童除外）。

图 4-9

（五）提供多方交流平台

网络交流的好处是信息流可以是多向的，不仅仅是旅行社把旅游产品的信息传递给用户，用户也可以把自己对旅游产品的意见和建议通过网络传递给旅行社，这样旅行社就能对产品进行必要的修订。用户之间也可以借助旅行社网站这一平台进行交流，把自己的旅游经验和体会和大家分享(如图 4-10、4-11)。旅行社还可以采用发帖送积分、积分换旅游券等方式鼓励大家多提意见、多交流。

论坛　会员　社区首页　搜索　帮助

玩得福旅行网 » 首页

公告:

今日:1 | 昨日:0 | 最高:1199 | 主题:1388 | 帖子:10179 | 会员:1430 | 欢迎新会员:pingning0204

热点图片

最新主题　热门主题　精华主题　用户发帖排行　版块发帖排行

幸福蓝海国际影城

影院介绍：幸福蓝海国际影城（金太湖店）是附属于江苏广电集团旗下，影厅，共计1385座；1号影厅拥有超大整壁式高清巨幕，采用进口双机3D4K

【玩家欢乐会】我和大黄鸭错过的那几年！

【玩家欢乐会】【第22期】疯狂猜图，获礼品！周周有惊喜

【玩家欢乐会】注册分享有礼！景点门票周周送！

【出境旅游攻略】邮轮旅游常见问题问答

【出境旅游攻略】中国歌诗达邮轮旅行全攻略组图

【玩家召集站】常熟自驾游（常熟天铭国际酒店+尚湖门票2张

图 4-10

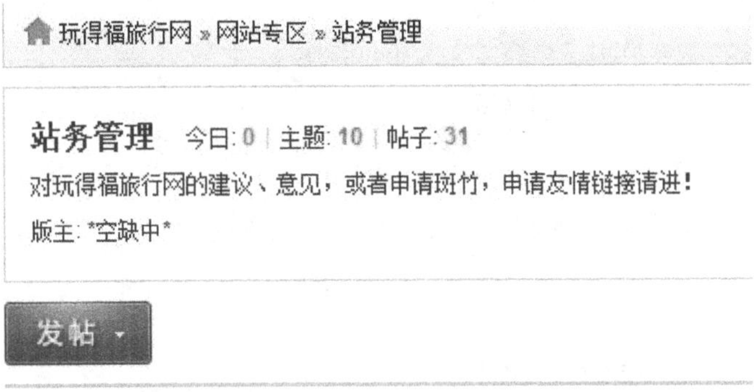

玩得福旅行网 » 网站专区 » 站务管理

站务管理 今日: 0 | 主题: 10 | 帖子: 31

对玩得福旅行网的建议、意见，或者申请斑竹，申请友情链接请进！

版主: *空缺中*

发帖

图 4-11

三、我国旅行社电子商务发展面临的问题

信息链接

旅行社电子商务现状堪忧　网络推广方式单一

来源：中国广播网　2013 年 04 月 02 日 07:33

2012 旅游集团年度 20 强排名中，互联网公司占了 3 席，携程更是强势位居第二。一时间，旅游电子商务的趋势又被引爆，大大小小的旅行社纷纷加入了旅行社电商化的潮流中，百舸竞流，场面很壮观，但是谁能借势走得更快更远呢？专注于旅行社电商化解决方案的欣内欣外团队对旅行社的电子商务现状做了一番调查，结果令人堪忧。

旅行社的电商理念很茫然

欣内欣外经过一番调查发现，其实很多旅行社很早就已经迈出了电子商务的第一步，他们在 2001、2002 年的时候就建起了自己的网站，但是因为旅行社领导重视度不够以及当时市场不成熟，旅行社并没有对电商这一块做出长远的规划。而在其后的短短几年间，旅游在线市场迅速崛起，等到传统旅行社反应过来的时候，已经形成了今天的格局。于是旅行社开始大力投入电商方面的建设——买系统、建网站、开网店、开发 APP……觉得别人有的自己应该也要有，胡子眉毛一把抓，恨不得在一夜之间就完成过去好几年需要完成的工作。但是，对于自己需要什么，却没有真正地去思考过。

电商团队是软肋

当大家都在羡慕那些依靠电子商务取得辉煌成绩的在线旅游企业，并投身于研究分析他们的业务模式以及发展历程的时候，却往往忽略了隐身于其后的电商团队。目前很多旅行社的电商团队基本都是临时组建的，有些还是七拼八凑来的“杂牌军”——技术、设计、编辑、客服、SEOer……差不多都快组成了一家互联网技术公司。更重要的是，电商团队的组建往往是以不懂电商的上层领导的意愿为主导，是领导觉得需要什么才有的什么，而非业务的需要，这最终反而成了旅行社最大的掣肘因素。

网络推广方式单一

随便建个网站，然后挑几个关键词往百度上一挂，这恐怕是 90% 以上的旅行社正在做的事情。他们认为，除此之外，似乎再也没有其他的路子可走。如何获取流量、如何提高转化率、如何建立网络品牌……这些对旅行社来说，似乎很遥远。

旅行社涉足旅游电商，进行网络推广的方式过于单一，已经是不争的事实。对于这一点，旅行社有着更深的感触。

自建站严重影响转化率

没有流量，或者是有流量却没有转化率，旅行社在电商上面的弱势，最终都集中体现在了网站上。随便打开几家旅行社的网站，你就会发现，这些网站性能落后、版面设计差、用户体验低，不支持产品的多样性以及产品间的智能关联，没有会员系统，也没有针对会员开展二次营销的功能，甚至有些站点还停留于展示型的功能阶段，而非电子商务型。可见旅行社现有的网站基本无法支撑起旅行社整个的电子商务业务，非常不利于旅行社在电商业务上进行更深层次的纵向拓展。

由于旅行社没有理清电商的思路，对电商化之路缺少清晰明朗的长远规划，导致电商团队的建设顾此失彼。因为缺少一个有力的电商团队，使得旅行社在推广上总是茫然不知所措；因为推广的问题迟迟突破不了瓶颈，网站最终无法给旅行社带来正常的效益。

旅行社到底如何才能找到适合自己的电商化进行破局？恐怕一时很难有一个统一的标准答案。

（信息来源：陕西传媒网 http://www.sxdaily.com.cn/n - 0402/c339-5103686-1.html）

（一）旅行社不够重视

尽管网络经济发展迅速，但电子商务观念还没有完全被旅行社经营者所接受。虽然，我国极个别的大型旅行社对电子商务的运用已经很成熟，但总体来看，对电子商务的认识仍然很狭隘。许多旅行社包括一些知名旅行社都认为，目前大多数消费者依然凭借传统的服务方式选择旅游公司，因而忽视了应用电子商务系统所能带来的潜在收益。从成本角度考虑，建设电子商务网站需要较大支出以购买相关软硬件设备、引进人才，但是相应的回报却难以保障。从实施角度看，电子商务是新生事物，旅游公司没有相关经验和人才，不清楚如何着手开展电子商务。

（二）网站信息及功能匮乏

很多旅行社即便建设了网站，网站上也只是进行一些诸如景点、旅游路线、旅游知识等介绍性的描述，还没有充分利用电子商务在商家与顾客之间架起“直通桥”，也不能提供全面的、专业的、实用的一整套旅游服务，不能尽显网上旅游的无限魅力。目前旅行社的网站主要存在的问题有：网站功能简单，内容更新不及时，搜索功能差，网络广告形式单一，虚拟社区没有发挥应有的作用，网站不能给浏览者的留言予以及时回复。

（三）网络安全保障不足

目前，影响网上交易的阻力之一就是安全问题。电脑病毒和非法闯入等均构成对电子商务网络系统的威胁。很多用户不愿意进行网上支付是因为担心网络安全没有保证，以致自己的信用卡等资料被网络黑客窃取造成损失。除此之外，就是网上做交易需要进行一系列的用户认证程序，用户大量的隐私被暴露在网上，这使得越来越重视隐私权的公众不愿意进行网上交易。目前，在线的网上支付尚未真正解决，仍大量沿用“网上交易，网下支付”的支付模式。

（四）操作环节仍较复杂

旅行社作为旅游中介商，不但与数量众多的各类旅游供应商发生业务往来，还要接触各种各样的旅游消费者，基本上每个旅游行程从开始到结束都必须经历一系列复杂的操作。开展旅行社电子商务后，很多工作环节还是离不开人工操作，电子商务的实施过程仍很复杂。

(五)企业信用有待加强

尽管电子商务发展迅速，但是普及率还有待加强。据调查，目前我国有网购行为的网民还局限于年轻人，广大的有经济实力的中年人并没有发展起来，除了一部分人不会使用电脑以外，更大的原因是因为人们对电子商务信用的顾虑。如旅行社对产品虚假宣传、隐藏重要信息、增加强制消费等。如何保证旅行社在网络上的宣传所述属实，如何保证旅游公司本身的信用，成为进一步开拓旅游网络市场的问题。

(六)复合型人才缺乏

目前，旅游网站信息构建所需的硬件和软件都已比较成熟。旅游网站的建设、运营和管理涉及多方面的知识，从业人员不但要具备较高的网络技术、电子商务知识，同时还应具备旅游专业知识、市场营销及管理等方面的知识。事实上，现在缺乏既熟悉电子商务又精通旅游业务的复合型人才。正是由于人才的缺乏，致使旅行社的电子商务不能顺利开展和发展壮大。

四、我国旅行社电子商务发展策略及趋势

信息链接

传统旅行社发展"线上"市场　迎接旅游电子商务

时间:2013-05-21　来源:中国广播网　编辑:邓斌(实习生)

面对日益兴起的网络时代，传统旅行社会不会面临淘汰呢？传统旅行社优势何在？其实传统旅行社在资源的整合、产品的研发、服务的针对性上仍旧存在规模优势，充分挖掘自身优势，跟上时代步伐，满足高端群体需要是其主要方向。

现在市场上的在线旅游服务商，除了携程旅行网是自主研发产品、自主操作旅游业务以外，其他的在线服务商都是贩卖传统旅行社的旅游产品，只能说是一种新的销售平台或模式，其实它们的发展还是需要传统旅行社作为其提供产品研发、采购、操作等后台支撑的。

旅行社应该充分挖掘自身优势

1.消费群体上的优势。选择在线交易的大多是年轻人，但对于占旅游群体大多数的中老年人来讲，更愿意选择有实体门店的传统旅行社，当面咨询安心放心。

2.旅游形态上的优势。选择在线交易的年轻人大部分都青睐自由行产品，虽然自由行是今后发展的一个新生旅游形态，但由于自由行有语言、交通、费用高等条件的制约，短期之内，团体观光还是出境游的主流，团体旅游也正是传统旅行社的强项。

3.个性化服务上的优势。在线旅游的商品，都是定制产品，也就是说消费者只能购买线上的固化产品，对于消费者的个性化需求无法满足。随着旅游者旅游经验的成熟，生活水平的提升，对个性化的需求越来越高，为消费者量身定制旅游产品，提供个性化服务只有传统旅行社才能做到。

旅行社应该跟紧时代的步伐

1. 针对这些新的传播方式，旅行社也应该积极调整推广渠道，除了传统的纸媒和电台推广以外，也充分利用网络手段进行市场推广。例如加大投入人力物力，加大自己官网的宣传力度，利用短信微博微信等载体进行推广等。

2. 利用第三方旅游平台"步足"网络。旅行社除了用心打造自己"线下"优势外，也应该紧跟时代步伐，发展线上优势。如购买网店、购买第三方功能型产品等。以现在市面上颇受旅行社欢迎的"欣内欣外"为例，它可以实现欣欣旅游网网店＋独立网站的同步经营，还具备专业的SEO指导，方便强大的功能是大部分旅行社"涉网"的首选。除了第三方产品外，旅行社也可以根据自己的网络发展的要求，自建网站或者直接进驻平台加盟旅行社网店，总之适合自己的才是最好的。

3. 利用互联网、移动互联等新科技资讯，在保留原有常规旅游产品的同时加大产品研发力度，开发深度游、高端游等旅游产品，然后同时加强线上目标群体分类以及订购，以满足高端群体的需要。网民有着与传统旅游者不同的特性，如何抓住互联网用户的特征，让他们得到最满意的用户体验也是传统旅行社认真思考的问题。

现如今，传统旅行社面临着网络电商日益激烈的竞争与挑战，但是传统旅行社的优势还在，只有确保好自己的"线下"优势，然后紧跟时代步伐发展"线上"，双管齐下，才是取胜之道。

（信息来源：新华网浙江频道 http://www.zj.xinhuanet.com/newscenter/traveling/2013-05/21/c_115847489.htm）

（一）营造良好的电子商务环境

电子商务和现代化信息系统代表着未来旅游业发展的主要方向，电子商务是我国旅游业参与国际竞争的重要手段。因此，政府应高度重视网络经济的发展，明确电子商务在国民经济中的地位，积极制定有关电子商务的法律法规，加强个人信息和网上交易的安全性，营造有利电子商务发展的环境。

（二）完善旅行社网站建设

目前我国旅行社网站存在内容空洞、没有吸引力、访问量差强人意等缺点。所以，完善网站建设对于发展旅行社电子商务来说至关重要。网站建设方面最重要的内容就是强化旅游信息的开发。传统旅游业的劣势在于信息的不对称性。在传统的旅游市场上，游客获取信息的渠道较少，成本较高，不确定性也大，旅游公司给他们提供的信息很不充分，有时甚至带有明显的欺骗性。旅游网站应该建立完善的旅游信息体系，包括酒店预订系统、旅游线路动态信息、旅游管理系统、旅游咨询、车船票预订、信息反馈等内容。同时要注意确保信息的直观性、细致性、准确性、时效性、动态性。尤其要重视信息反馈的环节，因为它是一个旅游企业与旅游者互动的平台，能体现游客对旅行社提供服务的满意程度，在很大程度上决定旅行社的生死存亡。传统的信息反馈方式大多是旅行社向旅游者打电话、寄反馈卡、召开招待会等形式，不仅费用高，而且反馈速度慢。而互联网的电子信息传递是双向的，旅行社可以发送和接收信息，可以大大提高信息反馈速度，有利于旅行社改进工作。

案　例

在线旅游网上订购 微信微博成为新宠
杭州国际旅行社精心打造电子商务平台

2013-07-23

近年来，方便快捷、富有趣味的网上购物受到了无数人的追捧。有数据显示，仅2012年，中国网购用户规模已高达2.47亿人，并且这一数据还将逐年攀升。面对人们日益高涨的网购需求，以及人们购物方式的根本转变，发展电子商务便成了各个行业、各大商家顺应潮流、转型升级的必由之路。那么，在旅游行业，电子商务的发展现状又是如何呢？

在旅游电子商务营销方面卓有成效的杭州国际旅行社相关负责人为此表示，随着电子商务在旅游业的出现，旅行社传统组团方式受到了强烈的冲击，造成一些中小旅行社难以拓展新的客源，仅凭为数不多的老客户在勉强支撑。该负责人同时表示，传统的旅行社、尤其是中小旅行社在当前信息化社会背景下，更应加深对旅游电子商务的理解，尽快建立健全旅游电子商务建设，探寻旅行社电子化、新型化经营的新出路。

游哪里，玩什么，众多线路任你挑

杭州国际旅行社有限公司近几年来十分重视在线旅游产品的推广和销售，目前在线旅游网站(www.51chuyou.com，谐音：我要出游)已突破新高，成为公司散客、包团销售的主力军。公司也在天猫开了商城，让客户有更多的选择余地。消费者可以根据自身的需要，自主挑选适合的线路，立马下订单，实现网上支付，在线签合同，可以足不出门就订购到心仪的旅游产品。如果客户有困难，公司的旅游顾问甚至还能上门办理相关手续，让客人在炎炎夏日免除烈日炙烤，接受上门VIP服务，这是旅游行业的一次有益尝试。

“在线旅游”就上杭州国际旅行社网站

记者登录杭州国际旅行社“我要出游”网站时，网站快速的响应速度以及简洁的版面设计令人耳目一新，众多线上产品按照出境游、国内游、短线游等大项作了分类，点击进入后还有详细的子分类以及明确的价格、详细的介绍，使人一目了然，很快就能找到自己需要的旅游线路，而您只需点点鼠标便能像在淘宝上购物一样买进旅游产品。值得一提的是，杭州国际旅行社网站线上订购产品采用支付宝作为支付方式，这对于当下酷爱网购一族来说，无疑方便了许多。而且，有支付宝作为第三方的存在，使旅游产品的质量有了可靠的保障。

据了解，“在线旅游”网站是杭州国际旅行社推出的一大力作，该社致力于将其打造成为如淘宝般亲民的旅游电子商务新平台——让客人足不出门就能订购旅游产品，并满足追求个性化与高性价比人士的需求。众所周知，网上购物之所以吸引人，一方面是方便快捷，另一方面是价格实惠。旅游电子商务也是如此，如果你没有价格优势，想在竞争激烈的互联网立足是非常困难的。而杭州国际旅行社对电子商务的经营方略，是依托旅行社多年经营积累起来的丰富资源，借助了电子商务便捷的销售平台，使线上产品不但价格上很有竞争力，而且产品线路也呈现多样化，因此能满足普通消费者不同的出游需求。

“微信、微博”新媒体营销，客户的新宠

步入二维码时代，微信公众平台，微博账号成为商家与粉丝互动、交流的新平台。杭州国际旅行社着眼业界发展趋势，与时俱进，顺势而为，将微信、微博平台作为旅游行业营销新的切入点，并通过它们，不断为游客提供新的旅游消费体验与旅游产品资讯。

杭州国际旅行社结合微信的功能特点，大胆运用于本地的营销推广当中，将微信作为移动实时客服平台，向用户提供了预订、打折等各种产品销售与服务，极大地方便了游客的出行需求。

记者从微信客户端官方账号搜寻功能发现，杭州国际旅行社官方公众账号除了可以预订之外，还能提前告知促销信息，基本实现每天发送消息到其关注的手机客户端，客人可以在官方微信中，了解促销信息，得到旅游资讯，取得出团通知书，甚至旅游攻略。当使用者关注旅行社的同时，不仅能获得一张虚拟会员卡，还收藏了旅行社的产品，未来只要使用者有出游需求，只需打开微信账号进行相关的操作即可在旅游产品中进行挑选，这对于微信用户来说将会十分方便。杭州国际旅行社相关负责人向记者介绍，目前旅行社的微信客户端会员总数近万人，日均增长会员数逾百人。

（信息来源：杭州日报 http://hzdaily. hangzhou. com. cnmrsbhtml/2013-07/23/content_1540923. htm）

（三）推出能满足游客个性化需求的产品

旅行社与网络的结合，目的就是要推出能满足游客个性化需求的产品，以抢占市场。这也是电子商务时代旅游市场对旅行社的要求。因此旅行社需增设服务项目，以市场为中心，以满足顾客需求为宗旨，适应散客旅游和个性旅游趋势。现今中国的旅行社网站，基本是以发布本旅行社、本地区的旅游信息为主，附带有预订饭店、机票的业务。一些网站也有论坛、聊天室等供访客自由发挥的场所，但是距离人们个性化的旅游需求还相差甚远。现在绝大多数旅行社仅仅把自己的网站当成一种简单的宣传自我的手段，远远没有发挥出网站的真正潜能。旅行社可以利用旅行社网站向旅游者提供各种分类超大量的旅游信息，并提供必要的组装指导服务，根据旅游者的愿望，将游程安排好，既满足了个性化需要，又为游客节省了金钱和时间，自然能够赢得游客的心。

（四）加强旅行社信用建设

信任危机一直是在线交易的瓶颈之一。我国旅行社电子商务步履维艰，原因主要是信任机制的缺失，而不是技术上存在差别。那么我国旅行社网站就必须加强信任度建设，在旅行社可控制范围内通过各种方式提高电子商务平台的可信度。首先，提高信息的准确性。网站上旅游信息的准确性是旅游者对网站信任的前提和基础，我国网站上的许多信息不够准确，是直接从其他地方粘贴过来的，以讹传讹造成信息失真。我国旅行社网站在信息发布时要认真核对，选择权威信息发布，提高网站信息质量。其次，加强信息网络安全管理，增强信息化安全意识。各旅行社企业要严格执行国家的信息网络安全保密方面的各项规定，建立健全信息网络安全组织机构和各项规章制度，确保信息网络安全运行。同时，要切实抓好全体员工的信息网络安全保密教育，增强大家的信息网络安全防护意识，提高安全防护的技术水平，防止泄密现象的发生。

（五）培养复合型人才

旅行社电子商务的发展对人才培养提出了很高的要求，要加强对计算机、电子商务等专业人才的培养与培训，普及计算机及网络知识。要充分发挥大中专院校等教育研究机构作用，通过学历教育、继续教育、在职培训和远程教育的多种形式，培养既懂旅游业务又懂电子商务的复合型人才。旅行社要制定人员培训计划，通过长、中、短期的进修与学习，提高员工自身素质和企业整体文化素质，从而为旅行社发展电子商务奠定良好基础。

能力训练：设计旅行社网站的基本结构

训练目的：

能够根据旅行社的基本业务和旅行社电子商务的功能来设计旅行社网站的基本结构。

内容与要求：

本次能力训练以小组为单位完成。要求同学先上网浏览一些大型旅行社的网站，分析网站的结构，找出其优点和不足，然后根据旅行社的基本业务和旅行社电子商务的功能来设计旅行社网站的基本结构。

思考题

1. 什么是旅行社电子商务？
2. 简述旅行社开展电子商务的意义。
3. 旅行社电子商务的功能有哪些？
4. 简述我国旅行社电子商务发展的对策和趋势。

模块五　旅行社企业文化

学习目标

- 了解我国旅行社企业文化建设存在的问题
- 熟悉旅行社企业文化的构成要素和功能特点
- 掌握旅行社企业文化的培育途径
- 能调研一家旅行社的企业文化

导入案例

美国罗森柏斯旅行管理公司的企业文化

美国罗森柏斯旅行管理公司(Rosenbluth International)的企业文化由表层、里层、深层三部分组成。

(1)大马哈鱼(salmon)——罗森企业文化的表层部分。企业文化的第一个层次是指可见于形、闻之于声、触之有觉的物质文化,如旅行社的社歌、社旗、员工的制服等。罗森把大马哈鱼作为公司的吉祥物,寓意深刻,因为大马哈鱼的特点是逆流而上,不跟随潮流,不跟在别人后面亦步亦趋。罗森以此为吉祥物鼓励员工在创新中不要怕犯错误,而是要善于从错误中学习,不犯同样的错误;鼓励员工不能仅停留在为顾客服务的层次,要事事为客人提前着想,主动去了解每位客人的需求和想法。

(2)顾客第二——罗森公司的制度文化。企业文化的里层是制度文化,即企业文化的领导体制、组织机构、规章制度等反映出来的指导思想。罗森的制度文化集中体现在罗森任老板 Hal Rosenbluth 写的一本书中,书名为《顾客第二》。其基本思想是:仅仅强调顾客服务是不够的,因为没有幸福的员工,就很难有快乐的顾客。这种思想用两种金字塔表示出来:

一般公司的金字塔:

罗森公司的金字塔:

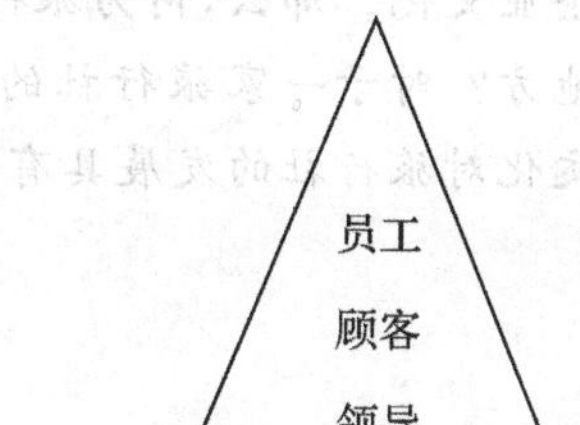

罗森的制度文化包括以下政策：

严厉的爱(tough love)。罗森公司一旦发现所雇佣的员工不称职，就尽快解雇，认为否则就是对顾客以及其他员工的不负责任。罗森认为，我们不可能培训人们怎样心地善良的人。罗森把人品放在一个很重要的位置上。

门户开放政策(open door policy)。当员工与上级主管再三商量，主管听不进时，员工可直接到主管上一级那里；并且每一名员工都可以直接找总经理。

注重团队精神、团队荣誉。"罗森公司在世界各地的员工都富有集体主义精神，彼此配合默契，工作协调，像在一个大家庭里工作，环境充满乐趣……"罗森强调每一位员工都要重视团队荣誉，敬业爱业，绝不以一己不当行为而使集体受损。

"我们对员工今天的投资就是对企业未来的投资。"罗森十分重视对员工的培训、对员工素质的提高。比如，每一位新员工都要到费城总部接受为期3天的培训，接受企业的哲学、价值观以及服务思想。3天中有一项安排老板亲自为新员工倒下午茶，使员工感到自己是主人翁并且首先从老板那里学到了敬业、服务的精神。罗森对员工的重视使得罗森在旅游业流失率平均高达50%的情况下，除第一年外，流失率仅为6%。"正因为我们强调要使员工生活在一个满意的、促人积极上进的环境里，反过来，他们也同样时时为客户着想。"

(3)领先，不断超越自我——罗森文化的深层部分。企业文化的核心是深层文化，深层是指积淀于心灵的意识形态，即精神文化。它包括理想信念、价值取向、经营哲学、行为准则等，是企业之魂，支配着企业及其职工的行为趋向。

罗森的精神文化是：求新、求变、求精，创造需求，永远保持领先。

罗森创造需求的含义是一直走在市场前面。罗森认为，麦当劳进入中国后有很多人在吃汉堡包。所以需求原来是没有的，是创造出来的。麦当劳成功的经验是：引入当地缺乏的制度、管理、品质控制，再渗入当地特色。罗森也本着这种精神，在罗森成立的一百多年里，依靠员工的创造力，把变化看做机遇，先后开发出几十种产品和服务项目，使罗森一直是旅游业界有创建的带头人。而每一种创新，都代表着旅游业的新思路，都使客户从这些成果受益并改写着"旅游管理"这个名词的内涵。罗森管理的独到之处是，"优质服务，公司素质，技术水平，客户至上，全球实力"。

(资料来源：刘荣.旅行社经营管理.郑州：郑州大学出版社，2006：186—187)

分析：美国罗森柏斯旅行管理公司已有100多年的历史，1974年，已成为美国费城地区最大最有实力的旅行代理机构。在就近25年的发展时间里，每年以10亿美元的速度在增长年销售收入，目前，一步步发展成为全球旅游业，特别是旅行社业的业界领袖。在过去的100多年的历史中，美国罗森柏斯旅行管理公司受到业界尊敬的不仅是它的业绩，还有它独具特色的企业文化。那么，何为旅行社企业文化？罗森柏斯旅行管理公司的企业文化有哪些独特的地方？对于一家旅行社的企业文化，应该以哪些要素来认识、分析它的组成？旅行社企业文化对旅行社的发展具有哪些功能？

基本知识

一、旅行社企业文化的内涵

在全球市场和市场经济的视野下，一个现代企业的使命是在兼顾经济效益和社会效益等多方面的驱动下谋求企业和谐、有效的壮大发展，企业实现该目标的法宝是要有核心竞争力。企业竞争力的具体表现有产品、资源、规模、技术、创新、资本、人才、规章、制度等方面。而一个在市场中具有可持续发展、具有独特魅力、让市场尊敬的企业，其核心竞争力并不是产品、资源、规模、技术、创新、资本、人才、规章、制度等因素，尽管它们都是必不可少的，只有企业文化才是核心竞争力。研究人员普遍认为，强有力的企业文化可以通过促进内部行为的一致性来改进业绩。正如《财富》杂志评论员文章指出，世界500强之所以胜出其他公司的根本原因，就是在于这些公司善于用企业文化给自己公司注入新的活力。先进的企业产品技术和管理制度可以模仿和学习，优秀的人才可以引进，所需资金可以引入，而只有企业文化是不能被模仿和复制的，它具有鲜明的特性。

企业文化又称组织文化，是指一个组织内的人员和群体所共有的价值观和行为规范的具体结合。它是企业在长期的经营管理活动中经过积累逐步形成的，是企业内各成员共同认可的一种价值观、群体意识和行为准则，是体现一个企业的综合、核心效能。它植根于企业组织结构中，通过物质、行为、制度和精神等四方面表现出来，一旦稳定、深入地形成以后，是很难被其他企业所获取或模仿的。

旅行社作为一个具体的企业，其企业文化是指旅行社企业在经营和管理实践活动中，经过长期积累而逐步形成的具有本企业特色的、并为全体成员所认可和遵循的企业物质文化、行为文化、制度文化和精神文化。具体包括企业经营目标和方针、企业品牌和服务质量、企业员工素质和形象、企业经营理念和机制、企业价值观和精神、企业社会责任和伦理道德等内容，它贯穿于旅行社的发展战略、经营管理，是旅行社的精神财富。旅行社企业文化是旅行社生存和发展的灵魂，是各旅行社处在激烈市场中处于不败之地的核心竞争力。

二、旅行社企业文化的构成要素

从企业文化的基本架构来分析，旅行社企业文化的构成要素由表层的物质文化、浅层的行为文化、中层的制度文化、核心层的精神文化组成（如图5-1）。物质文化和行为文化属于旅行社企业文化的外部结构，制度文化和精神文化属于旅行社企业文化的内部结构。

（一）物质文化

物质文化是旅行社企业文化的表层部分，主要指旅行社企业开展经营管理活动所必需的基本物质活动。旅行社企业物质文化是人们从直观上把握不同旅行社企业文化的依据。如旅行社企业内部的设施、设备、社名、社徽、社容、社歌、企业环境、员工形象、旅游线路安排、旅游产品形象、网点形象、文化传播等。故旅行社企业往往都很重视企业建筑的风格、店堂（门市部）环境的布置、内部员工工作环境的布置、广告的策划、旅游线路的设计、活动内容的安排以及旅游纪念品的发放等，使消费者处处感受到企业的表层文化特色。另外，旅行社生产的产品是满足人们精神需求的无形产品，因而，消费者通过旅行社购买的是服务，而物质文化就是反映旅游服务这个产品的全部或一部分。物质文化是旅行社企业形成

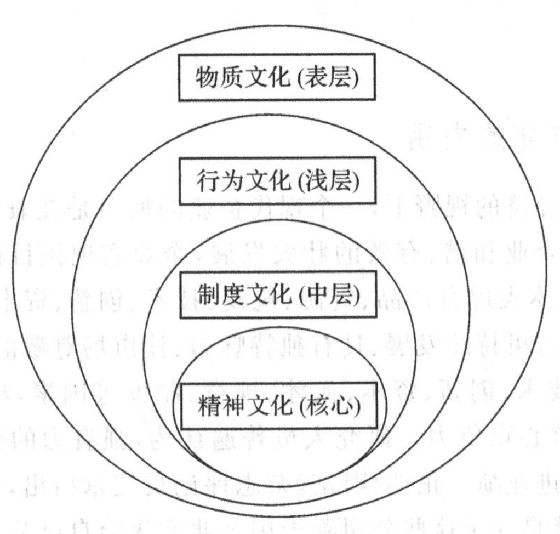

图 5-1　旅行社企业文化的构成要素

制度文化和精神文化的条件，往往能直接折射出旅行社企业的经营思想、管理哲学、工作作风和审美意识。

（二）行为文化

行为文化是旅行社企业文化的浅层部分，是指旅行社企业领导者和员工在经营、学习、娱乐活动中产生的文化，包括企业经营、教育宣传、社交公关、文体活动中产生的文化现象，是旅行社企业经营作风、精神面貌、人际关系、价值观念的具体和动态反映，它是旅行社企业文化的基石。从结构分，包括旅行社企业家行为和旅行社员工行为；从运作过程分，包括旅行社企业与政府之间、旅行社企业与其他企业、旅行社企业与社会、旅行社企业与消费者之间的行为等。在此，本书仅从结构方面做阐述。

1. 旅行社企业家行为

旅行社的创立者、总经理、高层主管或负责人往往是企业文化的倡导者、引导者或创立者，其个人特质、领导风格、经营哲学、人格魅力等均对企业文化的创建、形成、维持、转化、更新、延续产生重大影响。特别是在确定企业文化过程中，企业的奠基人的作用尤其重要，因为奠基人把他的价值观和管理风格刻印在该组织上。如萨姆·沃尔顿（Sam Walton）从一开始就持有的关于沃尔玛的文化的理念，沃尔玛文化本质是致力于顾客满意、对低成本的热切追求和强烈的职业道德。沃尔特·迪斯尼对他所建立的企业的稳健影响在他去世很久之后仍在继续，经理们不愿进行新的娱乐业的实验，因为他们担心改变会导致游客不喜欢迪斯尼。具体到旅行社企业，如果作为旅行社的领导者或经理视野、眼界不开阔，经营思路狭窄，会导致大量的旅游行业信息、市场机会和旅游市场都与他所经营的旅行社无关。一般而言，旅行社员工如果和领导者、上司的关系不错，他们会比那些与领导、上司关系较差的员工受到更多激励和关注，而后者选择离开的概率大于前者。故打造、培育自身卓越的旅行社企业家行为文化将是旅行社行为文化培育中的重要一环。

2. 旅行社员工行为

旅行社企业员工是旅行社的主体，员工的行为文化决定了旅行社企业整体的精神风貌和企业文明的程度。旅行社员工在对客服务、与同事沟通、与其他组织和企业相处时，通过自己的具体行为，来贯彻组织的决策，实现企业的目标。在此过程中，所展示的企业精神风貌，就体现了企业的文化特色。如员工规范的举止、文明的谈吐，在与消费者沟通交往中，容易给客人留下好感与认同，能使现实的消费者变得更加忠诚，能使潜在的消费者变成现实的消费者。故塑造好旅行社企业员工的行为是旅行社企业文化建设的重要组成部分。如旅游百事通总部自成立之初根据公司各职能板块的不同，一直坚持统一培训，结合当前板块的状况、典型案例、工作经验等问题与各地分公司分享学习，通过集团化经营模式打造自己的品牌，夯实员工职业素养，形成更加专业的服务团队。

（三）制度文化

制度文化是旅行社企业文化结构的中间层部分，主要是指旅行社为实现自身目标和保证企业活动正常进行对旅行社和员工的行为给予一定限制的规范性文化，在执行上具有权威性、强制性，是企业实现目标的保障。由旅行社的领导体制、组织机构和管理制度等三个方面构成，三个方面相辅相成。如旅行社的企业章程、企业体制、社规社纪、工作程序、责任制度、行为规范等。这些内容主要体现了旅行社各机构、员工的权利和义务。总体而言，构建出科学民主的领导体制、高效运行的组织机构和以人为本的管理制度是大部分旅行社企业追求的普遍愿望。

旅行社企业领导体制是企业领导方式、领导结构、领导制度的总称。领导体制影响着旅行社企业组织机构的设置，制约着旅行社管理的各个方面，是旅行社企业制度文化构建的核心内容。如旅行社企业的女性领导倾向于运用变革型领导方式，通过将员工的自身利益转化为组织目标而激励他人；旅行社企业的男性领导更乐于使用指示型、命令加控制型的领导风格，这就是领导方式的不同。

组织机构是旅行社企业文化的载体，受到外部环境和内部资源的约束。旅行社必须根据自己所拥有的资源和核心竞争力，建立自己相应的组织机构。只有10名员工的旅行社企业，其组织结构不会与拥有300名员工的旅行社企业相同。小型旅行社的组织结构的正规化和标准化是相对欠缺的，而大中型旅行社的组织结构在处理业务时，现在更倾向于采取扁平化和团队化的管理结构。在旅游市场中，很多旅行社企业为确保自身盈利和减少风险，往往把具体的某些经营旅游专线的部门承包给个人或组织。

旅行社内制定的各类管理制度是企业文化最直接、有力的体现，是规范旅行社经营行为和实现旅行社目标的保障。旅行社制定出管理制度要具有合理性，更要具有公正性。制度的合理性可以根据需要不断改进，但制度执行的公正性一定要严格执行，特别是管理者本身，应该身体力行。如北京中青旅东南亚中心制定的学习制度，每年提取公司净利润的1％－3％用作培训专项经费，常年坚持下来的结果是：在提高员工整体素质和综合能力的同时，也加强了员工的忠诚度，特别是对80后员工影响很大。

（四）精神文化

精神文化是旅行社企业文化的核心层部分，是旅行社企业在长期经营活动中，在受到一定的社会文化背景和意识形态的影响下，逐步形成并为全体员工所认同的共有意识和观念。精神文化是旅行社企业文化的最深层结构，是旅行社企业文化的核心和灵魂，是旅行社企业物质文化、行为文化和制度文化的凝聚和升华，是一种“软文化”。旅行社企业精神文化主要包括企业精神、企业道德、企业价值观念等意识形态。

1.企业精神

企业精神是指旅行社为谋求生存与发展、从事经营活动过程中，全体成员经过共同努力和长期培养而逐步形成的认识和看待事物的共同心理趋势、价值取向、主导意识和发展方向，是旅行社全体员工所认同、信奉的精神信念和座右铭。它往往以简洁而富有哲理和高度概况的几个字或几句话，如埃尔斯沃斯·斯塔特勒的“客人永远是正确的”，日立集团的“和、诚与开拓精神”等。有时也通常通过社歌、社训、社规、社徽或口号、标语等形式形象地表达出来。表达内容有的是总结旅行社的优良传统，有的是倡导树立的新风尚，有的是奋斗方向，如创新精神、团队精神、报效社会的理想追求，尽责尽力的群体意识等等。

企业精神具体包括旅行社企业的服务追求、团体协作精神、激励竞争原则、社会责任感等。它是旅行社企业文化的高度概况和浓缩，具有无形性，更具有强大的凝聚力、感染力和影响力。

2.企业道德

企业道德是指旅行社企业依靠社会舆论、传统习惯和内心信念来维持的，以善恶观来调整和评价企业及员工活动的行为规范的总称。用于评价旅行社及其员工的各种行为，调节旅行社企业与社会、其他企业、员工以及旅行社员工与员工之间的关系。企业道德虽不具有法律的强制约束力，但它具有积极向上的示范效应和感染力。旅行社作为服务性企业，在旅行社企业中提倡、强化职业道德教育，可以在企业内部形成良好的企业风尚和培养员工良好的职业操守，还可以起到使员工自觉维护企业声誉和旅游者权益的作用。

3.企业价值观

企业价值观是指旅行社企业内部管理层和全体员工对该企业在经营、服务、管理等活动中所形成和推崇的群体信念和价值观。是旅行社的生存和发展的基本方向和行动指南，更是旅行社全体员工的价值标准，为职工形成共同的行为准则奠定了基础。好比一桌人吃饭，口味各不相同。有的喜欢辣，有的喜欢咸，有的喜欢甜。此时若要每个人都接受，就得找到大家共同的价值观——吃饭为了吃饱补充营养，而酸甜辣咸只是每个人的偏好。找到此价值观，就能找到解决问题的办法——做清淡的菜，虽然不是每个人都喜欢，但都能接受。不同旅行社企业价值观念存在着差异，源自企业哲学的差异，不同的价值观又会导致企业管理行为的不同。当代较为成功旅行社企业价值观的一个最突出的特征就是以人为中心，以关心人、爱护人的人本主义思想为导向。

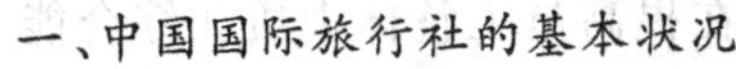

信息链接

中国国际旅行社的企业文化

一、中国国际旅行社的基本状况

中国国际旅行社(CITS)成立于1954年，是目前国内规模最大、实力最强的旅行社企业集团，荣列国家统计局公布的“中国企业500强”，是500强中唯一的旅游企业。国旅总社在海外10多个国家和地区设有14家分社，在全国122个城市拥有20多家控股子公司和122家国旅集团理事会成员社，总资产50亿元。“中国国旅、CITS”已成为品牌价值高、主营业务突出、在国内外享有盛誉的中国旅游企业，品牌价值103.64亿元，居旅游业第一。国旅总社是WTO(世界旅游组织)在中国的第一家企业会员、中国旅行社协会会长单位，还先后加入PATA(太平洋亚洲旅行协会)、IATA(国际航空运输协会)、ASTA(美国旅行代理商协会)等国际组织。2000年，国旅总社通过了ISO9001国际质量体系认证。2004年国旅总社与中国免税品(集团)总公司合并，成立了中国国旅集团公司。

二、中国国际旅行社的企业文化

国旅文化、国旅精神是 CITS 五十年历史形成的宝贵财富，是国旅总社重要的无形资产，它培育了一代又一代国旅人。

核心价值观：不怕困难，专业高效，团队合作，勇于创新。

国旅精神：诚信为本、服务至上、拼搏奉献、永争第一。

国旅口号："中国国旅、天下一家"。

专业创造价值：在客户眼里，国旅 50 年积累的经验和专业服务增加了旅游的价值。

工作提升生活：在国旅员工眼里，工作在国旅，不但提升自身生活品质，而且以"国旅人"而自豪。

经营保证回报：在股东眼里，能够获得稳定而有竞争力的回报。

核心理念：发展是企业第一要务。

人文理念：企业靠人，人企合一。

发展理念：高起点，高水平，高效益，可持续发展。

质量理念：质量是品牌，质量是生命，质量是效益。

营销理念：诚信为本，客户至上，真诚伙伴，互利共赢。

人才理念：发展的企业为人才的发展提供广阔的平台；发展的人才为企业的发展创造无限的空间；只有人的全面发展，才会有企业的更快发展。

从业理念：忠诚企业，敬业爱岗，快乐工作，提升生活。

发展目标：中国旅游产业领域中拥有旗舰地位的企业集团

愿景目标：中央企业群体中最具市场竞争力的旅行社集团；中国最强的跨国旅游运营商；全球最为著名的旅游业品牌之一。

（资料来源：http://www.cits.cn/cits/about_culture.htm）

三、旅行社企业文化的功能

企业文化之所以越来越受旅行社重视，是由于其具有丰富的内涵和强大的生命力，在旅行社的生存与发展过程中发挥着至关重要的功能。

（一）导向功能

旅行社企业文化的导向功能就是通过它对企业和员工起引导作用，能对旅行社的整体发展和每位员工的价值取向及行为取向起导向作用，具体体现为规范、约束和取向功能。

规范、约束功能体现在，员工根据旅行社企业文化，明白什么是应该提倡的、什么是应该反对的、什么是企业的底线、什么是企业所需要的等等，这些能对企业员工个体的心理、性格、行为、思维起规范、约束作用。这种规范、约束更多的是一种软性压力和动力，能使员工根据企业文化的要求来学习、自我要求和管理。若在旅行社企业里，领导在与不在时、检查与不检查时，员工的表现差别很大，这种约束只是硬性压力，从深层次角度来分析，这不是一个现代企业所拥有的健康优秀的企业文化。

取向功能体现为旅行社经营哲学和价值观念的指导、企业目标的指引、员工个人价值观和企业价值观融合的引导。

（二）凝聚功能

企业文化能在全体员工中释放一种黏合剂，由此产生巨大的凝聚力。优秀的企业文化可以在员工中形成一致的价值取向、统一的信念和意志。若企业没有全体成员共同接受的价值观念，员工就会抱着各自分散的目标工作。有了企业文化，可以使员工产生对本职工作的使命感、认同感和归属感，在具体工作中将自己的思想、行为融入企业的目标中，这就是企业文化释放凝聚工作的体现。另外，企业文化的凝聚功能还可以处理、化解、协调员工与企业、员工与员工之间的矛盾，创造出和谐的人际氛围和环境。旅行社企业要生存和发展，必须重视、依靠、增强这种凝聚力。因而，当今许多旅行社企业努力为员工创造良好的环境，建立科学合理的薪金制度，创设良好的工作环境，以及工作设施的投入、文体活动的开展、对员工的感情投资、员工的技能培训提升，这些措施都能使企业员工产生归属感，由此形成一股强大的凝聚力，推动企业的发展。

（三）激励功能

一般员工每天在旅行社工作的时间在 8 小时左右，销售、外联、导游人员一天所占时间或许更多。若没有一个良好的工作环境和氛围，会导致员工"身在曹营心在汉"的状态。而持续和良好的工作环境和氛围是由旅行社企业文化所产生的。优秀健康的旅行社企业文化能将企业目标、使命与员工个人事业心、展现才华的意念结合在一起，并朝着统一的方向顺利行进。大量的实践证明，优秀的旅行社企业文化，除了能给旅行社发展带来动力外，还会起到激励员工的作用。如某旅行社企业推崇"信任文化"，就会让全体员工感觉被信任，并不断提高工作的积极性和创造性。因而，许多旅行社在生活上关心员工，满足员工的需要，为员工的发展创造并提供条件，对员工的成绩给予充分肯定，公平处理员工之间的业务问题。这些企业文化的外在表现形式汇总在一起，就会在旅行社员工中产生一种愿意为企业出力，愿意发挥自我最大的主观能动性等意想不到的效果。这种内在的"愿意"就是旅行社企业文化激励功能的体现。

信息链接

浓厚的企业文化、创新的人力资源管理

辽宁康辉国旅总经理　李晓春

辽宁康辉国际旅行社有限公司是中国康辉旅游集团成员之一，是国家旅游局特许经营中国公民出境旅游的组团社。公司成立于 2004 年，历经七年的快速成长与发展，现已成为辽宁地区独具品牌影响力、社会公信力、资源整合力、产品创新力的知名旅游企业。公司经营范围包括出入境旅游、国内旅游及会展商务、差旅管理、航空售票、火车售票等全方位旅游服务。辽宁康辉现已在辽宁省拥有 9 家分社和近百家门店，全面完善的经营体系，为辽沈市民提供诚信、专业的旅游服务。公司先后为几百家企事业单位承办各类大型旅游活动，接待国内外游客数量逐年攀升。

辽宁康辉国旅李晓春总经理在接受采访中对记者说，为保证客户对各项服务的高标准、高质量、专业化要求，辽宁康辉培养了一支精明强干、服务意识强、综合素质高的专业人才队伍。公司现有员工 200 余人，各部门和谐互助，及时了解客户需求，不断更新旅游产品，从根本上做到以游客满意为宗旨的服务理念。

经营理念和企业精神相结合，着力培养团队创新精神

我们始终把经营理念和企业精神贯穿于实际工作之中，着力培养团队创新精神，逐步树立企业品牌。从客户需求出发，站在客户角度思考、解决问题。以最执着的态度，至真至

诚满足游客全方位需求。辽宁康辉国旅在近八年的积累中形成了浓厚的企业文化。在员工的心目中，康辉不仅是一个企业，更是一个家庭、一所学校、一支军队。在这个大家庭里，无论是刚刚走出校园的毕业生，还是具备多年工作经验的老员工，都如家人般真诚相待。同时，为了让员工能力迅速提高，公司安排多项培训课程对新员工进行突击训练，对老员工进行深度传授，充满了学校和军队般的紧张和严谨。我一直深信，良好的企业文化是企业走向更高目标的基石，辽宁康辉也将一直秉承着这样的企业文化越走越好。同时，和谐的企业之家也将回馈给员工更多的温暖感受，赐予员工感恩之心，形成良性循环，实现企业与个人的共同成长。李晓春说，辽宁康辉非常注重人才队伍的建设。无论是新员工还是老员工，公司都会为其提供一定的培训机会，让员工迅速成长，更加出色。并按照德、能、勤、绩、廉综合考评的方法，实行技能、工作质量和专业部门综合考核鉴定的办法，真正体现能者多劳多得的价值观，并把员工公认的优秀分子选进管理干部队伍，把培养对象放到一定的管理岗位上进行实践锻炼，为他们施展才华提供用武之地。正如辽宁康辉的企业文化"一个家庭，一所学校，一支军队"所讲，康辉既充满温暖，又充满激烈、严谨的竞争氛围，也正是在这种有张有弛的工作节奏中，员工才能乐在其中，健康快速成长。

灵活调整员工岗位 打造良好工作环境

造成企业人才流失的原因是多方面的，其中企业的态度和行动也在发挥着较大的作用。辽宁康辉从成立之初便树立了正确的人生观。在员工入职之时，便要做到人事相宜，将每一位员工放到最合适的职位上，这样，员工才能扬长避短，充分发挥潜能。同时，员工与职位或工作内容的最佳配合并不是一劳永逸、一成不变的，而应是动态的、变化的。当员工的能力提升、个人兴趣转移，工作环境与工作内容发生变化时，我们也会及时地对员工进行适当调配。此外，我们建立了一套科学合理的制度来管理员工，公正、合理的工资、奖金和福利分配制度是达到有效激励的基础，通过人事考核和绩效考核，客观评价员工的行为表现和工作成果。在采取外部刺激的同时，我们也拥有内部激励措施。企业领导与员工之间、员工与员工之间，除了工作上相互配合通力协作外，还注重不断增强相互间的亲密感和信任感，努力创造一个友好、和谐愉快的氛围，使员工拥有充分的安定感、满足感和归属感，在工作中充分体味人生的乐趣和意义。

（资料来源：旅行社　http://www.lxsnews.com/2012/0531/1259.html）

（四）宣传功能

优秀的旅行社企业文化一般具备"偷不走、买不到、拆不开、带不走、流不掉"的特点，而成为旅行社企业的核心竞争力。旅行社企业文化作为一个系统，不仅在旅行社内部产生凝聚、激励、导向功能，而且还要与旅行社外部环境进行双向交流。这种双向交流体现为企业文化的形成既要受到外部环境的影响，也相应地对外部环境产生作用。旅行社员工在与社会各方面的交往中，会不自觉地反映出旅行社自身的价值观念和文化特点。旅行社产品的组合、促销、销售、服务，也会反映出该旅行社的文化内涵。旅行社企业文化的这种对外部环境产生的作用就是宣传功能。这种宣传功能是不自觉地反映出来的，既能让社会了解旅行社企业的精神和理念，又能够起到让消费者了解旅行社企业的作用。

四、旅行社企业文化的特点

企业文化作为企业的上层建筑，是企业经营管理的灵魂，渗透、影响着企业和员工的发展。旅行社作为一个企业，其企业文化除具有一般企业文化所具有的稳定性、群体性、可塑性、经营性、无形性、约束性等共性之外，还有自己的行业特性，表现在以下几个方面：

（一）服务性

旅行社企业是一个服务性企业，提供的核心产品，归根到底是服务，“没有服务，就没有旅行社旅游产品”，故旅行社企业文化的核心是服务文化。旅游者消费旅游产品，除了游客自我文化背景、期望值等因素会造成对旅游服务质量的认知影响不同外，最重要的还是旅行社员工的服务意识、服务态度。许多旅行社倡导的宾客至上原则就是旅行社企业文化服务性特点的体现。因此，培养旅行社员工的服务意识和服务技能是旅行社企业文化建设的一项中心任务。

（二）协作性

旅行社的产品具有高度的综合性，涉及旅游过程中食、住、行、游、购、娱等方面。一个旅游产品从采集、组合、促销、销售、导游服务到售后服务等多方面，并不是一个旅行社一个员工单独完成的，需要多个部门的多个员工参与完成。另外，旅行社产品中的许多服务是旅行社自身所不能提供的，需要通过采购其他产品来满足其产品组合的需要，其中任何一个环节出现服务质量的不达标，都会直接影响旅行社最终产品的质量。旅行社产品在实操中都需要对内对外多环节的协作，决定了旅行社企业文化必须具备协作意识、协作技能、协作精神。

（三）文化性

旅游既是一种物质享受，也是一种文化享受。旅游者到旅游目的地旅游，或多或少都包含着文化动机。为了满足旅游者的文化需求，旅行社员工，特别是导游人员，应对旅游目的地文化有深入的了解。旅行社应根据不同层次群体，有不同的旅游产品，这也是基于文化需求的不同而设计不同的旅游产品。同一个旅行社的产品，对于不同文化需求的旅游者，有着不同的满意认知度，因为旅游者来自不同的地方，对各地文化的理解和欣赏角度不同。这就要求向旅游者提供有针对性的服务，满足他们旅游的要求，旅行社员工还应当了解不同国家、民族的文化背景和价值观。因此，旅行社企业文化建设要加强旅行社员工文化知识的学习，特别是跨文化知识的学习，要加强对不同文化的热爱和尊重，在此基础上才会进行客观的介绍和有针对性的讲解，从而达到文化交流与传播良好习俗的目的。

（四）创新性

市场经济条件下，旅行社为了生存和发展，必须对多变的市场环境进行把握，加之旅游行业具有很强的脆弱性和旅游市场逐渐走向多元化的特点。旅行社在此市场环境中，若缺乏创新意识和创新产品，将丧失已有市场和取得的优势。只有坚持创新，才能保持企业的核心竞争力。例如，当大多数旅行社在单独组织外国旅游团和国内旅游团时，广东的某家旅行社却一改常规，勇于创新，将国内旅游者和外国旅游者组合在一个团内，并且进行针对性的线路设计，从而受到旅游者的广泛欢迎，取得了可观的经济效益。创新意识的树立，需要旅行社是一个不断创新的学习型组织，故旅行社文化应具备创新性。旅行社学习型组织的构建，既需要学习型制度的落实，又需要不断加强学习旅游行业知识、旅游市场环境、协作沟通技能、旅游服务质量等方面。只有这样，旅行社在面对变化无常的市场中，不断地推陈出新，根据游客的不同需求推出更适合旅游者的旅游产品，更有针对性地进行创新服务，旅行社才能在市场中持续发展。

五、我国旅行社企业文化建设存在的问题

旅行社业活跃于多样化发展的旅游市场，为我国旅游业的发展做出了巨大的贡献。旅行社企业文化对于旅行社的重要性是不言而喻的，但由于我国旅行业起步晚、发展快速、竞争残酷、市场不规范、法规不健全，造成目前旅行社恶性竞争加剧，旅行社企业文化建设的现状堪忧。甩团、加景点、吃回扣、负团费等行业不良现象屡见不鲜，成为近一两年人们关注的焦点，更成为行业管理的难点。结合我国旅行社企业文化的现状，从旅行社企业文化的构成要素来分析，我国旅行社企业文化建设存在物质文化狭隘、行为文化停滞、制度文化虚设和精神文化缺位等问题。

（一）物质文化狭隘，旅游线路缺新

物质文化直接外化地反映了一家旅行社的总体特征，但旅行社物质文化的核心体现在特色旅游线路和服务上。目前，我国大部分旅行社的物质文化设计狭隘，仅限于旅行社的logo、门店装潢、社旗社徽等，作为旅行社物质文化的核心——旅游线路存在着严重的雷同问题，各个旅行社的核心产品和拳头产品是缺乏的。一些有实力和创新性的旅行社一旦开发出某种受到市场追捧的新产品，其他旅行社就竞相模仿、复制，导致旅游线路迅速雷同。造成的直接结果是：最初开发者在开发技术上不仅得不到专利保护，更占据不了旅游市场，由此形成恶性循环，旅行社主动开发新旅游产品的积极性和投入大大降低。

（二）行为文化停滞，社会责任感缺失

旅行社企业行为文化涵盖了经营行为、人际关系活动等文化现象。我国旅行社具有“小而散”、“乱而差”的特点，所形成的企业行为文化建设停滞，由此导致大部分旅行社把追求利润作为唯一目的。并在追求此目的的过程中，以牺牲社会责任为代价。旅行社缺失社会责任，直接造成旅游者、旅行社员工、旅行社同行业的利益受损，一幕幕旅游行业中的丑剧不断上演，更造成旅行社成为旅游消费者投诉的主要对象。

旅行社随意违反旅游合同，改变旅游线路；任意增减旅游景点，强迫游客购物；向旅游者提供的服务产品与销售时的许诺不相符，暗箱操作，牟取暴利；销售“零团费”、“负团费”等诱导游客购买；与商家勾结诱导旅游者购买“以次充好、以假充真”或“高价”贩卖旅游购物品等行为严重损害消费者利益。

案　例

海南一导游被指收千元酒店钥匙费：不交钱没钥匙

新京报　发表于 2012 年 02 月 14 日 09:06

继三亚“宰客门”、“打人门”事件之后，近日网络再度曝出三亚“导游门”事件。网上一段视频曝光了山东游客郑先生在三亚入住酒店时被当地导游要求追加 1000 元，“不交钱就不给钥匙”，此外，导游没有按照行程预定的路线带团游览，还强迫游客购物消费。记者就这段视频曝光的内容进行了深入调查。

游客投诉　不交钱拿不到房间钥匙

近日，网络上一段视频曝光了山东游客郑先生在海南旅游的不愉快经历。视频上说，腊月二十五，郑先生一家三口花了 8000 多元报名海南三亚双飞五日旅行团，可是却在三亚碰到了一连串的窝心事。郑先生在视频中说，导游要求游客每人追加 1000 元，当时车上有

32人，其中一半多交了钱，包括自己在内的15人没交。"吃完饭在酒店里，交了钱的游客，导游就给钥匙，没交钱的就不给，导游说，你们再想想，不交钱我们不给钥匙。"郑先生说，当晚，15名游客在大厅里等待了三四个小时。

此外，郑先生称，导游并没有按照原来规划好的路线游览，很多计划之内的景点都没有去，而是按导游的线路走。郑先生说，导游还强迫游客去一些消费场所购物，"一个人消费不能少于50块钱，导游在车上明摆明地跟我们这么说。"

记者试图电话采访当事人郑先生，但郑先生手机一直处于关机状态。

主管部门　如情况属实将处罚导游

9日，记者来到三亚市旅游质监所采访。该所负责人说，游客郑先生是在山东旅行社报的团，地接社是位于海口的海南沙洲国际旅行社。他们看到网上的视频后，并没有发现郑先生的投诉记录。他表示，海南省旅游部门已介入调查。

"经过初步调查，证实了事发地不在三亚，郑先生是在万宁市兴隆进行的投诉。"海南省旅游稽查总队稽查科科长李孝荣说，目前万宁市旅游质监所正在对整个事件进行调查。"如果郑先生反映的情况属实，将依据相关规定对相关旅行社和导游进行处罚。"

地接社海南沙洲国际旅行社总经理苏兴祝说，这个团由海南海天假期旅行社山东分公司直接发过来，至于和山东旅行社是什么关系他并不清楚。苏兴祝说，在事件发生的当时他就知道了情况。1月19日晚，游客入住万宁兴隆新中大酒店，郑先生在酒店大堂打电话向万宁市旅游委投诉。他当晚就接到了万宁市旅游质监所的电话，于是立即打电话给导游，让他妥善解决问题。

据苏兴祝介绍，视频中的导游确实收了1000元的"钥匙费"。事情发生后的第二天，导游将1000元的费用都退还给了游客，并且旅行社还更换了导游，接下来的线路也完全按照原来的行程单走。

导游说法　追收千元补充旅行费用

针对郑先生反映的种种问题，记者采访了当事导游杨敏。对于强迫游客交钱一事，杨敏解释说："行程是散客团，要求客人来海南有自费景点，所以我在车上说要交费，这是有规定的。"

杨敏承认说，当晚在酒店，他确实说过"缓一点给钥匙"。据他讲述，当时，他让不交钱的游客在酒店大堂等一下，带着已交费的游客去看另行付费的表演，大约半小时后回到酒店。然后，他接到了万宁市旅游委的电话，问他"是不是不给游客钥匙"，他表示"现在就给钥匙"。

杨敏说，结果郑先生不拿钥匙不进房间，非要等旅游委过来处理。他只好陪郑先生在大堂等，大约等了两个小时，看到没有人到现场，郑先生才拿了钥匙进房间。据杨敏介绍，游客团有30人，17人参加了自费项目，13人不参加。"散客团每个人的行程都有所差别，导游按行程所列景点走完，可自行安排景点的前后顺序，但不会擅自增加、减少景点。"对于强迫购物，杨敏表示，他并没有强制游客购物，只是说"来了海南岛，给亲戚朋友买点土特产，不买多的，买个三五十元也可以"。

据苏兴祝介绍，这个散客团的地接费是每位游客680元，包含了五天四晚的吃、住、行和景点费用。记者在海南沙洲国际旅行社出示的行程单上看到，每天的游览行程中都列有一些另行付费项目，从20元至198元不等。为什么会有这些自费项目？这追加的1000元又

意味着什么呢？导游杨敏解释说，这是对整个旅行费用的补充，原来的费用是肯定不够的。

“我们也希望客人开心，享受愉快的旅游，但导游的生存环境比较困难。大家都不容易，导游给游客服务，也希望挣回一份工资，否则就是义务劳动。不能辛苦了这几天，还要自己掏钱，连基本生活都过不下去。”

导游杨敏告诉记者，如果这个散客团游客不交费的话，整个旅游费用肯定相差比较多，他自己还要倒贴每位游客几百元。

组团社如果没有低价诱惑，游客能来吗？导游如果不收这个费用，就无法弥补亏空。“零负团费”最高已经负到每位游客800元，其中很大一部分都是导游个人在承担。这不是一个人的行为，整个市场都是这样。

三亚市导游管理中心主任黄志明说，这几年政府一直在制止“零负团费”，却屡禁不止。

（信息来源：新京报 http://business.sohu.com/20120214/n334658819.shtml）

旅行社员工生存状况令人堪忧，旅行社员工工作已成为“高风险”行业，特别是导游工作。表现在，企业“零”工资或低工资聘用导游员工，不购买社保；导游接团不仅无带团补贴，还需缴纳不菲的“人头费”和质保金；导游全职当兼职用；为了省钱，女导游被迫与男司机同住一房等司机欺负导游现象；旅行社对员工“重使用轻培养”等问题严重损害了旅行社员工利益。旅行社的这些行为文化表现实质是将经营成本和风险转嫁给导游等企业员工，直接造成员工的合法收入被取消、不合法收入被放大，使得员工工作成为有违法律、道德等社会规范和观念的“高风险”工作，员工对旅行社企业和自身职业的认同感、归属感降低；间接后果就是旅游产品报价越来越低、员工待遇越来越差、旅游纠纷越来越多的恶性循环。

案　例

江西吉安导游罢工　利益引发旅行社和导游角力

瞭望东方周刊　陈安庆　发表于2009年06月29日15:52

导游方志华到现在还不清楚，究竟是谁把自己踢成了软组织挫伤丙级。

5月29日中午11点，适逢端午节假期，江西吉安的众多导游停止带团，自发组织在吉安茂盛宾馆开了个房间，发放由山上一购物点赞助的粽子。导游们聚在房间内，控诉旅行社的不公。

方志华等人，忽然听到走廊里传来一阵急促的脚步声，随后她看见20多名旅行社老总朝房间走过来。

女导游们见状迅速回到房间，将房门反锁。方志华走出房间，察看情况，但与试图闯入房间的人发生了激烈的肢体冲突。

混乱中，方志华挨了两个耳光。宾馆房间的木门也被撞开，拉扯中，方志华的腿部被踢了一脚；另一名导游宁燕后脑勺被打。

这起旅行社与导游的冲突事件，迅速升级。当天下午1点钟左右，吉安本地的100多名导游，拉着“严惩凶手，黑心旅行社老总纠集黑社会暴打导游”的横幅在市政府门前集体上访。

这则简单的打人事件，经过网络传播，迅速变成了轰动全国旅游界的一起热点事件。

导游“罢工”

旅行社与导游的利益再分配问题，成为矛盾的爆发点。而引爆这一事件的起因，在于2009年5月3日起实施的《旅行社条例》。

新的《旅行社条例》实施以来，在带团风险依旧未能降低的情况下，导游觉得自己的负担加重了。因此，吉安的导游们觉得，有必要成立一个自己的行业协会。

5月13日和20日，吉安的导游两次召开会议，积极、干练的方志华被推选为导游协会“筹办委员会”的临时负责人。

由于筹办导游协会需要对导游身份进行确定，5月26日，方志华在茂盛宾馆开了一个房间，登记想加入协会的导游名单。

在吉安市青年旅行社总经理杨三勇看来，“筹办委员会”拿着导游的导游证，只是为了与旅行社对抗，从而胁迫旅行社和旅游局，接受他们的一系列条件。

杨说，导游协会筹备组开大会，交证的导游每人交100块钱会费，如果不交证的，就交500元会员费。

5月28日，农历端午节，杨三勇等人得到告急通知，大部分导游都不带团了，已经形成了罢工的势头。

导游“罢工”并不是致命的威胁。杨三勇说，让旅行社老总们气愤的是，竟然有导游直接在井冈山甩团（放弃带领旅游途中的团），“一个导游把团带到井冈山后，他真的甩团了。对于旅行社而言，把客人扔到火车站、飞机场是最可怕的事。”

杨三勇告诉《瞭望东方周刊》，从5月25日到29日短短4天的时间，吉安绝大多数的带团导游都突然停下了工作，各大旅行社频频告急。

5月29日，旅行社老总们紧急召开会议。经21位旅行社经营者商讨，决定去茂盛宾馆导游协会筹备组临时聚会的地方交涉，勒令导游们“停止收缴导游证”。

在赶往茂盛宾馆的路上，杨三勇和旅行社老总们决定，除了拿回导游的证件，还要把“非法所得”也收缴，然后把“导游协会筹办委员会”的负责人扭送到公安局。

杨三勇告诉本刊记者，他们甚至想到了，如果有男导游在，暴力事件难免发生。而根据方志华的说法，杨三勇在认出了她后，便命人扇了她两巴掌。在“筹办委员会”临时开的宾馆房间里，冲突升级，多名女导游与旅行社的人发生肢体冲突。

方志华告诉《瞭望东方周刊》，她曾是受雇于杨三勇旅行社中的一名导游，由于在一次带团中遭到游客的强烈投诉，她被临时换掉，那次带团她为旅行社垫付的700元也一直未能报销。

之后，杨三勇便不再让她带团，她一气之下便离开了杨的旅行社。

而杨三勇称，他只是认出了方志华，并没有叫人打她，“但争执的现象是有的”。见势不妙的方志华立即拨打了110报警电话。

方志华的腿被踢伤，被认定为软组织挫伤丙级。她说，杨三勇已向她赔偿了610元，但直到现在，当地派出所仍未对这起治安案件做出最终处理。

百名导游在市政府门前上访后，吉安市主管旅游的副市长李庐琦也紧急赶到了现场。随后，吉安旅游协会负责人向导游公开道歉。

在当地政府组织召开的协调会议上，方志华以及另外几个导游也被邀请上台发言。方志华说，当天晚上，一个发言的男导游接到了恐吓电话。

“旅游局邀请我们去协商处理此事，但接到恐吓电话后，没有一个导游愿意去谈了。”方志华说，5月31日，她将集中收来的102本导游证，上交吉安市旅游局后分还持证导游。

方志华坦言，导游们的想法是成立一个协会，能跟旅行社协会平起平坐，希望有一个平等交流的平台。

在方志华看来，新《旅游社条例》的颁布，让导游的收入锐减，“打个比方，在以前，带一个20人的旅游团，进一家购物点后，每人收10元钱，共200块钱。假如客人买了1000元的东西，扣除200元剩下800元，按10%返还，我们总共可以得到280元回扣。现在，同样带一个20人的旅游团，进一家购物点后，每人也要交10元钱，但这钱要分一半‘旅游景点推广费’给旅行社。也就是说，我们的收入平白无故地减少了100元，只能得到180元。”

然而，无论是以前的“280元”，还是现在的“180元”，都并非导游一个人的收入，“要分给司机和全陪在内的三个人。”方志华介绍说。

“事实上，所谓人头费和佣金，冠冕堂皇地说，它是一种销售手段。但其实早已被纪检部门认定为商业贿赂，这是旅游业内的潜规则。”吉安市旅游局副局长龙自然对《瞭望东方周刊》说。

龙自然介绍，在新规实施以前，如果游客没意见，旅行团一天可以进入多个购物点。但新条例实施后，导游一天最多只能进入一个购物点。

方志华说，导游相对旅行社是弱势群体，全国的导游，除了极少的旅行社外，其他的都没有底薪。吉安的导游，连基本的社会保障都没有，每年还需向旅游局交纳高额管理费用。

井冈山海外旅行社董事长易明东对《瞭望东方周刊》说，本地导游的带团费一般是每天30元到50元，导游行业协会筹备后，导游们“抱团”叫板向旅行社施压，一度要求本地旅行社将带团费用上调到每天100元至200元，“原因是他们进购物点拿‘人头费’和‘佣金’的数量大减”。

据方志华介绍，很多导游带团前还必须垫付20%的“团款”，主要用来为客人购买门票等。在游客确认旅游“满意”后，这些钱再由对方旅行社支付给这边带团的导游。吉安市旅游局副局长龙自然告诉本刊记者，旅游局有明文规定，旅行社不得将“团款”转嫁给导游。

易明东则向本刊解释，让导游垫付20%的“团费”主要是怕导游在工作中出问题，就相当于一个担保；其次是由于对方旅行社没有给那么多现金，为了保证能及时要回这笔钱，就让导游对游客施压，到时候把这些钱收回。这也是旅行社的无奈之举。

利益再分配

龙自然向本刊介绍，2009年甲型流感肆虐而来，再加上金融危机，旅游行业遭遇重创。新条例将压力施加给旅行社，旅行社又转嫁给了导游，导游的发展空间已经越来越狭窄。新条例规定，禁止私自增加购物点，这无疑是对潜规则的毁灭性打击，“新条例的实施势必会压缩旅行社的利润率。新规出台后，旅行社也要参照执行，不能欺骗诱导游客，如果违规，要受到最高50万元的重罚，这只能令旅行社千方百计压缩成本，不可避免损害了导游利益，最终成为吉安导游与旅行社冲突事件的爆发点。”

杨三勇和易明东等多位旅行社经营者告诉本刊记者，导游向旅行社争取自由操作空间，是引发此次冲突的关键。

龙自然说，在新颁布的《旅行社条例》中，再次明确和规定了“不得增加或者变更旅游项目”，即使是既定行程，也要征得游客同意。

“之前按行业的潜规则，导游只要交一定的钱，带团去哪里旅行社都不管，如果出了事由导游自己负责。那时的游戏规则是，购物点按顾客人头和花费的金额付给导游佣金，各个购物点给付的标准不同。”杨三勇说，“后来购物点越来越多，这种状况演变成为导游给各个购物点施加压力，每次带团出来前给各个购物点打电话，谁的出价高，就去谁那里购物用餐。”

“预备成立的导游协会就提出，旅客的用餐必须要交给导游来订。导游为什么要订餐呢？其实就是利益所图。”杨三勇透露。

“这个不仅仅是吉安的问题，全国都存在。”易明东说，引发旅行社和导游角力的原因，表面上看是新《旅行社条例》的出台，而实际上是旅行社和导游都在寻求利益的再分配和新的生存逻辑。

曾经在2006年出版《叫我如何不宰你》一书、揭露旅游业黑幕的邬敬民，被公认为“导游界的叛徒”。

邬敬民认为，《旅游社条例》不过是新瓶装旧酒，并没有真正涉及行业混乱的根源，目前的旅游业，说得再简单一点就是想让游客参加二次消费，在旅游途中多花钱，导游从中收取回扣，“但这一切不能完全怪罪在导游身上，他们的行为背后隐藏着很多的社会问题。”

事实上，这次事件对吉安旅游业还是造成了一定的冲击。据易明东介绍，事件曝光后，吉安许多导游流失到了外地。海外旅行社也不例外，由于部分导游流失，他不得不从南昌挖了5名导游过来。（实习生张义、雷宇对本文有贡献）

（信息来源：瞭望东方周刊 http://news.sohu.com/20090629/n264844697_1.shtml）

旅行社通过低价格来打击同行竞争者；旅行社拖压团款甚至卷款而逃；组团社随意克扣地接社资金，而地接社要求导游垫资带团上路，拖欠司机交通运输款项；旅行社任意卖团并团，随意甩团；上游旅行社资金链出现问题，下游相关企业连串受到损失等现象，严重损害旅行社同行业之间的利益，更阻碍了旅游企业之间的合作与发展。旅行社的这些行为表现直接造成旅行社在旅游供应链中的核心地位不“核心”，与景区、交通企业、酒店等供应商的议价能力不高，旅行社整体盈利水平下降，整体竞争力不强，还容易引发“多米诺骨牌效应”。

（三）制度文化虚设，行业潜规则盛行

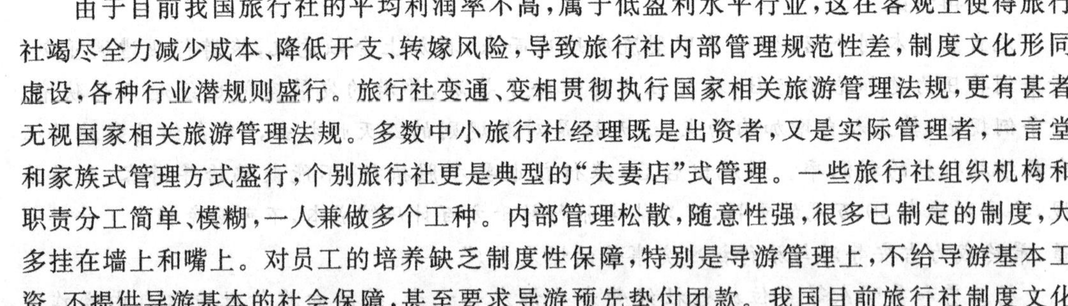

由于目前我国旅行社的平均利润率不高，属于低盈利水平行业，这在客观上使得旅行社竭尽全力减少成本、降低开支、转嫁风险，导致旅行社内部管理规范性差，制度文化形同虚设，各种行业潜规则盛行。旅行社变通、变相贯彻执行国家相关旅游管理法规，更有甚者无视国家相关旅游管理法规。多数中小旅行社经理既是出资者，又是实际管理者，一言堂和家族式管理方式盛行，个别旅行社更是典型的“夫妻店”式管理。一些旅行社组织机构和职责分工简单、模糊，一人兼做多个工种。内部管理松散，随意性强，很多已制定的制度，大多挂在墙上和嘴上。对员工的培养缺乏制度性保障，特别是导游管理上，不给导游基本工资、不提供导游基本的社会保障，甚至要求导游预先垫付团款。我国目前旅行社制度文化的建设出现这种乱象，在客观上加剧了旅游市场的混乱局面。

（四）精神文化缺位，核心价值观模糊

目前，我国旅行社企业文化建设的现状更多是注重培养员工实际操团能力、服务技能、沟通交流等方面，而忽视了员工的精神文化建设。因而，导致旅行社员工的企业精神文化缺位，核心价值观模糊。旅行社管理者目光不够远大，只关注企业在短期的市场竞争中得以生存和利润最大化，不承担任何社会责任，那么相应地也会导致员工追求薪资最大化，而不会主动地去开拓创新，其潜力也就很难得到充分发挥；认为旅游企业文化类同于卡拉OK、职工文体娱乐等活动，与旅游企业经营管理联系不大；无视企业品牌形象建设，缺乏长远目标与企业长期发展战略，更有甚者是道德败坏。旅行社员工缺乏职业责任感、使命感和危机感，职业道德流于形式，对游客的服务意识不强；部分员工认为旅游企业文化是企业家的事；一些员工为谋取不法利益，组织游客参与黄、赌、毒等违法活动，在思想上存在严重的功利主义目的。

我国旅行社企业文化的建设还存在着发展不平衡的问题。表现在：已经上市的旅游公司，对待旅行社企业文化建设严肃认真的程度远远高于其他各种旅行社；大型旅行社文化建设好于小型旅行社。另外，我国旅行社企业文化的理论研究滞后也是一大问题，系统的关于中国旅行社企业文化研究的专著是缺乏的。以上这些问题的存在已经成为我国旅行社业、旅游企业发展的瓶颈。

六、培育旅行社企业文化的途径

企业文化是一种现代管理思想指导下形成的管理方式。如何解决旅行社企业发展中的文化问题，积极培育和建设适合自己的旅行社企业文化，是企业和管理者面临的问题。笔者认为，除了管理者的真正理解和重视、改善旅行社的办公环境和旅游产品的质量外，还需从以下几个途径加强文化建设。

（一）提炼旅行社企业文化

企业文化越来越被看做是组织竞争优势的重要来源，优秀的企业文化更是企业的战略资源。但任何一个组织和公司的企业文化的形成不是一蹴而就的，必须经过分析、归纳和提炼。在提炼之前，必须对本企业过去的历史和现状进行调研、诊断、归纳，必须对整个旅行社行业和竞争对手进行综合精心分析，必须对本旅行社的发展目标、远景、战略等进行合理的定位。在整理、归纳、总结的基础上，去除那些落后或者不适宜的内容和形式，保留进步的形式和内容。旅行社提炼出来的企业文化包括物质文化、行为文化、制度文化、精神文化等四个方面，具体表现为公司使命、公司目标、管理理念、人才理念、核心价值观等多方面。这些方面通常是在科学论证的基础上，经过必要的理论加工和文字处理，用精炼的语言表述出来，如奉献社会、开拓创新、以人为本、质量第一、消费者第一等。在提炼旅行社企业文化的过程中，最重要的是需要提炼出旅行社企业价值观，正确的企业价值观是塑造良好企业文化的首要战略问题。

（二）推广旅行社企业文化

旅行社企业文化形成、提炼出来之后，需要让旅行社员工认同、让市场和外界认识，这就需要推广。旅行社内部推广方式有：对旅行社企业全体员工进行企业文化培训，让员工了解企业文化；树立和培养典型人物，让员工加强对企业文化的记忆；利用宣传媒体，宣传企业文化的内容和精要，创造浓厚的环境氛围，强化员工的认同感；以企业文化为导向，制定相应的管理制度，通过制度建设、激励机制等措施，使员工自觉地认同企业文化。要使每一位员工在一开始就能自觉主动地按照企业文化的要求去做是比较困难的，即使在企业文化已经成熟的旅行社中，个别员工背离企业文化的现象也是经常发生的。因此，建立奖优罚劣的规章制度是十分必要的。另外在此过程中，要避免“东一榔头，西一棒槌”的情况；依靠全体员工的参与企业文化建设，只有大家共同认可、共同参与的文化才是一个旅行社企业真正的文化。通过以上措施，让员工认同、参与建设本旅行社企业文化，并最终转化为员工的实际行动。旅行社对外推广主要是针对旅游者和其他旅行社在内的市场认同，是旅行社企业文化管理成功与否的最终检验者。只有把企业文化建设与每个部门的质量工程紧密联系起来，把核心理念通过每位员工点点滴滴的专业服务传递给市场，树立企业的良好形象，形成良好的客户关系和产业关系，企业文化管理才能发挥其应有的作用。

（三）构建学习型组织

在当今的商业环境中，企业组织形式向扁平化的灵活方向发展，其管理核心也向着以发挥人的主观能动性为主，实现从线性思维到系统思维和创造性思维的转变，这对于个人和企业的知识水平提出了更高的要求，而知识又是提高企业竞争优势的最重要的资源之一。故构建学习型组织是当今企业的战略选择之一和培育企业文化的重要途径。学习型组织是擅长于创造、学习和传播知识以及调整行为模式以对新的知识和见解作出反应的组织。旅行社作为一个企业，构建学习型组织可以使旅行社具有不断改进的能力，做到与时俱进；可以使旅行社不断更新知识，是旅行社不断发展和创新的源泉；可以提升旅行社员工素质，实现员工与旅行社发展的融合与双赢。旅行社在构建学习型组织的过程中，需要做的事情有：营造鼓励体验的氛围、为学习和创新提供激励、建立员工对学习和适应能力的信心、鼓励创造性思维、鼓励系统思考、创造一种激励个体和团队学习的文化、创造学习的共同愿景、拓展员工的参照体系、创造一个员工可以从错误中学习的环境等。学习型组织的构建是旅行社的一种驱动机制的构建，能从机制上促进旅行社企业文化的培育和发展，更能促使旅行社拥有平等、创造和创新的内部环境。

（四）利用非正式沟通网络

旅行社内部沟通按照沟通标准可分为正式和非正式两种沟通渠道。凡是通过旅行社明文规定的渠道进行信息的传递和交换都属于正式沟通，通过正式规章制度和正式组织程序以外的其他各种渠道进行的沟通为非正式沟通，如：一些企业和组织在公司的网站上设立了相关论坛、BBS、企业内的小团体等。非正式沟通是非正式组织的副产品，它一方面满足了员工的需求，另一方面也是正式沟通的有机补充。因为在现实生活和工作中，员工几乎不会在正式沟通渠道中把自己真实思想和行动表露出来。“非正式沟通”管理理念越来越多受到企业的青睐，以美国通用(GE)公司最为有名。非正式沟通具有沟通形式灵活、直接明了、速度快、省略许多繁琐的程序、容易及时了解到正式沟通难以提供的信息，真实地反映员工的思想、态度和动机的作用。现在许多企业，决策时利用的情报大部分是由非正式信息系统传播的。所以，旅行社在企业文化的培育和塑造中，要以积极的态度重视和利用旅行社内部的非正式沟通网络，并正确引导和培养非正式沟通网络的发展，为企业的发展贡献力量。

信息链接

旅游企业文化的“道”与“术”

慧聪网企业管理频道 谭小芳 发表于2009年08月17日16:55

美国人花了一个多世纪才认识到企业文化的重要性,而热衷于撰写企业文化宣言也是最近一些年的事情,国内旅游业企业文化的建设和管理应该是一个耐心和持久的工作。

比如我在访谈和培训过程中看到,现在很多旅游企业的文化建设,不是落地,而是落在了墙上,到处是口号、标语和宣传招贴等,贴上去了,讲一通,有的还要搞些活动来扩大影响,没有考核,没有评估,表面上看起来轰轰烈烈,但实际上,不过是徒费唇舌,没有任何效果。

什么是企业文化?有人说是老板最经常说的话!既对也不对。我认为,旅游企业家的态度和行为通过各层管理者不断向下传递,形成了公司整体的思维方式和行为方式,最终汇成了企业文化。

我认为,旅游企业的文化建设并不是要抛弃企业原来的基础去嫁接一个优秀的文化,那是不可能的。我们在进行企业文化建设时,要提炼出企业的优秀基因,并在此基础上培育属于企业自身的适合企业自身的企业文化。我们只有真正将企业文化弄懂了,按照正确的路径进行企业文化建设,我们的企业才可能塑造出优秀的企业文化,我们的企业才可能有基业长青的希望。谭小芳提出了旅游企业文化建设应遵循的五项原则:

1. 目的性

这里的目的性包括两个方面。一是企业文化自身的定位;二是企业文化建设的目标和方向。

2. 开放性

旅游企业文化的建设必须要服务于企业,服务于客户,那么企业就必须与外界接触,企业文化建设就需要具有开放性。

3. 创新性

旅游市场是不断进步的,企业也在不断发展,那么企业文化要想更好地服务于企业就必须不断发展创新。

4. 参与性

参与性或者说是人性化,企业文化建设的主体是“人”,企业文化的参与者也是“人”,企业文化的建设始终围绕着“人”来展开,那么企业文化的建设就必须人性化!

5. 独特性

不同的行业拥有截然不同的企业文化,企业应结合旅游行业的特征及自身的特点建立具有自己特色的企业文化。

鉴于企业文化对旅游企业的推动作用,鉴于成为伟大企业的梦想和愿景,笔者认为——大多数旅游企业在起步期依靠权威管理,在成长期借助制度管理,在成熟期才考虑导入文化管理,结果只能是事倍功半。我建议旅游企业家从企业诞生之日起,就导入文化管理,未雨绸缪,方可有备无患。

可以说,无论是企业文化还是企业制度,都是为企业管理服务的。管理是对一定范围内的人员及事物进行安排和处理,即管人,理事。管理分为两种,情感上的管理和制度上的管理。企业文化就是情感式管理的方式。再通俗点讲，就是企业文化管理，是软管理，企业制度管理是硬管理。

或者我们可以这样讲，企业文化是道，企业制度是术。

道即道德、道义、人道、公道，即我们做事情的基本原则或指导思想。道是领悟提炼出来的，道是针对精神层面，主要用来解决内部问题的，正如我们的企业文化，主要解决安踏体系员工共同的价值观、使命感。术即技术、谋略、心计、智能，就是在大原则或思想指导下的具体技术或方法、制度。术是通过学习转化出来的，针对物质层面，主要用来解决外部问题。

用道家的角度来说，有道才有术，修炼者都是悟道，得道后，自然就有术了，腾云驾雾的小把戏自然不在话下。但有的人要说了，企业管理是先有术再有道，先有制度的嘛，其实不然。在企业诞生的同时，企业文化就诞生了(并一直随企业的发展而变化)，只是企业发展到一定程度时单独提炼出来罢了。

我最后强调——精于术而以道为本，守于道而以术御事。企业文化是企业治理的根本所在，用好企业文化，在企业经营中方能如鱼得水。

(信息来源：慧聪网企业管理频道　http://info.ceo.hc360.com/2009/08/17165582079-2.shtml)

总之，现代旅行社的竞争既是产品、服务的竞争，又是品牌、形象的竞争，更是企业文化的竞争。重视和培育优秀的旅行社企业文化已经成为旅行社日常管理和战略管理的重要内容之一。

能力训练：调研一家旅行社的企业文化

训练目的：

能够根据旅行社企业文化的构成要素，调研一家旅行社的企业文化。

内容与要求：

本次能力训练要求学生能够在充分掌握旅行社企业文化构成要素的基础上，通过实地访谈、查阅资料、问卷调查(问卷的设计可通过网络、书籍查阅等手段)等方法，得出该旅行社的企业文化，特别是其核心价值观，分析存在的问题，并给予建议。

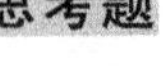

思考题

1. 什么是旅行社企业文化？
2. 简述旅行社企业文化的功能和特点。
3. 谈谈旅行社企业文化的培育途径。

参考文献

1. 于成国. 旅行社经营管理[M]. 北京:清华大学出版社,2010.

2. 吴敏良,魏敏. 旅行社经营实务[M]. 上海:上海交通大学出版社,2011.

3. 陈小春,马昕. 旅行社经营管理[M]. 北京:旅游教育出版社,2009.

4. 李云霞,杨叶昆. 旅行社经营管理[M]. 重庆:重庆大学出版社,2002.

5. 梁雪松,张建融编著. 旅行社门市管理实务[M]. 北京:北京大学出版社,2011.

6. 王缇萦. 旅行社经营与管理[M]. 上海:上海人民出版社,2006.

7. 梁智编著. 旅行社运行与管理[M]. 大连:东北财经大学出版社,2010

8. 潘燕,李志强主编. 旅行社经营管理实务[M]. 北京:人民邮电出版社,2010.

9. 谢颖主编. 旅行社经营管理实务[M]. 大连:大连理工大学出版社,2009.

10. 陈建斌. 旅行社经营管理[M]. 广州:中山大学出版社,2007.

11. 尹德涛,宋丽娜编著. 旅游问卷调查方法与实务[M]. 天津:南开大学出版社,2008.

12. 徐东文. 旅行社管理[M]. 武汉大学出版社,2003.

13. 张建融. 旅行社运营实务[M]. 北京:中国劳动社会保障出版社,2009.

14. 戴斌,杜江,乔花芳. 旅行社管理(第三版)[M]. 北京:高等教育出版社,2010.

15. 王永强. 旅行社经营管理[M]. 北京:对外经济贸易大学出版社,2008.

16. 韩勇. 旅行社经营管理[M]. 北京:北京大学出版社,2006.

17. 邵小慧,李治. 旅行社经营管理[M]. 哈尔滨:哈尔滨工程大学出版社,2012.

18. 苏英,陈书星. 旅行社经营与管理[M]. 北京:化学工业出版社,2011.

19. 陈春梅,魏洁. 旅行社经营管理[M]. 天津:天津大学出版社,2010.

20. 刘涛,曾蓓. 旅行社经营管理[M]. 北京:经济管理出版社,2011.

21. 王乃举. 旅行社经营与管理[M]. 北京:对外经济贸易大学出版社,2012.

22. 叶娅丽,王瑗琳. 旅行社经营与管理[M]. 北京:北京理工大学出版社,2010.

23. 王咏. 旅行社业务与管理[M]. 芜湖:安徽师范大学出版社,2010.

24. 王慧元,陶艳红. 旅行社经营管理实务[M]. 武汉:中国地质大学出版社,2012.

25. 浙江省教育厅职成教教研室组. 旅行社服务与管理[M]. 北京:高等教育出版社,2011.

26. 陈波,朱德勇. 旅行社外联与计调[M]. 北京:科学出版社,2011.

27. 李治. 旅行社经营管理[M]. 武汉:华中科技大学出版社,2010.

28. 张红英. 旅行社营销[M]. 上海:复旦大学出版社,2011.

29. Kotler,p 等. 市场营销原理(亚洲版　第 2 版)[M]. 北京:机械工业出版社,2010.

30. 韩振华. 门市服务[M]. 北京：高等教育出版社，2010.

31. 罗伯特·N. 罗瑟尔，克里斯托夫·F. 阿川. 领导力教程——理论、应用与技能培养（第 3 版）[M]. 北京：清华大学出版社，2008.

32. 刘荣. 旅行社经营管理[M]. 郑州：郑州大学出版社，2006.

33. Charles W. L. Hill, Gareth R. Jones, Changhui Zhou. 战略管理（中国版第七版）[M]. 北京：中国市场出版社，2007.

34. Stephen P. Robbins, Mary Coulter. 管理学（第 9 版）[M]. 北京：中国人民大学出版社，2009.

35. 匡海波，买生，张旭. 企业社会责任.[M]. 北京：清华大学出版社，2010.

36. 郑勇军，乜标，杨轶清. MBA 浙商本土教案[M]. 杭州：浙江工商大学出版社，2012.

37. 潘宝明. 旅行社管理概论[M]. 武汉：华中师范大学出版社，2006.

38. 冯琼，楼燕芳. 论旅行社门市接待工作[J]. 现代商贸工业，2012(1).

39. 秦绍林. 基于社会责任的旅行社企业文化建设研究[J]. 企业活力，2010(6).

40. 朱俏. 企业文化对旅游企业"80 后"员工忠诚度的作用分析——以北京中青旅东南亚中心为例[J]. 经管空间，2011(12).

41. 杨蕾. 我国旅行社门市部服务质量管理探析[J]. 企业技术开发，2011(4).

42. 董琦. 企业文化视阈下的旅行社框架构建[J]. 文化学刊，2011(2).

43. 张丙军，杨虎森. 关于旅游企业文化建设的几点思考[J]. 河南商业高等专科学校学报，2006(5).

44. 四川烹饪高等专科学校，旅行社经营管理，精品课程资源 http://kuang.tcppower.com/jiaoan/index.asp? articleid=65

附录 1

旅 行 社 条 例

（2009 年 5 月 1 日起施行）

第一章　总　　则

第一条　为了加强对旅行社的管理，保障旅游者和旅行社的合法权益，维护旅游市场秩序，促进旅游业的健康发展，制定本条例。

第二条　本条例适用于中华人民共和国境内旅行社的设立及经营活动。

本条例所称旅行社，是指从事招徕、组织、接待旅游者等活动，为旅游者提供相关旅游服务，开展国内旅游业务、入境旅游业务或者出境旅游业务的企业法人。

第三条　国务院旅游行政主管部门负责全国旅行社的监督管理工作。

县级以上地方人民政府管理旅游工作的部门按照职责负责本行政区域内旅行社的监督管理工作。

县级以上各级人民政府工商、价格、商务、外汇等有关部门，应当按照职责分工，依法对旅行社进行监督管理。

第四条　旅行社在经营活动中应当遵循自愿、平等、公平、诚信的原则，提高服务质量，维护旅游者的合法权益。

第五条　旅行社行业组织应当按照章程为旅行社提供服务，发挥协调和自律作用，引导旅行社合法、公平竞争和诚信经营。

第二章　旅行社的设立

第六条　申请设立旅行社，经营国内旅游业务和入境旅游业务的，应当具备下列条件：

（一）有固定的经营场所；

（二）有必要的营业设施；

（三）有不少于 30 万元的注册资本。

第七条　申请设立旅行社，经营国内旅游业务和入境旅游业务的，应当向所在地省、自治区、直辖市旅游行政管理部门或者其委托的设区的市级旅游行政管理部门提出申请，并提交符合本条例第六条规定的相关证明文件。受理申请的旅游行政管理部门应当自受理申请之日起20个工作日内作出许可或者不予许可的决定。予以许可的，向申请人颁发旅行社业务经营许可证，申请人持旅行社业务经营许可证向工商行政管理部门办理设立登记；不予许可的，书面通知申请人并说明理由。

第八条　旅行社取得经营许可满两年，且未因侵害旅游者合法权益受到行政机关罚款以上处罚的，可以申请经营出境旅游业务。

第九条　申请经营出境旅游业务的，应当向国务院旅游行政主管部门或者其委托的省、自治区、直辖市旅游行政管理部门提出申请，受理申请的旅游行政管理部门应当自受理申请之日起20个工作日内作出许可或者不予许可的决定。予以许可的，向申请人换发旅行社业务经营许可证，旅行社应当持换发的旅行社业务经营许可证到工商行政管理部门办理变更登记；不予许可的，书面通知申请人并说明理由。

第十条　旅行社设立分社的，应当持旅行社业务经营许可证副本向分社所在地的工商行政管理部门办理设立登记，并自设立登记之日起3个工作日内向分社所在地的旅游行政管理部门备案。

旅行社分社的设立不受地域限制。分社的经营范围不得超出设立分社的旅行社的经营范围。

第十一条　旅行社设立专门招徕旅游者、提供旅游咨询的服务网点（以下简称旅行社服务网点）应当依法向工商行政管理部门办理设立登记手续，并向所在地的旅游行政管理部门备案。

旅行社服务网点应当接受旅行社的统一管理，不得从事招徕、咨询以外的活动。

第十二条　旅行社变更名称、经营场所、法定代表人等登记事项或者终止经营的，应当到工商行政管理部门办理相应的变更登记或者注销登记，并在登记办理完毕之日起10个工作日内，向原许可的旅游行政管理部门备案，换领或者交回旅行社业务经营许可证。

第十三条　旅行社应当自取得旅行社业务经营许可证之日起3个工作日内，在国务院旅游行政主管部门指定的银行开设专门的质量保证金账户，存入质量保证金，或者向作出许可的旅游行政管理部门提交依法取得的担保额度不低于相应质量保证金数额的银行担保。

经营国内旅游业务和入境旅游业务的旅行社，应当存入质量保证金20万元；经营出境旅游业务的旅行社，应当增存质量保证金120万元。

质量保证金的利息属于旅行社所有。

第十四条　旅行社每设立一个经营国内旅游业务和入境旅游业务的分社，应当向其质量保证金账户增存5万元；每设立一个经营出境旅游业务的分社，应当向其质量保证金账户增存30万元。

第十五条　有下列情形之一的，旅游行政管理部门可以使用旅行社的质量保证金：

（一）旅行社违反旅游合同约定，侵害旅游者合法权益，经旅游行政管理部门查证属实的；

（二）旅行社因解散、破产或者其他原因造成旅游者预交旅游费用损失的。

第十六条　人民法院判决、裁定及其他生效法律文书认定旅行社损害旅游者合法权益，旅行社拒绝或者无力赔偿的，人民法院可以从旅行社的质量保证金账户上划拨赔偿款。

第十七条　旅行社自交纳或者补足质量保证金之日起三年内未因侵害旅游者合法权

益受到行政机关罚款以上处罚的,旅游行政管理部门应当将旅行社质量保证金的交存数额降低50%,并向社会公告。旅行社可凭省、自治区、直辖市旅游行政管理部门出具的凭证减少其质量保证金。

第十八条 旅行社在旅游行政管理部门使用质量保证金赔偿旅游者的损失,或者依法减少质量保证金后,因侵害旅游者合法权益受到行政机关罚款以上处罚的,应当在收到旅游行政管理部门补交质量保证金的通知之日起5个工作日内补足质量保证金。

第十九条 旅行社不再从事旅游业务的,凭旅游行政管理部门出具的凭证,向银行取回质量保证金。

第二十条 质量保证金存缴、使用的具体管理办法由国务院旅游行政主管部门和国务院财政部门会同有关部门另行制定。

第三章 外商投资旅行社

第二十一条 外商投资旅行社适用本章规定;本章没有规定的,适用本条例其他有关规定。

前款所称外商投资旅行社,包括中外合资经营旅行社、中外合作经营旅行社和外资旅行社。

第二十二条 设立外商投资旅行社,由投资者向国务院旅游行政主管部门提出申请,并提交符合本条例第六条规定条件的相关证明文件。国务院旅游行政主管部门应当自受理申请之日起30个工作日内审查完毕。同意设立的,出具外商投资旅行社业务许可审定意见书;不同意设立的,书面通知申请人并说明理由。

申请人持外商投资旅行社业务许可审定意见书、章程,合资、合作双方签订的合同向国务院商务主管部门提出设立外商投资企业的申请。国务院商务主管部门应当依照有关法律、法规的规定,作出批准或者不予批准的决定。予以批准的,颁发外商投资企业批准证书,并通知申请人向国务院旅游行政主管部门领取旅行社业务经营许可证,申请人持旅行社业务经营许可证和外商投资企业批准证书向工商行政管理部门办理设立登记;不予批准的,书面通知申请人并说明理由。

第二十三条 外商投资旅行社不得经营中国内地居民出国旅游业务以及赴香港特别行政区、澳门特别行政区和台湾地区旅游的业务,但是国务院决定或者我国签署的自由贸易协定和内地与香港、澳门关于建立更紧密经贸关系的安排另有规定的除外。

第四章 旅行社经营

第二十四条 旅行社向旅游者提供的旅游服务信息必须真实可靠,不得作虚假宣传。

第二十五条 经营出境旅游业务的旅行社不得组织旅游者到国务院旅游行政主管部门公布的中国公民出境旅游目的地之外的国家和地区旅游。

第二十六条 旅行社为旅游者安排或者介绍的旅游活动不得含有违反有关法律、法规规定的内容。

第二十七条 旅行社不得以低于旅游成本的报价招徕旅游者。未经旅游者同意,旅行社不得在旅游合同约定之外提供其他有偿服务。

第二十八条　旅行社为旅游者提供服务，应当与旅游者签订旅游合同并载明下列事项：

（一）旅行社的名称及其经营范围、地址、联系电话和旅行社业务经营许可证编号；

（二）旅行社经办人的姓名、联系电话；

（三）签约地点和日期；

（四）旅游行程的出发地、途经地和目的地；

（五）旅游行程中交通、住宿、餐饮服务安排及其标准；

（六）旅行社统一安排的游览项目的具体内容及时间；

（七）旅游者自由活动的时间和次数；

（八）旅游者应当交纳的旅游费用及交纳方式；

（九）旅行社安排的购物次数、停留时间及购物场所的名称；

（十）需要旅游者另行付费的游览项目及价格；

（十一）解除或者变更合同的条件和提前通知的期限；

（十二）违反合同的纠纷解决机制及应当承担的责任；

（十三）旅游服务监督、投诉电话；

（十四）双方协商一致的其他内容。

第二十九条　旅行社在与旅游者签订旅游合同时，应当对旅游合同的具体内容作出真实、准确、完整的说明。

旅行社和旅游者签订的旅游合同约定不明确或者对格式条款的理解发生争议的，应当按照通常理解予以解释；对格式条款有两种以上解释的，应当作出有利于旅游者的解释；格式条款和非格式条款不一致的，应当采用非格式条款。

第三十条　旅行社组织中国内地居民出境旅游的，应当为旅游团队安排领队全程陪同。

第三十一条　旅行社为接待旅游者委派的导游人员或者为组织旅游者出境旅游委派的领队人员，应当持有国家规定的导游证、领队证。

第三十二条　旅行社聘用导游人员、领队人员应当依法签订劳动合同，并向其支付不低于当地最低工资标准的报酬。

第三十三条　旅行社及其委派的导游人员和领队人员不得有下列行为：

（一）拒绝履行旅游合同约定的义务；

（二）非因不可抗力改变旅游合同安排的行程；

（三）欺骗、胁迫旅游者购物或者参加需要另行付费的游览项目。

第三十四条　旅行社不得要求导游人员和领队人员接待不支付接待和服务费用或者支付的费用低于接待和服务成本的旅游团队，不得要求导游人员和领队人员承担接待旅游团队的相关费用。

第三十五条　旅行社违反旅游合同约定，造成旅游者合法权益受到损害的，应当采取必要的补救措施，并及时报告旅游行政管理部门。

第三十六条　旅行社需要对旅游业务作出委托的，应当委托给具有相应资质的旅行社，征得旅游者的同意，并与接受委托的旅行社就接待旅游者的事宜签订委托合同，确定接待旅游者的各项服务安排及其标准，约定双方的权利、义务。

第三十七条　旅行社将旅游业务委托给其他旅行社的，应当向接受委托的旅行社支付不低于接待和服务成本的费用；接受委托的旅行社不得接待不支付或者不足额支付接待和服务费用的旅游团队。

接受委托的旅行社违约，造成旅游者合法权益受到损害的，作出委托的旅行社应当承担相应的赔偿责任。作出委托的旅行社赔偿后，可以向接受委托的旅行社追偿。

接受委托的旅行社故意或者重大过失造成旅游者合法权益损害的，应当承担连带责任。

第三十八条　旅行社应当投保旅行社责任险。旅行社责任险的具体方案由国务院旅游行政主管部门会同国务院保险监督管理机构另行制定。

第三十九条　旅行社对可能危及旅游者人身、财产安全的事项，应当向旅游者作出真实的说明和明确的警示，并采取防止危害发生的必要措施。

发生危及旅游者人身安全的情形的，旅行社及其委派的导游人员、领队人员应当采取必要的处置措施并及时报告旅游行政管理部门；在境外发生的，还应当及时报告中华人民共和国驻该国使领馆、相关驻外机构、当地警方。

第四十条　旅游者在境外滞留不归的，旅行社委派的领队人员应当及时向旅行社和中华人民共和国驻该国使领馆、相关驻外机构报告。旅行社接到报告后应当及时向旅游行政管理部门和公安机关报告，并协助提供非法滞留者的信息。

旅行社接待入境旅游发生旅游者非法滞留我国境内的，应当及时向旅游行政管理部门、公安机关和外事部门报告，并协助提供非法滞留者的信息。

第五章　监督检查

第四十一条　旅游、工商、价格、商务、外汇等有关部门应当依法加强对旅行社的监督管理，发现违法行为，应当及时予以处理。

第四十二条　旅游、工商、价格等行政管理部门应当及时向社会公告监督检查的情况。公告的内容包括旅行社业务经营许可证的颁发、变更、吊销、注销情况，旅行社的违法经营行为以及旅行社的诚信记录、旅游者投诉信息等。

第四十三条　旅行社损害旅游者合法权益的，旅游者可以向旅游行政管理部门、工商行政管理部门、价格主管部门、商务主管部门或者外汇管理部门投诉，接到投诉的部门应当按照其职责权限及时调查处理，并将调查处理的有关情况告知旅游者。

第四十四条　旅行社及其分社应当接受旅游行政管理部门对其旅游合同、服务质量、旅游安全、财务账簿等情况的监督检查，并按照国家有关规定向旅游行政管理部门报送经营和财务信息等统计资料。

第四十五条　旅游、工商、价格、商务、外汇等有关部门工作人员不得接受旅行社的任何馈赠，不得参加由旅行社支付费用的购物活动或者游览项目，不得通过旅行社为自己、亲友或者其他个人、组织牟取私利。

第六章 法律责任

第四十六条 违反本条例的规定，有下列情形之一的，由旅游行政管理部门或者工商行政管理部门责令改正，没收违法所得，违法所得10万元以上的，并处违法所得1倍以上5倍以下的罚款；违法所得不足10万元或者没有违法所得的，并处10万元以上50万元以下的罚款：

(一)未取得相应的旅行社业务经营许可，经营国内旅游业务、入境旅游业务、出境旅游业务的；

(二)分社的经营范围超出设立分社的旅行社的经营范围的；

(三)旅行社服务网点从事招徕、咨询以外的活动的。

第四十七条 旅行社转让、出租、出借旅行社业务经营许可证的，由旅游行政管理部门责令停业整顿1个月至3个月，并没收违法所得；情节严重的，吊销旅行社业务经营许可证。受让或者租借旅行社业务经营许可证的，由旅游行政管理部门或者工商行政管理部门责令停止非法经营，没收违法所得，并处10万元以上50万元以下的罚款。

第四十八条 违反本条例的规定，旅行社未在规定期限内向其质量保证金账户存入、增存、补足质量保证金或者提交相应的银行担保的，由旅游行政管理部门责令改正；拒不改正的，吊销旅行社业务经营许可证。

第四十九条 违反本条例的规定，旅行社不投保旅行社责任险的，由旅游行政管理部门责令改正；拒不改正的，吊销旅行社业务经营许可证。

第五十条 违反本条例的规定，旅行社有下列情形之一的，由旅游行政管理部门责令改正；拒不改正的，处1万元以下的罚款：

(一)变更名称、经营场所、法定代表人等登记事项或者终止经营，未在规定期限内向原许可的旅游行政管理部门备案，换领或者交回旅行社业务经营许可证的；

(二)设立分社未在规定期限内向分社所在地旅游行政管理部门备案的；

(三)不按照国家有关规定向旅游行政管理部门报送经营和财务信息等统计资料的。

第五十一条 违反本条例的规定，外商投资旅行社经营中国内地居民出国旅游业务以及赴香港特别行政区、澳门特别行政区和台湾地区旅游业务，或者经营出境旅游业务的旅行社组织旅游者到国务院旅游行政主管部门公布的中国公民出境旅游目的地之外的国家和地区旅游的，由旅游行政管理部门责令改正，没收违法所得，违法所得10万元以上的，并处违法所得1倍以上5倍以下的罚款；违法所得不足10万元或者没有违法所得的，并处10万元以上50万元以下的罚款；情节严重的，吊销旅行社业务经营许可证。

第五十二条 违反本条例的规定，旅行社为旅游者安排或者介绍的旅游活动含有违反有关法律、法规规定的内容的，由旅游行政管理部门责令改正，没收违法所得，并处2万元以上10万元以下的罚款；情节严重的，吊销旅行社业务经营许可证。

第五十三条 违反本条例的规定，旅行社向旅游者提供的旅游服务信息含有虚假内容或者作虚假宣传的，由工商行政管理部门依法给予处罚。

违反本条例的规定，旅行社以低于旅游成本的报价招徕旅游者的，由价格主管部门依法给予处罚。

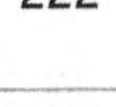

第五十四条　违反本条例的规定，旅行社未经旅游者同意在旅游合同约定之外提供其他有偿服务的，由旅游行政管理部门责令改正，处1万元以上5万元以下的罚款。

第五十五条　违反本条例的规定，旅行社有下列情形之一的，由旅游行政管理部门责令改正，处2万元以上10万元以下的罚款；情节严重的，责令停业整顿1个月至3个月：

（一）未与旅游者签订旅游合同；

（二）与旅游者签订的旅游合同未载明本条例第二十八条规定的事项；

（三）未取得旅游者同意，将旅游业务委托给其他旅行社；

（四）将旅游业务委托给不具有相应资质的旅行社；

（五）未与接受委托的旅行社就接待旅游者的事宜签订委托合同。

第五十六条　违反本条例的规定，旅行社组织中国内地居民出境旅游，不为旅游团队安排领队全程陪同的，由旅游行政管理部门责令改正，处1万元以上5万元以下的罚款；拒不改正的，责令停业整顿1个月至3个月。

第五十七条　违反本条例的规定，旅行社委派的导游人员和领队人员未持有国家规定的导游证或者领队证的，由旅游行政管理部门责令改正，对旅行社处2万元以上10万元以下的罚款。

第五十八条　违反本条例的规定，旅行社不向其聘用的导游人员、领队人员支付报酬，或者所支付的报酬低于当地最低工资标准的，按照《中华人民共和国劳动合同法》的有关规定处理。

第五十九条　违反本条例的规定，有下列情形之一的，对旅行社，由旅游行政管理部门或者工商行政管理部门责令改正，处10万元以上50万元以下的罚款；对导游人员、领队人员，由旅游行政管理部门责令改正，处1万元以上5万元以下的罚款；情节严重的，吊销旅行社业务经营许可证、导游证或者领队证：

（一）拒不履行旅游合同约定的义务的；

（二）非因不可抗力改变旅游合同安排的行程的；

（三）欺骗、胁迫旅游者购物或者参加需要另行付费的游览项目的。

第六十条　违反本条例的规定，旅行社要求导游人员和领队人员接待不支付接待和服务费用、支付的费用低于接待和服务成本的旅游团队，或者要求导游人员和领队人员承担接待旅游团队的相关费用的，由旅游行政管理部门责令改正，处2万元以上10万元以下的罚款。

第六十一条　旅行社违反旅游合同约定，造成旅游者合法权益受到损害，不采取必要的补救措施的，由旅游行政管理部门或者工商行政管理部门责令改正，处1万元以上5万元以下的罚款；情节严重的，由旅游行政管理部门吊销旅行社业务经营许可证。

第六十二条　违反本条例的规定，有下列情形之一的，由旅游行政管理部门责令改正，停业整顿1个月至3个月；情节严重的，吊销旅行社业务经营许可证：

（一）旅行社不向接受委托的旅行社支付接待和服务费用的；

（二）旅行社向接受委托的旅行社支付的费用低于接待和服务成本的；

（三）接受委托的旅行社接待不支付或者不足额支付接待和服务费用的旅游团队的。

第六十三条　违反本条例的规定，旅行社及其委派的导游人员、领队人员有下列情形之一的，由旅游行政管理部门责令改正，对旅行社处2万元以上10万元以下的罚款；对导游人员、领队人员处4000元以上2万元以下的罚款；情节严重的，责令旅行社停业整顿1个月至3个月，或者吊销旅行社业务经营许可证、导游证、领队证：

（一）发生危及旅游者人身安全的情形，未采取必要的处置措施并及时报告的；

（二）旅行社组织出境旅游的旅游者非法滞留境外，旅行社未及时报告并协助提供非法滞留者信息的；

（三）旅行社接待入境旅游的旅游者非法滞留境内，旅行社未及时报告并协助提供非法滞留者信息的。

第六十四条　因妨害国（边）境管理受到刑事处罚的，在刑罚执行完毕之日起五年内不得从事旅行社业务经营活动；旅行社被吊销旅行社业务经营许可的，其主要负责人在旅行社业务经营许可被吊销之日起五年内不得担任任何旅行社的主要负责人。

第六十五条　旅行社违反本条例的规定，损害旅游者合法权益的，应当承担相应的民事责任；构成犯罪的，依法追究刑事责任。

第六十六条　违反本条例的规定，旅游行政管理部门或者其他有关部门及其工作人员有下列情形之一的，对直接负责的主管人员和其他直接责任人员依法给予处分：

（一）发现违法行为不及时予以处理的；

（二）未及时公告对旅行社的监督检查情况的；

（三）未及时处理旅游者投诉并将调查处理的有关情况告知旅游者的；

（四）接受旅行社的馈赠的；

（五）参加由旅行社支付费用的购物活动或者游览项目的；

（六）通过旅行社为自己、亲友或者其他个人、组织牟取私利的。

第七章　附　　则

第六十七条　香港特别行政区、澳门特别行政区和台湾地区的投资者在内地投资设立的旅行社，参照适用本条例。

第六十八条　本条例自2009年5月1日起施行。1996年10月15日国务院发布的《旅行社管理条例》同时废止。

附录 2

旅行社条例实施细则

（2009 年 5 月 3 日起施行）

第一章　总　则

第一条　根据《旅行社条例》(以下简称《条例》)，制定本实施细则。

第二条　《条例》第二条所称招徕、组织、接待旅游者提供的相关旅游服务，主要包括：

(一)安排交通服务；

(二)安排住宿服务；

(三)安排餐饮服务；

(四)安排观光游览、休闲度假等服务；

(五)导游、领队服务；

(六)旅游咨询、旅游活动设计服务。

旅行社还可以接受委托，提供下列旅游服务：

(一)接受旅游者的委托，代订交通客票、代订住宿和代办出境、入境、签证手续等；

(二)接受机关、事业单位和社会团体的委托，为其差旅、考察、会议、展览等公务活动，代办交通、住宿、餐饮、会务等事务；

(三)接受企业委托，为其各类商务活动、奖励旅游等，代办交通、住宿、餐饮、会务、观光游览、休闲度假等事务；

(四)其他旅游服务。

前款所列出境、签证手续等服务，应当由具备出境旅游业务经营权的旅行社代办。

第三条《条例》第二条所称国内旅游业务，是指旅行社招徕、组织和接待中国内地居民在境内旅游的业务。

《条例》第二条所称入境旅游业务，是指旅行社招徕、组织、接待外国旅游者来我国旅游，香港特别行政区、澳门特别行政区旅游者来内地旅游，台湾地区居民来大陆旅游，以及招徕、组织、接待在中国内地的外国人，在内地的香港特别行政区、澳门特别行政区居民和在大陆的台湾地区居民在境内旅游的业务。

《条例》第二条所称出境旅游业务，是指旅行社招徕、组织、接待中国内地居民出国旅游，赴香港特别行政区、澳门特别行政区和台湾地区旅游，以及招徕、组织、接待在中国内地的外国人、在内地的香港特别行政区、澳门特别行政区居民和在大陆的台湾地区居民出境旅游的业务。

第四条　对旅行社及其分支机构的监督管理，县级以上旅游行政管理部门应当按照《条例》、本细则的规定和职责，实行分级管理和属地管理。

第五条　鼓励旅行社实行服务质量等级制度；鼓励旅行社向专业化、网络化、品牌化发展。

第二章　旅行社的设立与变更

第六条　《条例》第六条第(一)项规定的经营场所应当符合下列要求：

(一)申请者拥有产权的营业用房，或者申请者租用的、租期不少于1年的营业用房；

(二)营业用房应当满足申请者业务经营的需要。

第七条　《条例》第六条第(二)项规定营业设施应当至少包括下列设施、设备：

(一)2部以上的直线固定电话；

(二)传真机、复印机；

(三)具备与旅游行政管理部门及其他旅游经营者联网条件的计算机。

第八条　申请设立旅行社，应当向省、自治区、直辖市旅游行政管理部门(简称省级旅游行政管理部门，下同)提交下列文件：

(一)设立申请书。内容包括申请设立的旅行社的中英文名称及英文缩写，设立地址，企业形式、出资人、出资额和出资方式，申请人、受理申请部门的全称、申请书名称和申请的时间；

(二)法定代表人履历表及身份证明；

(三)企业章程；

(四)依法设立的验资机构出具的验资证明；

(五)经营场所的证明；

(六)营业设施、设备的证明或者说明；

(七)工商行政管理部门出具的《企业名称预先核准通知书》。

省级旅游行政管理部门可以委托设区的市(含州、盟，下同)级旅游行政管理部门，受理当事人的申请并作出许可或者不予许可的决定。

第九条　受理申请的旅游行政管理部门可以对申请人的经营场所、营业设施、设备进行现场检查，或者委托下级旅游行政管理部门检查。

第十条　旅行社申请出境旅游业务的，应当向国务院旅游行政主管部门提交原许可的旅游行政管理部门出具的，证明其经营旅行社业务满两年、且连续两年未因侵害旅游者合法权益受到行政机关罚款以上处罚的文件。

旅行社取得出境旅游经营业务许可的，由国务院旅游行政主管部门换发旅行社业务经营许可证。旅行社持旅行社业务经营许可证向工商行政管理部门办理经营范围变更登记。

国务院旅游行政主管部门可以委托省级旅游行政管理部门受理旅行社经营出境旅游业务的申请，并作出许可或者不予许可的决定。

旅行社申请经营边境旅游业务的，适用《边境旅游暂行管理办法》的规定。

旅行社申请经营赴台湾地区旅游业务的，适用《大陆居民赴台湾地区旅游管理办法》的规定。

第十一条　旅行社因业务经营需要，可以向原许可的旅游行政管理部门申请核发旅行社业务经营许可证副本。

旅行社业务经营许可证及副本，由国务院旅游行政主管部门制定统一样式，国务院旅游行政主管部门和省级旅游行政管理部门分别印制。

旅行社业务经营许可证及副本损毁或者遗失的，旅行社应当向原许可的旅游行政管理部门申请换发或者补发。

申请补发旅行社业务经营许可证及副本的，旅行社应当通过本省、自治区、直辖市范围内公开发行的报刊，或者省级以上旅游行政管理部门网站，刊登损毁或者遗失作废声明。

第十二条　旅行社名称、经营场所、出资人、法定代表人等登记事项变更的，应当在办理变更登记后，持已变更的《企业法人营业执照》向原许可的旅游行政管理部门备案。

旅行社终止经营的，应当在办理注销手续后，持工商行政管理部门出具的注销文件，向原许可的旅游行政管理部门备案。

外商投资旅行社的，适用《条例》第三章的规定。未经批准，旅行社不得引进外商投资。

第十三条　国务院旅游行政主管部门指定的作为旅行社存入质量保证金的商业银行，应当提交具有下列内容的书面承诺：

(一)同意与存入质量保证金的旅行社签订符合本实施细则第十五条规定的协议；

(二)当县级以上旅游行政管理部门或者人民法院依据《条例》规定，划拨质量保证金后3个工作日内，将划拨情况及其数额，通知旅行社所在地的省级旅游行政管理部门，并提供县级以上旅游行政管理部门出具的划拨文件或者人民法院生效法律文书的复印件；

(三)非因《条例》规定的情形，出现质量保证金减少时，承担补足义务。

旅行社应当在国务院旅游行政主管部门指定银行的范围内，选择存入质量保证金的银行。

第十四条　旅行社在银行存入质量保证金的，应当设立独立账户，存期由旅行社确定，但不得少于1年。账户存期届满，旅行社应当及时办理续存手续。

第十五条　旅行社存入、续存、增存质量保证金后7个工作日内，应当向作出许可的旅游行政管理部门提交存入、续存、增存质量保证金的证明文件，以及旅行社与银行达成的使用质量保证金的协议。

前款协议应当包含下列内容：

(一)旅行社与银行双方同意依照《条例》规定使用质量保证金；

(二)旅行社与银行双方承诺，除依照县级以上旅游行政管理部门出具的划拨质量保证金，或者省级以上旅游行政管理部门出具的降低、退还质量保证金的文件，以及人民法院作出的认定旅行社损害旅游者合法权益的生效法律文书外，任何单位和个人不得动用质量保证金。

第十六条　旅行社符合《条例》第十七条降低质量保证金数额规定条件的，原许可的旅游行政管理部门应当根据旅行社的要求，在10个工作日内向其出具降低质量保证金数额的文件。

第十七条　旅行社按照《条例》第十八条规定补足质量保证金后7个工作日内，应当向原许可的旅游行政管理部门提交补足的证明文件。

第三章　旅行社的分支机构

第十八条　旅行社分社（简称分社，下同）及旅行社服务网点（简称服务网点，下同），不具有法人资格，以设立分社、服务网点的旅行社（简称设立社，下同）的名义从事《条例》规定的经营活动，其经营活动的责任和后果，由设立社承担。

第十九条　设立社向分社所在地工商行政管理部门办理分社设立登记后，应当持下列文件向分社所在地与工商登记同级的旅游行政管理部门备案：

（一）设立社的旅行社业务经营许可证副本和企业法人营业执照副本；

（二）分社的《营业执照》；

（三）分社经理的履历表和身份证明；

（四）增存质量保证金的证明文件。

没有同级的旅游行政管理部门的，向上一级旅游行政管理部门备案。

第二十条　分社的经营场所、营业设施、设备，应当符合《条例》第六条第（一）项、第（二）项及本实施细则第六条、第七条规定的要求。

分社的名称中应当包含设立社名称、分社所在地地名和“分社”或者“分公司”字样。

第二十一条　服务网点是指旅行社设立的，为旅行社招徕旅游者，并以旅行社的名义与旅游者签订旅游合同的门市部等机构。

设立社设立服务网点的区域范围，应当在设立社所在地的设区的市的行政区划内。

设立社不得在前款规定的区域范围外，设立服务网点。

第二十二条　服务网点应当设在方便旅游者认识和出入的公众场所。

服务网点的名称、标牌应当包括设立社名称、服务网点所在地地名等，不得含有使消费者误解为是旅行社或者分社的内容，也不得作易使消费者误解的简称。

服务网点应当在设立社的经营范围内，招徕旅游者、提供旅游咨询服务。

第二十三条　设立社向服务网点所在地工商行政管理部门办理服务网点设立登记后，应当在3个工作日内，持下列文件向服务网点所在地与工商登记同级的旅游行政管理部门备案：

（一）设立社的旅行社业务经营许可证副本和企业法人营业执照副本；

（二）服务网点的《营业执照》；

（三）服务网点经理的履历表和身份证明。

没有同级的旅游行政管理部门的，向上一级旅游行政管理部门备案。

第二十四条　分社、服务网点备案后，受理备案的旅游行政管理部门应当向旅行社颁发《旅行社分社备案登记证明》或者《旅行社服务网点备案登记证明》。

第二十五条　设立社应当与分社、服务网点的员工，订立劳动合同。

设立社应当加强对分社和服务网点的管理，对分社实行统一的人事、财务、招徕、接待制度规范，对服务网点实行统一管理、统一财务、统一招徕和统一咨询服务规范。

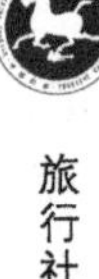

第四章 旅行社经营规范

第二十六条 旅行社及其分社、服务网点，应当将《旅行社业务经营许可证》、《旅行社分社备案登记证明》或者《旅行社服务网点备案登记证明》，与营业执照一起，悬挂在经营场所的显要位置。

第二十七条 旅行社业务经营许可证不得转让、出租或者出借。

旅行社的下列行为属于转让、出租或者出借旅行社业务经营许可证的行为：

（一）除招徕旅游者和符合本实施细则第三十四条第一款规定的接待旅游者的情形外，准许或者默许其他企业、团体或者个人，以自己的名义从事旅行社业务经营活动的；

（二）准许其他企业、团体或者个人，以部门或者个人承包、挂靠的形式经营旅行社业务的。

第二十八条 旅行社设立的办事处、代表处或者联络处等办事机构，不得从事旅行社业务经营活动。

第二十九条 旅行社以互联网形式经营旅行社业务的，除符合法律、法规规定外，其网站首页应当载明旅行社的名称、法定代表人、许可证编号和业务经营范围，以及原许可的旅游行政管理部门的投诉电话。

第三十条 《条例》第二十六条规定的旅行社不得安排的活动，主要包括：

（一）含有损害国家利益和民族尊严内容的；

（二）含有民族、种族、宗教歧视内容的；

（三）含有淫秽、赌博、涉毒内容的；

（四）其他含有违反法律、法规规定内容的。

第三十一条 《条例》第三十四条所规定的旅行社不得要求导游人员和领队人员承担接待旅游团队的相关费用，主要包括：

（一）垫付旅游接待费用；

（二）为接待旅游团队向旅行社支付费用；

（三）其他不合理费用。

第三十二条 旅行社招徕、组织、接待旅游者，其选择的交通、住宿、餐饮、景区等企业，应当符合具有合法经营资格和接待服务能力的要求。

第三十三条 在签订旅游合同时，旅行社不得要求旅游者必须参加旅行社安排的购物活动或者需要旅游者另行付费的旅游项目。

同一旅游团队中，旅行社不得由于下列因素，提出与其他旅游者不同的合同事项：

（一）旅游者拒绝参加旅行社安排的购物活动或者需要旅游者另行付费的旅游项目的；

（二）旅游者存在的年龄或者职业上的差异。但旅行社提供了与其他旅游者相比更多的服务，或者旅游者主动要求的除外。

第三十四条 旅行社需要将在旅游目的地接待旅游者的业务作出委托的，应当按照《条例》第三十六条的规定，委托给旅游目的地的旅行社并签订委托接待合同。

旅行社对接待旅游者的业务作出委托的，应当按照《条例》第三十六条的规定，将旅游目的地接受委托的旅行社的名称、地址、联系人和联系电话，告知旅游者。

第三十五条　旅游行程开始前，当发生约定的解除旅游合同的情形时，经征得旅游者的同意，旅行社可以将旅游者推荐给其他旅行社组织、接待，并由旅游者与被推荐的旅行社签订旅游合同。

未经旅游者同意的，旅行社不得将旅游者转交给其他旅行社组织、接待。

第三十六条　旅行社及其委派的导游人员和领队人员的下列行为，属于擅自改变旅游合同安排行程：

（一）减少游览项目或者缩短游览时间的；

（二）增加或者变更旅游项目的；

（三）增加购物次数或者延长购物时间的；

（四）其他擅自改变旅游合同安排的行为。

第三十七条　在旅游行程中，当发生不可抗力、危及旅游者人身、财产安全，或者非旅行社责任造成的意外情形，旅行社不得不调整或者变更旅游合同约定的行程安排时，应当在事前向旅游者作出说明；确因客观情况无法在事前说明的，应当在事后作出说明。

第三十八条　在旅游行程中，旅游者有权拒绝参加旅行社在旅游合同之外安排的购物活动或者需要旅游者另行付费的旅游项目。

旅行社及其委派的导游人员和领队人员不得因旅游者拒绝参加旅行社安排的购物活动或者需要旅游者另行付费的旅游项目等情形，以任何借口、理由，拒绝继续履行合同、提供服务，或者以拒绝继续履行合同、提供服务相威胁。

第三十九条　旅行社及其委派的导游人员、领队人员，应当对其提供的服务可能危及旅游者人身、财物安全的事项，向旅游者作出真实的说明和明确的警示。

在旅游行程中的自由活动时间，旅游者应当选择自己能够控制风险的活动项目，并在自己能够控制风险的范围内活动。

第四十条　为减少自然灾害等意外风险给旅游者带来的损害，旅行社在招徕、接待旅游者时，可以提示旅游者购买旅游意外保险。

鼓励旅行社依法取得保险代理资格，并接受保险公司的委托，为旅游者提供购买人身意外伤害保险的服务。

第四十一条　发生出境旅游者非法滞留境外或者入境旅游者非法滞留境内的，旅行社应当立即向所在地县级以上旅游行政管理部门、公安机关和外事部门报告。

第四十二条　在旅游行程中，旅行社及其委派的导游人员、领队人员应当提示旅游者遵守文明旅游公约和礼仪。

第四十三条　旅行社及其委派的导游人员、领队人员在经营、服务中享有下列权利：

（一）要求旅游者如实提供旅游所必需的个人信息，按时提交相关证明文件；

（二）要求旅游者遵守旅游合同约定的旅游行程安排，妥善保管随身物品；

（三）出现突发公共事件或者其他危急情形，以及旅行社因违反旅游合同约定采取补救措施时，要求旅游者配合处理防止扩大损失，以将损失降低到最低程度；

（四）拒绝旅游者提出的超出旅游合同约定的不合理要求；

（五）制止旅游者违背旅游目的地的法律、风俗习惯的言行。

第四十四条　旅行社应当妥善保存《条例》规定的招徕、组织、接待旅游者的各类合同及相关文件、资料，以备县级以上旅游行政管理部门核查。

前款所称的合同及文件、资料的保存期，应当不少于两年。

旅行社不得向其他经营者或者个人，泄露旅游者因签订旅游合同提供的个人信息；超过保存期限的旅游者个人信息资料，应当妥善销毁。

第五章 监督检查

第四十五条 根据《条例》和本实施细则规定，受理旅行社申请或者备案的旅游行政管理部门，可以要求申请人或者旅行社，对申请设立旅行社、办理《条例》规定的备案时提交的证明文件、材料的原件，提供复印件并盖章确认，交由旅游行政管理部门留存。

第四十六条 县级以上旅游行政管理部门对旅行社及其分支机构实施监督检查时，可以进入其经营场所，查阅招徕、组织、接待旅游者的各类合同、相关文件、资料，以及财务账簿、交易记录和业务单据等材料，旅行社及其分支机构应当给予配合。

县级以上旅游行政管理部门对旅行社及其分支机构监督检查时，应当由两名以上持有旅游行政执法证件的执法人员进行。

不符合前款规定要求的，旅行社及其分支机构有权拒绝检查。

第四十七条 旅行社应当按年度将下列经营和财务信息等统计资料，在次年3月底前，报送原许可的旅游行政管理部门：

(一)旅行社的基本情况，包括企业形式、出资人、员工人数、部门设置、分支机构、网络体系等；

(二)旅行社的经营情况，包括营业收入、利税等；

(三)旅行社组织接待情况，包括国内旅游、入境旅游、出境旅游的组织、接待人数等；

(四)旅行社安全、质量、信誉情况，包括投保旅行社责任保险、认证认可和奖惩等。

对前款资料中涉及旅行社商业秘密的内容，旅游行政管理部门应当予以保密。

第四十八条 《条例》第十七条、第四十二条规定的各项公告，县级以上旅游行政管理部门应当通过本部门或者上级旅游行政管理部门的政府网站向社会发布。

质量保证金存缴数额降低、旅行社业务经营许可证的颁发、变更和注销的，国务院旅游行政主管部门或者省级旅游行政管理部门应当在作出许可决定或者备案后20个工作日内向社会公告。

旅行社违法经营或者被吊销旅行社业务经营许可证的，由作出行政处罚决定的旅游行政管理部门，在处罚生效后10个工作日内向社会公告。

旅游者对旅行社的投诉信息，由处理投诉的旅游行政管理部门每季度向社会公告。

第四十九条 因下列情形之一，给旅游者的合法权益造成损害的，旅游者有权向县级以上旅游行政管理部门投诉：

(一)旅行社违反《条例》和本实施细则规定的；

(二)旅行社提供的服务，未达到旅游合同约定的服务标准或者档次的；

(三)旅行社破产或者其他原因造成旅游者预交旅游费用损失的。

划拨旅行社质量保证金的决定，应当由旅行社或者其分社所在地处理旅游者投诉的县级以上旅游行政管理部门作出。

第五十条 县级以上旅游行政管理部门，可以在其法定权限内，委托符合法定条件的同级旅游质监执法机构实施监督检查。

第六章 法律责任

第五十一条　违反本实施细则第十二条第三款、第二十三条、第二十六条的规定，擅自引进外商投资、设立服务网点未在规定期限内备案，或者旅行社及其分社、服务网点未悬挂旅行社业务经营许可证、备案登记证明的，由县级以上旅游行政管理部门责令改正，可以处1万元以下的罚款。

第五十二条　违反本实施细则第二十二条第三款、第二十八条的规定，服务网点超出设立社经营范围招徕旅游者、提供旅游咨询服务，或者旅行社的办事处、联络处、代表处等从事旅行社业务经营活动的，由县级以上旅游行政管理部门依照《条例》第四十六条的规定处罚。

第五十三条　违反本实施细则第三十二条的规定，旅行社为接待旅游者选择的交通、住宿、餐饮、景区等企业，不具有合法经营资格或者接待服务能力的，由县级以上旅游行政管理部门责令改正，没收违法所得，处违法所得3倍以下但最高不超过3万元的罚款，没有违法所得的，处1万元以下的罚款。

第五十四条　违反本实施细则第三十三条的规定，要求旅游者必须参加旅行社安排的购物活动、需要旅游者另行付费的旅游项目，或者对同一旅游团队的旅游者提出与其他旅游者不同合同事项的，由县级以上旅游行政管理部门责令改正，处1万元以下的罚款。

第五十五条　违反本实施细则第三十四条第二款的规定，旅行社未将旅游目的地接待旅行社的情况告知旅游者的，由县级以上旅游行政管理部门依照《条例》第五十五条的规定处罚。

第五十六条　违反本实施细则第三十五条第二款的规定，旅行社未经旅游者的同意，将旅游者转交给其他旅行社组织、接待的，由县级以上旅游行政管理部门依照《条例》第五十五条的规定处罚。

第五十七条　违反本实施细则第三十八条第二款的规定，旅行社及其导游人员和领队人员拒绝继续履行合同、提供服务，或者以拒绝继续履行合同、提供服务相威胁的，由县级以上旅游行政管理部门依照《条例》第五十九条的规定处罚。

第五十八条　违反本实施细则第四十四条的规定，未妥善保存各类旅游合同及相关文件、资料，保存期不够两年，或者泄露旅游者个人信息的，由县级以上旅游行政管理部门责令改正，没收违法所得，处违法所得3倍以下但最高不超过3万元的罚款；没有违法所得的，处1万元以下的罚款。

第五十九条　吊销旅行社业务经营许可证的行政处罚，由原许可的省级以上旅游行政管理部门作出。

对旅行社作出停业整顿行政处罚的，旅行社在停业整顿期间，不得招徕旅游者、签订旅游合同；停业整顿期间，不影响已签订的旅游合同的履行。

第七章 附 则

第六十条 本实施细则由国务院旅游行政主管部门负责解释。

第六十一条 本实施细则自 2009 年 5 月 3 日起施行。2001 年 12 月 27 日国家旅游局公布的《旅行社管理条例实施细则》同时废止。

附录 3

中华人民共和国旅游法

（2013 年 10 月 1 日起施行）

第一章　总则

第一条　为保障旅游者和旅游经营者的合法权益，规范旅游市场秩序，保护和合理利用旅游资源，促进旅游业持续健康发展，制定本法。

第二条　在中华人民共和国境内的和在中华人民共和国境内组织到境外的游览、度假、休闲等形式的旅游活动以及为旅游活动提供相关服务的经营活动，适用本法。

第三条　国家发展旅游事业，完善旅游公共服务，依法保护旅游者在旅游活动中的权利。

第四条　旅游业发展应当遵循社会效益、经济效益和生态效益相统一的原则。国家鼓励各类市场主体在有效保护旅游资源的前提下，依法合理利用旅游资源。利用公共资源建设的游览场所应当体现公益性质。

第五条　国家倡导健康、文明、环保的旅游方式，支持和鼓励各类社会机构开展旅游公益宣传，对促进旅游业发展做出突出贡献的单位和个人给予奖励。

第六条　国家建立健全旅游服务标准和市场规则，禁止行业垄断和地区垄断。旅游经营者应当诚信经营，公平竞争，承担社会责任，为旅游者提供安全、健康、卫生、方便的旅游服务。

第七条　国务院建立健全旅游综合协调机制，对旅游业发展进行综合协调。

县级以上地方人民政府应当加强对旅游工作的组织和领导，明确相关部门或者机构，对本行政区域的旅游业发展和监督管理进行统筹协调。

第八条　依法成立的旅游行业组织，实行自律管理。

第二章　旅游者

第九条　旅游者有权自主选择旅游产品和服务，有权拒绝旅游经营者的强制交易行为。

旅游者有权知悉其购买的旅游产品和服务的真实情况。

旅游者有权要求旅游经营者按照约定提供产品和服务。

第十条　旅游者的人格尊严、民族风俗习惯和宗教信仰应当得到尊重。

第十一条　残疾人、老年人、未成年人等旅游者在旅游活动中依照法律、法规和有关规定享受便利和优惠。

第十二条　旅游者在人身、财产安全遇有危险时，有请求救助和保护的权利。

旅游者人身、财产受到侵害的，有依法获得赔偿的权利。

第十三条　旅游者在旅游活动中应当遵守社会公共秩序和社会公德，尊重当地的风俗习惯、文化传统和宗教信仰，爱护旅游资源，保护生态环境，遵守旅游文明行为规范。

第十四条　旅游者在旅游活动中或者在解决纠纷时，不得损害当地居民的合法权益，不得干扰他人的旅游活动，不得损害旅游经营者和旅游从业人员的合法权益。

第十五条　旅游者购买、接受旅游服务时，应当向旅游经营者如实告知与旅游活动相关的个人健康信息，遵守旅游活动中的安全警示规定。

旅游者对国家应对重大突发事件暂时限制旅游活动的措施以及有关部门、机构或者旅游经营者采取的安全防范和应急处置措施，应当予以配合。

旅游者违反安全警示规定，或者对国家应对重大突发事件暂时限制旅游活动的措施、安全防范和应急处置措施不予配合的，依法承担相应责任。

第十六条　出境旅游者不得在境外非法滞留，随团出境的旅游者不得擅自分团、脱团。

入境旅游者不得在境内非法滞留，随团入境的旅游者不得擅自分团、脱团。

第三章　旅游规划和促进

第十七条　国务院和县级以上地方人民政府应当将旅游业发展纳入国民经济和社会发展规划。

国务院和省、自治区、直辖市人民政府以及旅游资源丰富的设区的市和县级人民政府，应当按照国民经济和社会发展规划的要求，组织编制旅游发展规划。对跨行政区域且适宜进行整体利用的旅游资源进行利用时，应当由上级人民政府组织编制或者由相关地方人民政府协商编制统一的旅游发展规划。

第十八条　旅游发展规划应当包括旅游业发展的总体要求和发展目标，旅游资源保护和利用的要求和措施，以及旅游产品开发、旅游服务质量提升、旅游文化建设、旅游形象推广、旅游基础设施和公共服务设施建设的要求和促进措施等内容。

根据旅游发展规划，县级以上地方人民政府可以编制重点旅游资源开发利用的专项规划，对特定区域内的旅游项目、设施和服务功能配套提出专门要求。

第十九条　旅游发展规划应当与土地利用总体规划、城乡规划、环境保护规划以及其他自然资源和文物等人文资源的保护和利用规划相衔接。

第二十条　各级人民政府编制土地利用总体规划、城乡规划，应当充分考虑相关旅游项目、设施的空间布局和建设用地要求。规划和建设交通、通信、供水、供电、环保等基础设施和公共服务设施，应当兼顾旅游业发展的需要。

第二十一条　对自然资源和文物等人文资源进行旅游利用，必须严格遵守有关法律、法规的规定，符合资源、生态保护和文物安全的要求，尊重和维护当地传统文化和习俗，维护资源的区域整体性、文化代表性和地域特殊性，并考虑军事设施保护的需要。有关主管部门应当加强对资源保护和旅游利用状况的监督检查。

第二十二条　各级人民政府应当组织对本级政府编制的旅游发展规划的执行情况进行评估，并向社会公布。

第二十三条　国务院和县级以上地方人民政府应当制定并组织实施有利于旅游业持续健康发展的产业政策，推进旅游休闲体系建设，采取措施推动区域旅游合作，鼓励跨区域旅游线路和产品开发，促进旅游与工业、农业、商业、文化、卫生、体育、科教等领域的融合，扶持少数民族地区、革命老区、边远地区和贫困地区旅游业发展。

第二十四条　国务院和县级以上地方人民政府应当根据实际情况安排资金，加强旅游基础设施建设、旅游公共服务和旅游形象推广。

第二十五条　国家制定并实施旅游形象推广战略。国务院旅游主管部门统筹组织国家旅游形象的境外推广工作，建立旅游形象推广机构和网络，开展旅游国际合作与交流。

县级以上地方人民政府统筹组织本地的旅游形象推广工作。

第二十六条　国务院旅游主管部门和县级以上地方人民政府应当根据需要建立旅游公共信息和咨询平台，无偿向旅游者提供旅游景区、线路、交通、气象、住宿、安全、医疗急救等必要信息和咨询服务。设区的市和县级人民政府有关部门应当根据需要在交通枢纽、商业中心和旅游者集中场所设置旅游咨询中心，在景区和通往主要景区的道路设置旅游指示标识。

旅游资源丰富的设区的市和县级人民政府可以根据本地的实际情况，建立旅游客运专线或者游客中转站，为旅游者在城市及周边旅游提供服务。

第二十七条　国家鼓励和支持发展旅游职业教育和培训，提高旅游从业人员素质。

第四章　旅游经营

第二十八条　设立旅行社，招徕、组织、接待旅游者，为其提供旅游服务，应当具备下列条件，取得旅游主管部门的许可，依法办理工商登记：

（一）有固定的经营场所；

（二）有必要的营业设施；

（三）有符合规定的注册资本；

（四）有必要的经营管理人员和导游；

（五）法律、行政法规规定的其他条件。

第二十九条　旅行社可以经营下列业务：

（一）境内旅游；

（二）出境旅游；

（三）边境旅游；

（四）入境旅游；

（五）其他旅游业务。

旅行社经营前款第二项和第三项业务，应当取得相应的业务经营许可，具体条件由国务院规定。

第三十条　旅行社不得出租、出借旅行社业务经营许可证，或者以其他形式非法转让旅行社业务经营许可。

第三十一条　旅行社应当按照规定交纳旅游服务质量保证金，用于旅游者权益损害赔偿和垫付旅游者人身安全遇有危险时紧急救助的费用。

第三十二条　旅行社为招徕、组织旅游者发布信息，必须真实、准确，不得进行虚假宣传，误导旅游者。

第三十三条　旅行社及其从业人员组织、接待旅游者，不得安排参观或者参与违反我国法律、法规和社会公德的项目或者活动。

第三十四条　旅行社组织旅游活动应当向合格的供应商订购产品和服务。

第三十五条　旅行社不得以不合理的低价组织旅游活动，诱骗旅游者，并通过安排购物或者另行付费旅游项目获取回扣等不正当利益。

旅行社组织、接待旅游者，不得指定具体购物场所，不得安排另行付费旅游项目。但是，经双方协商一致或者旅游者要求，且不影响其他旅游者行程安排的除外。

发生违反前两款规定情形的，旅游者有权在旅游行程结束后三十日内，要求旅行社为其办理退货并先行垫付退货货款，或者退还另行付费旅游项目的费用。

第三十六条　旅行社组织团队出境旅游或者组织、接待团队入境旅游，应当按照规定安排领队或者导游全程陪同。

第三十七条　参加导游资格考试成绩合格，与旅行社订立劳动合同或者在相关旅游行业组织注册的人员，可以申请取得导游证。

第三十八条　旅行社应当与其聘用的导游依法订立劳动合同、支付劳动报酬、缴纳社会保险费用。

旅行社临时聘用导游为旅游者提供服务的，应当全额向导游支付本法第六十条第三款规定的导游服务费用。

旅行社安排导游为团队旅游提供服务的，不得要求导游垫付或者向导游收取任何费用。

第三十九条　取得导游证，具有相应的学历、语言能力和旅游从业经历，并与旅行社订立劳动合同的人员，可以申请取得领队证。

第四十条　导游和领队为旅游者提供服务必须接受旅行社委派，不得私自承揽导游和领队业务。

第四十一条　导游和领队从事业务活动，应当佩戴导游证、领队证，遵守职业道德，尊重旅游者的风俗习惯和宗教信仰，应当向旅游者告知和解释旅游文明行为规范，引导旅游者健康、文明旅游，劝阻旅游者违反社会公德的行为。

导游和领队应当严格执行旅游行程安排，不得擅自变更旅游行程或者中止服务活动，不得向旅游者索取小费，不得诱导、欺骗、强迫或者变相强迫旅游者购物或者参加另行付费旅游项目。

第四十二条　景区开放应当具备下列条件，并听取旅游主管部门的意见：

（一）有必要的旅游配套服务和辅助设施；

（二）有必要的安全设施及制度，经过安全风险评估，满足安全条件；

（三）有必要的环境保护设施和生态保护措施；

（四）法律、行政法规规定的其他条件。

第四十三条　利用公共资源建设的景区的门票以及景区内的游览场所、交通工具等另行收费项目，实行政府定价或者政府指导价，严格控制价格上涨。拟收费或者提高价格的，应当举行听证会，征求旅游者、经营者和有关方面的意见，论证其必要性、可行性。

利用公共资源建设的景区，不得通过增加另行收费项目等方式变相涨价；另行收费项目已收回投资成本的，应当相应降低价格或者取消收费。

公益性的城市公园、博物馆、纪念馆等，除重点文物保护单位和珍贵文物收藏单位外，应当逐步免费开放。

第四十四条　景区应当在醒目位置公示门票价格、另行收费项目的价格及团体收费价格。景区提高门票价格应当提前六个月公布。

将不同景区的门票或者同一景区内不同游览场所的门票合并出售的，合并后的价格不得高于各单项门票的价格之和，且旅游者有权选择购买其中的单项票。

景区内的核心游览项目因故暂停向旅游者开放或者停止提供服务的，应当公示并相应减少收费。

第四十五条　景区接待旅游者不得超过景区主管部门核定的最大承载量。景区应当公布景区主管部门核定的最大承载量，制定和实施旅游者流量控制方案，并可以采取门票预约等方式，对景区接待旅游者的数量进行控制。

旅游者数量可能达到最大承载量时，景区应当提前公告并同时向当地人民政府报告，景区和当地人民政府应当及时采取疏导、分流等措施。

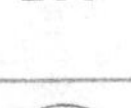

第四十六条　城镇和乡村居民利用自有住宅或者其他条件依法从事旅游经营，其管理办法由省、自治区、直辖市制定。

第四十七条　经营高空、高速、水上、潜水、探险等高风险旅游项目，应当按照国家有关规定取得经营许可。

第四十八条　通过网络经营旅行社业务的，应当依法取得旅行社业务经营许可，并在其网站主页的显著位置标明其业务经营许可证信息。

发布旅游经营信息的网站，应当保证其信息真实、准确。

第四十九条　为旅游者提供交通、住宿、餐饮、娱乐等服务的经营者，应当符合法律、法规规定的要求，按照合同约定履行义务。

第五十条　旅游经营者应当保证其提供的商品和服务符合保障人身、财产安全的要求。

旅游经营者取得相关质量标准等级的，其设施和服务不得低于相应标准；未取得质量标准等级的，不得使用相关质量等级的称谓和标识。

第五十一条　旅游经营者销售、购买商品或者服务，不得给予或者收受贿赂。

第五十二条　旅游经营者对其在经营活动中知悉的旅游者个人信息，应当予以保密。

第五十三条　从事道路旅游客运的经营者应当遵守道路客运安全管理的各项制度，并在车辆显著位置明示道路旅游客运专用标识，在车厢内显著位置公示经营者和驾驶人信息、道路运输管理机构监督电话等事项。

第五十四条　景区、住宿经营者将其部分经营项目或者场地交由他人从事住宿、餐饮、购物、游览、娱乐、旅游交通等经营的，应当对实际经营者的经营行为给旅游者造成的损害承担连带责任。

第五十五条　旅游经营者组织、接待出入境旅游，发现旅游者从事违法活动或者有违反本法第十六条规定情形的，应当及时向公安机关、旅游主管部门或者我国驻外机构报告。

第五十六条　国家根据旅游活动的风险程度，对旅行社、住宿、旅游交通以及本法第四十七条规定的高风险旅游项目等经营者实施责任保险制度。

第五章　旅游服务合同

第五十七条　旅行社组织和安排旅游活动，应当与旅游者订立合同。

第五十八条　包价旅游合同应当采用书面形式，包括下列内容：

(一)旅行社、旅游者的基本信息；

(二)旅游行程安排；

(三)旅游团成团的最低人数；

(四)交通、住宿、餐饮等旅游服务安排和标准；

(五)游览、娱乐等项目的具体内容和时间；

(六)自由活动时间安排；

(七)旅游费用及其交纳的期限和方式；

(八)违约责任和解决纠纷的方式；

(九)法律、法规规定和双方约定的其他事项。

订立包价旅游合同时，旅行社应当向旅游者详细说明前款第二项至第八项所载内容。

第五十九条　旅行社应当在旅游行程开始前向旅游者提供旅游行程单。旅游行程单是包价旅游合同的组成部分。

第六十条　旅行社委托其他旅行社代理销售包价旅游产品并与旅游者订立包价旅游合同的，应当在包价旅游合同中载明委托社和代理社的基本信息。

旅行社依照本法规定将包价旅游合同中的接待业务委托给地接社履行的，应当在包价旅游合同中载明地接社的基本信息。

安排导游为旅游者提供服务的，应当在包价旅游合同中载明导游服务费用。

第六十一条　旅行社应当提示参加团队旅游的旅游者按照规定投保人身意外伤害保险。

第六十二条　订立包价旅游合同时，旅行社应当向旅游者告知下列事项：

（一）旅游者不适合参加旅游活动的情形；

（二）旅游活动中的安全注意事项；

（三）旅行社依法可以减免责任的信息；

（四）旅游者应当注意的旅游目的地相关法律、法规和风俗习惯、宗教禁忌，依照中国法律不宜参加的活动等；

（五）法律、法规规定的其他应当告知的事项。

在包价旅游合同履行中，遇有前款规定事项的，旅行社也应当告知旅游者。

第六十三条　旅行社招徕旅游者组团旅游，因未达到约定人数不能出团的，组团社可以解除合同。但是，境内旅游应当至少提前七日通知旅游者，出境旅游应当至少提前三十日通知旅游者。

因未达到约定人数不能出团的，组团社经征得旅游者书面同意，可以委托其他旅行社履行合同。组团社对旅游者承担责任，受委托的旅行社对组团社承担责任。旅游者不同意的，可以解除合同。

因未达到约定的成团人数解除合同的，组团社应当向旅游者退还已收取的全部费用。

第六十四条　旅游行程开始前，旅游者可以将包价旅游合同中自身的权利义务转让给第三人，旅行社没有正当理由的不得拒绝，因此增加的费用由旅游者和第三人承担。

第六十五条　旅游行程结束前，旅游者解除合同的，组团社应当在扣除必要的费用后，将余款退还旅游者。

第六十六条　旅游者有下列情形之一的，旅行社可以解除合同：

（一）患有传染病等疾病，可能危害其他旅游者健康和安全的；

（二）携带危害公共安全的物品且不同意交有关部门处理的；

（三）从事违法或者违反社会公德的活动的；

（四）从事严重影响其他旅游者权益的活动，且不听劝阻、不能制止的；

（五）法律规定的其他情形。

因前款规定情形解除合同的，组团社应当在扣除必要的费用后，将余款退还旅游者；给旅行社造成损失的，旅游者应当依法承担赔偿责任。

第六十七条　因不可抗力或者旅行社、履行辅助人已尽合理注意义务仍不能避免的事件，影响旅游行程的，按照下列情形处理：

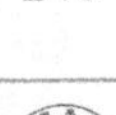

（一）合同不能继续履行的，旅行社和旅游者均可以解除合同。合同不能完全履行的，旅行社经向旅游者作出说明，可以在合理范围内变更合同；旅游者不同意变更的，可以解除合同。

（二）合同解除的，组团社应当在扣除已向地接社或者履行辅助人支付且不可退还的费用后，将余款退还旅游者；合同变更的，因此增加的费用由旅游者承担，减少的费用退还旅游者。

（三）危及旅游者人身、财产安全的，旅行社应当采取相应的安全措施，因此支出的费用，由旅行社与旅游者分担。

（四）造成旅游者滞留的，旅行社应当采取相应的安置措施。因此增加的食宿费用，由旅游者承担；增加的返程费用，由旅行社与旅游者分担。

第六十八条　旅游行程中解除合同的，旅行社应当协助旅游者返回出发地或者旅游者指定的合理地点。由于旅行社或者履行辅助人的原因导致合同解除的，返程费用由旅行社承担。

第六十九条　旅行社应当按照包价旅游合同的约定履行义务，不得擅自变更旅游行程安排。

经旅游者同意，旅行社将包价旅游合同中的接待业务委托给其他具有相应资质的地接社履行的，应当与地接社订立书面委托合同，约定双方的权利和义务，向地接社提供与旅游者订立的包价旅游合同的副本，并向地接社支付不低于接待和服务成本的费用。地接社应当按照包价旅游合同和委托合同提供服务。

第七十条　旅行社不履行包价旅游合同义务或者履行合同义务不符合约定的，应当依法承担继续履行、采取补救措施或者赔偿损失等违约责任；造成旅游者人身损害、财产损失的，应当依法承担赔偿责任。旅行社具备履行条件，经旅游者要求仍拒绝履行合同，造成旅游者人身损害、滞留等严重后果的，旅游者还可以要求旅行社支付旅游费用1倍以上3倍以下的赔偿金。

由于旅游者自身原因导致包价旅游合同不能履行或者不能按照约定履行，或者造成旅游者人身损害、财产损失的，旅行社不承担责任。

在旅游者自行安排活动期间，旅行社未尽到安全提示、救助义务的，应当对旅游者的人身损害、财产损失承担相应责任。

第七十一条　由于地接社、履行辅助人的原因导致违约的，由组团社承担责任；组团社承担责任后可以向地接社、履行辅助人追偿。

由于地接社、履行辅助人的原因造成旅游者人身损害、财产损失的，旅游者可以要求地接社、履行辅助人承担赔偿责任，也可以要求组团社承担赔偿责任；组团社承担责任后可以向地接社、履行辅助人追偿。但是，由于公共交通经营者的原因造成旅游者人身损害、财产损失的，由公共交通经营者依法承担赔偿责任，旅行社应当协助旅游者向公共交通经营者索赔。

第七十二条　旅游者在旅游活动中或者在解决纠纷时，损害旅行社、履行辅助人、旅游从业人员或者其他旅游者的合法权益的，依法承担赔偿责任。

第七十三条　旅行社根据旅游者的具体要求安排旅游行程，与旅游者订立包价旅游合同的，旅游者请求变更旅游行程安排，因此增加的费用由旅游者承担，减少的费用退还旅游者。

第七十四条　旅行社接受旅游者的委托，为其代订交通、住宿、餐饮、游览、娱乐等旅游服务，收取代办费用的，应当亲自处理委托事务。因旅行社的过错给旅游者造成损失的，旅行社应当承担赔偿责任。

旅行社接受旅游者的委托，为其提供旅游行程设计、旅游信息咨询等服务的，应当保证设计合理、可行，信息及时、准确。

第七十五条　住宿经营者应当按照旅游服务合同的约定为团队旅游者提供住宿服务。住宿经营者未能按照旅游服务合同提供服务的，应当为旅游者提供不低于原定标准的住宿服务，因此增加的费用由住宿经营者承担；但由于不可抗力、政府因公共利益需要采取措施造成不能提供服务的，住宿经营者应当协助安排旅游者住宿。

第六章　旅游安全

第七十六条　县级以上人民政府统一负责旅游安全工作。县级以上人民政府有关部门依照法律、法规履行旅游安全监管职责。

第七十七条　国家建立旅游目的地安全风险提示制度。旅游目的地安全风险提示的级别划分和实施程序，由国务院旅游主管部门会同有关部门制定。

县级以上人民政府及其有关部门应当将旅游安全作为突发事件监测和评估的重要内容。

第七十八条　县级以上人民政府应当依法将旅游应急管理纳入政府应急管理体系，制定应急预案，建立旅游突发事件应对机制。

突发事件发生后，当地人民政府及其有关部门和机构应当采取措施开展救援，并协助旅游者返回出发地或者旅游者指定的合理地点。

第七十九条　旅游经营者应当严格执行安全生产管理和消防安全管理的法律、法规和国家标准、行业标准，具备相应的安全生产条件，制定旅游者安全保护制度和应急预案。

旅游经营者应当对直接为旅游者提供服务的从业人员开展经常性应急救助技能培训，对提供的产品和服务进行安全检验、监测和评估，采取必要措施防止危害发生。

旅游经营者组织、接待老年人、未成年人、残疾人等旅游者，应当采取相应的安全保障措施。

第八十条　旅游经营者应当就旅游活动中的下列事项，以明示的方式事先向旅游者作出说明或者警示：

(一)正确使用相关设施、设备的方法；

(二)必要的安全防范和应急措施；

(三)未向旅游者开放的经营、服务场所和设施、设备；

(四)不适宜参加相关活动的群体；

(五)可能危及旅游者人身、财产安全的其他情形。

第八十一条　突发事件或者旅游安全事故发生后，旅游经营者应当立即采取必要的救助和处置措施，依法履行报告义务，并对旅游者作出妥善安排。

第八十二条　旅游者在人身、财产安全遇有危险时，有权请求旅游经营者、当地政府和相关机构进行及时救助。

中国出境旅游者在境外陷于困境时，有权请求我国驻当地机构在其职责范围内给予协助和保护。

旅游者接受相关组织或者机构的救助后，应当支付应由个人承担的费用。

第七章　旅游监督管理

第八十三条　县级以上人民政府旅游主管部门和有关部门依照本法和有关法律、法规的规定，在各自职责范围内对旅游市场实施监督管理。

县级以上人民政府应当组织旅游主管部门、有关主管部门和工商行政管理、产品质量监督、交通等执法部门对相关旅游经营行为实施监督检查。

第八十四条 旅游主管部门履行监督管理职责，不得违反法律、行政法规的规定向监督管理对象收取费用。

旅游主管部门及其工作人员不得参与任何形式的旅游经营活动。

第八十五条 县级以上人民政府旅游主管部门有权对下列事项实施监督检查：

(一)经营旅行社业务以及从事导游、领队服务是否取得经营、执业许可；

(二)旅行社的经营行为；

(三)导游和领队等旅游从业人员的服务行为；

(四)法律、法规规定的其他事项。

旅游主管部门依照前款规定实施监督检查，可以对涉嫌违法的合同、票据、账簿以及其他资料进行查阅、复制。

第八十六条 旅游主管部门和有关部门依法实施监督检查，其监督检查人员不得少于二人，并应当出示合法证件。监督检查人员少于二人或者未出示合法证件的，被检查单位和个人有权拒绝。

监督检查人员对在监督检查中知悉的被检查单位的商业秘密和个人信息应当依法保密。

第八十七条 对依法实施的监督检查，有关单位和个人应当配合，如实说明情况并提供文件、资料，不得拒绝、阻碍和隐瞒。

第八十八条 县级以上人民政府旅游主管部门和有关部门，在履行监督检查职责中或者在处理举报、投诉时，发现违反本法规定行为的，应当依法及时作出处理；对不属于本部门职责范围的事项，应当及时书面通知并移交有关部门查处。

第八十九条 县级以上地方人民政府建立旅游违法行为查处信息的共享机制，对需要跨部门、跨地区联合查处的违法行为，应当进行督办。

旅游主管部门和有关部门应当按照各自职责，及时向社会公布监督检查的情况。

第九十条 依法成立的旅游行业组织依照法律、行政法规和章程的规定，制定行业经营规范和服务标准，对其会员的经营行为和服务质量进行自律管理，组织开展职业道德教育和业务培训，提高从业人员素质。

第八章 旅游纠纷处理

第九十一条 县级以上人民政府应当指定或者设立统一的旅游投诉受理机构。受理机构接到投诉，应当及时进行处理或者移交有关部门处理，并告知投诉者。

第九十二条 旅游者与旅游经营者发生纠纷，可以通过下列途径解决：

(一)双方协商；

(二)向消费者协会、旅游投诉受理机构或者有关调解组织申请调解；

(三)根据与旅游经营者达成的仲裁协议提请仲裁机构仲裁；

(四)向人民法院提起诉讼。

第九十三条 消费者协会、旅游投诉受理机构和有关调解组织在双方自愿的基础上，依法对旅游者与旅游经营者之间的纠纷进行调解。

第九十四条　旅游者与旅游经营者发生纠纷，旅游者一方人数众多并有共同请求的，可以推选代表人参加协商、调解、仲裁、诉讼活动。

第九章　法律责任

第九十五条　违反本法规定，未经许可经营旅行社业务的，由旅游主管部门或者工商行政管理部门责令改正，没收违法所得，并处1万元以上10万元以下罚款；违法所得10万元以上的，并处违法所得1倍以上5倍以下罚款；对有关责任人员，处2千元以上2万元以下罚款。

旅行社违反本法规定，未经许可经营本法第二十九条第一款第二项、第三项业务，或者出租、出借旅行社业务经营许可证，或者以其他方式非法转让旅行社业务经营许可的，除依照前款规定处罚外，并责令停业整顿；情节严重的，吊销旅行社业务经营许可证；对直接负责的主管人员，处2千元以上2万元以下罚款。

第九十六条　旅行社违反本法规定，有下列行为之一的，由旅游主管部门责令改正，没收违法所得，并处5千元以上5万元以下罚款；情节严重的，责令停业整顿或者吊销旅行社业务经营许可证；对直接负责的主管人员和其他直接责任人员，处2千元以上2万元以下罚款：

(一)未按照规定为出境或者入境团队旅游安排领队或者导游全程陪同的；

(二)安排未取得导游证或者领队证的人员提供导游或者领队服务的；

(三)未向临时聘用的导游支付导游服务费用的；

(四)要求导游垫付或者向导游收取费用的。

第九十七条　旅行社违反本法规定，有下列行为之一的，由旅游主管部门或者有关部门责令改正，没收违法所得，并处5千元以上5万元以下罚款；违法所得5万元以上的，并处违法所得1倍以上5倍以下罚款；情节严重的，责令停业整顿或者吊销旅行社业务经营许可证；对直接负责的主管人员和其他直接责任人员，处2千元以上2万元以下罚款：

(一)进行虚假宣传，误导旅游者的；

(二)向不合格的供应商订购产品和服务的；

(三)未按照规定投保旅行社责任保险的。

第九十八条　旅行社违反本法第三十五条规定的，由旅游主管部门责令改正，没收违法所得，责令停业整顿，并处3万元以上30万元以下罚款；违法所得30万元以上的，并处违法所得1倍以上5倍以下罚款；情节严重的，吊销旅行社业务经营许可证；对直接负责的主管人员和其他直接责任人员，没收违法所得，处2千元以上2万元以下罚款，并暂扣或者吊销导游证、领队证。

第九十九条　旅行社未履行本法第五十五条规定的报告义务的，由旅游主管部门处5千元以上5万元以下罚款；情节严重的，责令停业整顿或者吊销旅行社业务经营许可证；对直接负责的主管人员和其他直接责任人员，处2千元以上2万元以下罚款，并暂扣或者吊销导游证、领队证。

第一百条　旅行社违反本法规定，有下列行为之一的，由旅游主管部门责令改正，处3万元以上30万元以下罚款，并责令停业整顿；造成旅游者滞留等严重后果的，吊销旅行社业

务经营许可证;对直接负责的主管人员和其他直接责任人员,处2千元以上2万元以下罚款,并暂扣或者吊销导游证、领队证:

(一)在旅游行程中擅自变更旅游行程安排,严重损害旅游者权益的;

(二)拒绝履行合同的;

(三)未征得旅游者书面同意,委托其他旅行社履行包价旅游合同的。

第一百零一条 旅行社违反本法规定,安排旅游者参观或者参与违反我国法律、法规和社会公德的项目或者活动的,由旅游主管部门责令改正,没收违法所得,责令停业整顿,并处2万元以上20万元以下罚款;情节严重的,吊销旅行社业务经营许可证;对直接负责的主管人员和其他直接责任人员,处2千元以上2万元以下罚款,并暂扣或者吊销导游证、领队证。

第一百零二条 违反本法规定,未取得导游证或者领队证从事导游、领队活动的,由旅游主管部门责令改正,没收违法所得,并处1千元以上1万元以下罚款,予以公告。

导游、领队违反本法规定,私自承揽业务的,由旅游主管部门责令改正,没收违法所得,处1千元以上1万元以下罚款,并暂扣或者吊销导游证、领队证。

导游、领队违反本法规定,向旅游者索取小费的,由旅游主管部门责令退还,处1千元以上1万元以下罚款;情节严重的,并暂扣或者吊销导游证、领队证。

第一百零三条 违反本法规定被吊销导游证、领队证的导游、领队和受到吊销旅行社业务经营许可证处罚的旅行社的有关管理人员,自处罚之日起未逾3年的,不得重新申请导游证、领队证或者从事旅行社业务。

第一百零四条 旅游经营者违反本法规定,给予或者收受贿赂的,由工商行政管理部门依照有关法律、法规的规定处罚;情节严重的,并由旅游主管部门吊销旅行社业务经营许可证。

第一百零五条 景区不符合本法规定的开放条件而接待旅游者的,由景区主管部门责令停业整顿直至符合开放条件,并处2万元以上20万元以下罚款。

景区在旅游者数量可能达到最大承载量时,未依照本法规定公告或者未向当地人民政府报告,未及时采取疏导、分流等措施,或者超过最大承载量接待旅游者的,由景区主管部门责令改正,情节严重的,责令停业整顿1个月至6个月。

第一百零六条 景区违反本法规定,擅自提高门票或者另行收费项目的价格,或者有其他价格违法行为的,由有关主管部门依照有关法律、法规的规定处罚。

第一百零七条 旅游经营者违反有关安全生产管理和消防安全管理的法律、法规或者国家标准、行业标准的,由有关主管部门依照有关法律、法规的规定处罚。

第一百零八条 对违反本法规定的旅游经营者及其从业人员,旅游主管部门和有关部门应当记入信用档案,向社会公布。

第一百零九条 旅游主管部门和有关部门的工作人员在履行监督管理职责中滥用职权、玩忽职守、徇私舞弊,尚不构成犯罪的,依法给予处分。

第一百一十条 违反本法规定,构成犯罪的,依法追究刑事责任。

附　　则

第一百一十一条　本法下列用语的含义：

(一)旅游经营者，是指旅行社、景区以及为旅游者提供交通、住宿、餐饮、购物、娱乐等服务的经营者。

(二)景区，是指为旅游者提供游览服务、有明确的管理界限的场所或者区域。

(三)包价旅游合同，是指旅行社预先安排行程，提供或者通过履行辅助人提供交通、住宿、餐饮、游览、导游或者领队等两项以上旅游服务，旅游者以总价支付旅游费用的合同。

(四)组团社，是指与旅游者订立包价旅游合同的旅行社。

(五)地接社，是指接受组团社委托，在目的地接待旅游者的旅行社。

(六)履行辅助人，是指与旅行社存在合同关系，协助其履行包价旅游合同义务，实际提供相关服务的法人或者自然人。

第一百一十二条　本法自2013年10月1日起施行。

附录 4

设立旅行社
申请材料

申请人名称：______________________

申请设立的
旅行社名称：______________________

申请经营业务______________________

联 系 人：______________________

电　　话：______________________

传　　真：______________________

广 东 省 旅 游 局 制

内容目录

1—设立旅行社申请书

________旅游局：

兹有

____

申请在

____

设立一家

□ 经营国内旅游业务和入境旅游业务的旅行社

□ 经营出境旅游业务的旅行社

□ 外商投资旅行社

旅行社中文名称为：

______________________________，

英文名称及缩写为：

______________________________，

该旅行社采取

____

方式设立，主要出资人及其出资额、出资方式为：

1.

2.

3.

4.

5.

总出资额为________万人民币。

特此申请，请予审批。

申请人签章：

年　　月　　日

说明：

1. 抬头请填写接受申请的旅游局名称，其中经营国内旅游业务和入境旅游业务为省旅游局或其委托的地级市旅游局，经营出境旅游业务或外商投资旅行社为国家旅游局或其委托的省旅游局。

2. 开始和结尾的申请人应当一致，多方共同出资的，应当推举一方为申请人。

3. 旅行社名称应当符合旅游和工商部门的有关规定，原则上要有“旅行社”或“旅游公司”字样，应由注册地、旅行社字号和行业名称组成，公司制的还应包括企业组织形式；使用与其他旅行社相同字号的，应附同意其使用的证明材料。

4. 出资人身份证明请附在此页后面。有多位出资人的，不够填写可另加页。

5. 总出资额不包括质量保证金。

6. 申请书所填申请时间应为提交符合规定数量和要求的申请材料的时间。

2一 企业名称预先核准通知书

说明：
将工商行政管理部门出具的《企业名称预先核准通知书》附在此页或后面。

3— 验资证明

（说明：将依法设立的验资机构出具的验资证明附在此页或后面）

4一经营场所情况及证明

营业面积		用户来源		租期	
地　址				邮编	
（说明：将经营场所租赁合同、房地产权证明附在此页或后面）					

5—营业设施设备情况及证明

营 业 设 施 设 备 情 况				
名 称	单位	数量	价值（万元）	备 注

注：1. 如以互联网形式经营的，请将网站地址在备注栏注明；

2. 将营业设施设备证明或说明附在此页后面。

6— 法定代表人履历表

<table>
<tr><td>姓名</td><td></td><td>性别</td><td></td><td>出生年月</td><td></td><td rowspan="4">（贴照片）</td></tr>
<tr><td>民族</td><td></td><td>文化程度</td><td></td><td>专业</td><td></td></tr>
<tr><td colspan="2">参加工作时间</td><td colspan="4"></td></tr>
<tr><td colspan="2">从事的主要工作</td><td colspan="4"></td></tr>
<tr><td>职称</td><td></td><td colspan="2">证书名称及号码</td><td colspan="3"></td></tr>
<tr><td colspan="2">身份证号码</td><td colspan="2"></td><td>联系电话</td><td colspan="2"></td></tr>
<tr><td rowspan="9">从事旅游及相关工作经历</td><td>起止年月</td><td colspan="3">工作单位</td><td colspan="2">服务</td></tr>
<tr><td></td><td colspan="3"></td><td colspan="2"></td></tr>
<tr><td></td><td colspan="3"></td><td colspan="2"></td></tr>
<tr><td></td><td colspan="3"></td><td colspan="2"></td></tr>
<tr><td></td><td colspan="3"></td><td colspan="2"></td></tr>
<tr><td></td><td colspan="3"></td><td colspan="2"></td></tr>
<tr><td></td><td colspan="3"></td><td colspan="2"></td></tr>
<tr><td></td><td colspan="3"></td><td colspan="2"></td></tr>
<tr><td></td><td colspan="3"></td><td colspan="2"></td></tr>
</table>

说明：将法定代表人任职证明和身份证复印件附在后面。

7—总经理履历表

<table>
<tr><td>姓名</td><td></td><td>性别</td><td></td><td>出生年月</td><td></td><td rowspan="4">(贴照片)</td></tr>
<tr><td>民族</td><td></td><td>文化程度</td><td></td><td>专业</td><td></td></tr>
<tr><td colspan="2">参加工作时间</td><td colspan="4"></td></tr>
<tr><td colspan="2">从事的主要工作</td><td colspan="4"></td></tr>
<tr><td>职称</td><td></td><td colspan="2">证书名称及号码</td><td colspan="3"></td></tr>
<tr><td colspan="2">身份证号码</td><td colspan="2"></td><td>联系电话</td><td colspan="2"></td></tr>
<tr><td rowspan="9">从事旅游及相关工作经历</td><td>起止年月</td><td colspan="3">工作单位</td><td colspan="2">服务</td></tr>
<tr><td></td><td colspan="3"></td><td colspan="2"></td></tr>
<tr><td></td><td colspan="3"></td><td colspan="2"></td></tr>
<tr><td></td><td colspan="3"></td><td colspan="2"></td></tr>
<tr><td></td><td colspan="3"></td><td colspan="2"></td></tr>
<tr><td></td><td colspan="3"></td><td colspan="2"></td></tr>
<tr><td></td><td colspan="3"></td><td colspan="2"></td></tr>
<tr><td></td><td colspan="3"></td><td colspan="2"></td></tr>
<tr><td></td><td colspan="3"></td><td colspan="2"></td></tr>
</table>

说明：将总经理任职证明和身份证复印件附在后面。

8—企 业 章 程

（说明：将旅行社"企业章程"附在此页或后面）

9— 存储质量保证金证明或银行担保证明

（说明：将存储质量保证金证明或银行担保证明附在此页或后面）

9—1 存储质量保证金承诺书

（说明：在尚未办理银行存储保证金前，提供此承诺书）

________________旅游局：

兹有

____

保证：申请设立的旅行社获得许可后，将按《旅行社条例》等规定，到指定银行存储旅行社质量保证金______万元。

申请人签章：

年　　月　　日

10— 拟设地地级市旅游行政管理部门意见书说明：

申请经营出国旅游业务和外商投资设立旅行社，由拟设地地级市旅局受理申请，依据《条例》和《细则》规定的设立条件进行资格审查，提出初审意见后报省旅游局审核。

__________旅游局：

关于____

拟在我地区（市、县）设立____

一事，经初审和现场检查，所报以上材料符合有关规定，反映的情况属实。申请人表示该旅行社设立后服从我局所依法进行的旅游行政管理，因此，我局同意设立该旅行社。现将该旅行社的《设立旅行社申请材料》一式______份报上，请予以审核并上报国家旅游局批准。

地级市旅游局印章

年　　月　　日

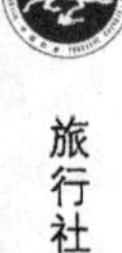

11一 审批部门同意设立的审批意见书

说明：

本意见书与审批部门发出的批准文件和《旅行社业务经营许可证》一起生效。

______________________：

你单位关于拟在本市(区、县)设立

____

________________________的《设立旅行社申请材料》一式_____份收悉。经审核和现场检查，以上材料符合有关规定，所反映的情况属实。我局同意设立该旅行社，现将有关事项批准如下：

一、旅行社名称：

____

二、英文名称及缩写：

____

三、经营范围：□国内旅游业务和入境旅游业务

□出国旅游业务

□香港、澳门旅游业务

四、业务经营许可证编号：________________

审批部门印章

年　　月　　日